本书为国家社科基金青年项目"中国军事行政诉讼制度研究"（课题编号：18CFX020）的阶段性成果

军事法学原理

▶ 朱道坤　著

武汉大学出版社

图书在版编目(CIP)数据

军事法学原理/朱道坤著.—武汉：武汉大学出版社,2022.5(2025.8重印)

ISBN 978-7-307-23035-4

Ⅰ.军… Ⅱ.朱… Ⅲ.军法—法学 Ⅳ.E126

中国版本图书馆 CIP 数据核字(2022)第 070005 号

责任编辑:胡 荣　　　责任校对:李孟潇　　　版式设计:马 佳

出版发行：**武汉大学出版社**　（430072　武昌　珞珈山）
（电子邮箱：cbs22@whu.edu.cn　网址：www.wdp.com.cn）
印刷:武汉邮科印务有限公司
开本:720×1000　1/16　印张:14.75　字数:240千字　插页:1
版次:2022年5月第1版　　2025年8月第4次印刷
ISBN 978-7-307-23035-4　　定价:49.00元

版权所有，不得翻印；凡购我社的图书，如有质量问题，请与当地图书销售部门联系调换。

目　录

导言 ·· 1

第一章　军事法学的基本逻辑 ·· 3
第一节　军事法学的逻辑起点 ·· 3
一、军事法学逻辑起点的确立标准 ·· 3
二、现实的"军—法"关系是军事法学的逻辑起点 ·· 6
三、军事法学逻辑起点的作用机理 ·· 7
第二节　军事法学的逻辑中介 ·· 8
一、军事法学逻辑中介的确定标准 ·· 8
二、军事法律实践是军事法学的逻辑中介 ·· 9
三、军事法学逻辑中介的作用机理 ·· 10
第三节　军事法学的逻辑终点 ·· 11
一、军事法学逻辑终点的确立标准 ·· 11
二、科学的"军—法"关系是军事法学的逻辑终点 ·· 12
三、军事法学逻辑终点的作用机理 ·· 13
第四节　本章小结 ·· 14

第二章　军事与法律的相互影响 ·· 15
第一节　仪式化战争下的军事与法律 ·· 15
一、中西方的"仪式化战争" ·· 16
二、"仪式化战争"下的"军—法"关系 ·· 17
第二节　吞并战争中的军事与法律 ·· 20

一、中西方早期的吞并战争 …………………………………… 20
　　二、吞并战争下的"军—法"关系 ……………………………… 21
　第三节　进一步扩大的战争下的军事与法律 …………………… 23
　　一、进一步扩大的战争 ………………………………………… 24
　　二、进一步扩大的战争下的"军—法"关系 …………………… 27
　第四节　西方民族国家战争下的军事与法律 …………………… 30
　　一、西方民族国家的战争 ……………………………………… 30
　　二、民族国家战争下的"军—法"关系 ………………………… 32
　第五节　人民战争下的军事与法律 ……………………………… 34
　　一、人民战争的产生 …………………………………………… 34
　　二、人民战争下的"军—法"关系 ……………………………… 36
　第六节　本章小结 ………………………………………………… 37

第三章　军事法律关系基本范畴 ……………………………………… 41
　第一节　军事法学基本范畴概说 ………………………………… 42
　　一、部门法范畴的基本类型 …………………………………… 42
　　二、部门法基本范畴的确立标准 ……………………………… 43
　　三、军事法基本范畴的具体内容 ……………………………… 44
　第二节　军人：军事法律关系主体基本范畴 …………………… 45
　　一、军人概念是军事法律关系主体基本范畴 ………………… 45
　　二、军人范畴的内涵与外延 …………………………………… 46
　　三、军人范畴的军事法意义 …………………………………… 48
　第三节　战斗力：军事法律关系客体基本范畴 ………………… 49
　　一、战斗力是军事法律关系客体基本范畴 …………………… 49
　　二、战斗力范畴的内涵与外延 ………………………………… 50
　　三、战斗力范畴的军事法意义 ………………………………… 51
　第四节　军事权：军事法律关系内容基本范畴 ………………… 51
　　一、军事权是军事法律关系内容基本范畴 …………………… 52
　　二、军事权范畴的内涵与外延 ………………………………… 53

三、军事权范畴的军事法意义 …………………………………… 54
　第五节　本章小结 …………………………………………………… 55

第四章　军事法治价值目标 ……………………………………… 56
　第一节　军事法治价值目标的理论争议 …………………………… 56
　　一、作为法学的军事学？ ………………………………………… 57
　　二、作为军事学的法学？ ………………………………………… 59
　　三、争议问题的关键 ……………………………………………… 59
　第二节　军事法治的两重价值 ……………………………………… 60
　　一、军事法治的法治价值 ………………………………………… 60
　　二、军事法治的军事价值 ………………………………………… 66
　　三、传统军事法治价值的明确 …………………………………… 69
　第三节　总体国家安全观下的军事法治价值目标 ………………… 73
　　一、总体国家安全观对军事法治影响深远 ……………………… 73
　　二、军事法治价值目标的要求 …………………………………… 77
　　三、军事法治价值目标的更新 …………………………………… 78

第五章　军事法的基本原则 ……………………………………… 81
　第一节　军事法基本原则的理论争议 ……………………………… 81
　　一、法律原则的基本含义 ………………………………………… 81
　　二、我国学界关于军事法基本原则的定义 ……………………… 83
　第二节　军事法基本原则确立的基本考虑 ………………………… 84
　　一、应以军事法价值目标为基本导向 …………………………… 84
　　二、应以军事法律关系为基本依托 ……………………………… 86
　　三、应以规范军事法规则的制定实施为基本意义 ……………… 87
　第三节　对军事法基本原则的再思考 ……………………………… 88
　　一、军事利益优先原则 …………………………………………… 88
　　二、军事权集中统一原则 ………………………………………… 89
　　三、军人权利与荣誉保障原则 …………………………………… 90

四、关于军法从严等"原则"的思考 …………………………………… 92
　第四节　本章小结 ………………………………………………………… 93

第六章　军事立法原理 …………………………………………………………… 94
　第一节　军事立法体制 …………………………………………………… 95
　　一、军事立法体制概说 …………………………………………………… 95
　　二、军事立法主体 ………………………………………………………… 96
　　三、军事立法权限 ………………………………………………………… 103
　第二节　军事立法内容 …………………………………………………… 109
　　一、明确立法内容的标准 ………………………………………………… 110
　　二、军事立法内容存在的问题 …………………………………………… 112
　　三、军事立法内容的科学化 ……………………………………………… 114
　第三节　军事立法技术 …………………………………………………… 116
　　一、军事立法名称 ………………………………………………………… 116
　　二、军事立法程序 ………………………………………………………… 119
　　三、军事立法中的公众参与 ……………………………………………… 126
　第四节　军事规范性文件 ………………………………………………… 129
　　一、"军事规范性文件"术语的形成 …………………………………… 130
　　二、"军事规范性文件"法律意义的厘清 ……………………………… 134
　　三、"军事规范性文件"效力位阶的明确 ……………………………… 137
　第五节　本章小结 ………………………………………………………… 140

第七章　军事行政原理 …………………………………………………………… 141
　第一节　军事行政的概念 ………………………………………………… 141
　　一、"军事行政"概念的不同用法 ……………………………………… 142
　　二、"军事行政"概念的解析 …………………………………………… 144
　　三、"军事行政"概念的重构 …………………………………………… 145
　第二节　军事行政行为 …………………………………………………… 147
　　一、军事行政行为的类型 ………………………………………………… 147

二、基于隶属关系的命令行为的规制 ………………………………… 148
　　三、基于职务关系的管理行为的规制 ………………………………… 150
第三节　军事行政诉讼制度 ……………………………………………… 152
　　一、军事行政诉讼制度的价值目标 …………………………………… 152
　　二、军事行政诉讼的当事人制度 ……………………………………… 157
　　三、军事行政诉讼的受案范围 ………………………………………… 158
第四节　军人惩戒制度 …………………………………………………… 164
　　一、我军军人惩戒机制的基本内容 …………………………………… 164
　　二、纪律处分机制的完善 ……………………………………………… 165
　　三、纪律处分的救济 …………………………………………………… 168
第五节　本章小结 ………………………………………………………… 169

第八章　军事司法原理 …………………………………………………… 170
第一节　军事司法制度的发展变迁 ……………………………………… 171
　　一、作为纪律手段和军事制度的传统军事司法 ……………………… 171
　　二、作为正义保障与司法制度的新型军事司法 ……………………… 176
　　三、关于军事司法制度改革的审视 …………………………………… 185
第二节　不同类型军事司法制度比较研究 ……………………………… 186
　　一、纯粹的军事审判模式 ……………………………………………… 186
　　二、军民混合司法模式 ………………………………………………… 187
　　三、纯粹的民事审判模式 ……………………………………………… 193
第三节　我国军事司法：军事制度与司法制度的统一 ………………… 194
　　一、我国军事司法的国家司法属性 …………………………………… 194
　　二、我国军事司法的军事制度属性 …………………………………… 195
　　三、实现军事制度与国家制度的协调统一 …………………………… 197
第四节　本章小结 ………………………………………………………… 198

第九章　军事法律顾问制度原理 ………………………………………… 199
第一节　军事法律顾问的体制建设 ……………………………………… 199

　　一、军事法律顾问机关的体制定位 ………………………… 199
　　二、军事法律顾问人员的身份定位 ………………………… 202
　　三、问题的再思考 …………………………………………… 204
　第二节　军事法律顾问的作用发挥 ……………………………… 206
　　一、军事法律顾问的职责任务 ……………………………… 206
　　二、军事法律顾问与地方律师的分工 ……………………… 210
　第三节　军事法律人才队伍建设 ………………………………… 211
　　一、当前军事法律人才的素质要求 ………………………… 212
　　二、军事法律人才的队伍建设 ……………………………… 215
　第四节　本章小结 ………………………………………………… 216

结语 ……………………………………………………………………… 218

参考文献 ………………………………………………………………… 220

导　言

对任何学科而言，基础理论都是这个学科的地基。从行外人的角度来看，一个学科是否繁荣，体现于对那些"前沿问题"的处理，但实际上，基础理论研究对学科发展的广度、深度而言更为关键——只有坚实的地基，才是大楼体量、高度的决定因素，只有基础理论研究更加扎实、深入，那些前沿问题研究才能立得稳、看得远。从当前情况来看，在军事法学学科中严重滞后的基础理论研究，极大阻碍了军事法学学科的健康发展。相关理论不仅不足以支撑起一个学科发展，也难以指导实践问题的解决。夏勇教授就曾毫不客气地指出："虽然在我国，对基础理论研究不重视、不深入的现象不仅仅存在于军事法学一个学科之中，但它毕竟是军事法学这门初创学科的突出弱点之所在……相当数量的论著满足于大而化之的论述，有的甚至完全是经验性的工作总结或者是对政治概念和军事制度的图解，而对军事法学作为法学学科应当提供的理论工具和研究坐标不屑一顾……这意味着军事法学所关注的实践问题在很大程度上并没有真正得到科学的结论。"[①]虽然距这一观点的提出，已经过去了十几年的时间，但他所提出的问题目前仍然没有得到有效解决。

基础理论研究薄弱的问题，与军事法学发展起步之时所处的历史背景有很大关系。我国军事法学研究自20世纪80年代兴起，相较于其他学科，军事法学研究的理论基础更加薄弱，而与之相关的实践问题又极为广泛、更为紧迫。同时，受制于研究基础薄弱、研究人员有限的客观现实，一些基础理论问题仍然缺乏充分研究。这就让军事法理论脱离了军事法实践，从而使军事法实践问题难以得到彻底有效解决，也使理论缺乏科学性。在军事法学势将蓬勃发展的今天，对这些基础理论问题进行新的解读和争鸣，补足军事法学基础理论的根底，不仅有助于

---

① 夏勇著：《中国军事法学基础理论研究》，中国财政经济出版社2005年版，第3页。

促进军事法体系的完整性,增强军事法理论的科学性,明确军事法的部门法地位,也必将对军事法具体规则的制定及实施产生有利影响,更是建设中国特色军事法治体系的必要之举。

要解决军事法学基础理论研究的瓶颈问题,关键在哪里?笔者认为,主要的落脚点在于处理好军事与法律之间的关系。我国军事法研究经常陷入两个误区——要么只考虑法律,军事不过是法律前面的定语,并未将军事的需求融合进法律之中;要么只考虑军事,使用军事法的题目,却最终做成了军事政治、军事制度的文章。这不仅使学科研究的"专业槽"难以清晰,更在一定程度上造成了军队与地方对军事法地位作用认识不清。这里的误解主要存在如下两个方面:第一,军事法就是普通法律在军队中的运用,它主要是军队政法机关和法制部门的工作,与基层部队、其他机关并无直接联系;第二,军事法就是军队中的纪律,无非是换了一个名称而已,依法治军就是依纪律治军。

这些观念的存在,显然不利于军事法的长远发展。但从军事法目前的研究状况来看,实际也缺乏相关理论来消除根本误解。基于这一考虑,笔者撰写了这本书,力图以军事与法的关系为切入点,避免公式化、概念化的移植,衔接军事与法律之间的相互关系,从理论上寻求军事法学的逻辑自足与体系完备。这项工程颇为繁重浩大,然而一旦落到实处,就可能会为军事法体系的完善增添一些可堪立足的砖瓦。尽管这个目标过于宏大,难以完成,但笔者不辞浅陋,沿着这条路探上一探,不当之处,敬请方家批评指正。

第一章 军事法学的基本逻辑

每一门学科的研究,都应有其逻辑起点、逻辑中介和逻辑终点,从而形成具有系统性和内在逻辑的理论体系。这种基本逻辑甚至早于基本范畴,构成一门学科奠定的基础——一个可靠科学的理论体系,应当建立在逻辑起点的基础上,经逻辑中介的作用逐层次展开,并最终到达圆满融洽的逻辑终点。其中,逻辑起点是对研究对象的基础认识,也是理论体系研究中最基础的问题,是讨论问题的出发点与关键所在;逻辑中介是研究问题的途径依据,是研究方法与研究素材的结合,是研究顺利推进、体系有效建立的方法论基础;逻辑终点是研究问题的目标意义,是进行研究所欲达到的结果,是研究层层推进之后产生的最终实际效果。对军事法学而言,基本逻辑这个基础问题被长期忽略,极不利于学科的健康发展与成熟完善。

第一节 军事法学的逻辑起点

军事法学的逻辑起点,是军事法学基础理论研究的开端和出发点,更是军事法学研究形成科学体系的必要条件——任何一种理论,要想成为一门科学的理论,必须具有严密的、内在的联系。这要求我们首先确定一个最基本的范畴作为逻辑起点,并在此基础上逐步展开,根据一定的逻辑规律进行推理演绎、排列组合,从而形成可靠完备、有解释力的理论体系。

一、军事法学逻辑起点的确立标准

任何学科的逻辑起点都不可能是随意选定的。诚如霍布斯所言:"一门科学的起点,不可能是我们从圆圈中选择的任意点。可以说,在一片怀疑的阴霾中露出的一线理性之光，指引我们走向豁然开朗的境界，那么它就是我们探讨的出发点，就是我们消除怀疑的过程中寻找的指路明灯。所以，每当论者因无知而迷失了线索，或因激情而把它打断，他所绘制的就不再是科学的轨迹，而是他自己的旁门左道。"①显然，作为理论探讨的出发点，逻辑起点应当是学科中最核心、最基本的问题，也是最能够产生共识、共鸣与认同的原初点。当我们在研究过程中出现迷茫困惑之时，就必须首先校准自己的定位，是否已经偏离了最初的逻辑起点——在这个意义上，一个学科的逻辑起点就是这个学科领域研究的"初心"。这里要注意的是，逻辑起点不同于研究起点。研究起点具有偶然性，它在很大程度上起因于学者的巧思妙想，从而因学者的研究兴趣、知识结构、思想观念而有所不同。逻辑起点则具有必然性，它更加抽象，在研究过程中甚至可能是无用的知识，但正是由于这种抽象性，因此能够在哲学基础上指导一个学科的研究。通常而言，应当按照如下标准确定一个学科的逻辑起点。

第一，逻辑起点必须是这一学科中最简单、最普遍的概念。作为学科讨论的基础，逻辑起点不能产生过多冲突，而应为学界所普遍认同。列宁就曾说过："马克思在《资本论》中首先分析资产阶级社会(商品社会)里最简单、最普通、最基本、最常见、最平凡、碰到过亿万次的关系：商品交换。这一分析从这个最简单的现象中(从资产阶级社会的这个'细胞'中)揭示出现代社会的一切矛盾(或一切矛盾的萌芽)。"②实际上，马克思在采用商品作为逻辑起点之前，也曾尝试运用劳动、价值作为其逻辑起点。马克思之所以最终放弃这些概念作为"逻辑起点"，显然是基于对逻辑起点问题的深刻认识：只有在整个研究对象中最简单、最普遍、最常见的东西，方能形成一个学科的有效共识，成为一个学科共有的逻辑起点，因为"最一般的抽象总只是产生在最丰富的具体发展的地方，在那里，一种东西为许多东西所共有，为一切所共有"。③因此，诚如黑格尔所言，逻辑起点具有一种"单纯的直接性"(又称"纯有")，它必须是绝对的、抽象的，不以任何东西为前提，不以任何东西为中介。它必须是一个直接的东西，不能对他物有

---

① [英]霍布斯著：《论公民》，应星、冯克利译，贵州人民出版社2003年版，"献词"，第4页。
② 《列宁全集》第55卷，人民出版社2017年版，第307页。
③ 《马克思恩格斯全集》第46卷上册，人民出版社1979年版，第42页。

所规定，也不能包含任何内容。①这种简单、普遍的特征，使逻辑起点能够得到更多共识，并为该理论体系中的核心问题所共有。

第二，能够引起学科内基本矛盾的发展，并构建起整个理论体系。辩证唯物主义的观点认为，事物的内在矛盾是所有事物发展的源泉和动力，如果没有这样的矛盾，事物自然也就丧失了发展的动因。早在1937年，毛泽东同志就在其著名论文《矛盾论》中指出："按照唯物辩证法的观点，自然界的变化，主要地是由于自然界内部矛盾的发展。社会的变化，主要地是由于社会内部矛盾的发展，即生产力和生产关系的矛盾，阶级之间的矛盾，新旧之间的矛盾，由于这些矛盾的发展，推动了社会的前进，推动了新旧社会的代谢。"②基于此种认识，逻辑起点有效发挥作用的关键，即在于它同学科基本矛盾紧密相联系，在此基础上有效进行推论，并层层展开、步步推进，从而真正处理好学科基本矛盾等相关问题。正因如此，逻辑起点是一门学科基本矛盾的高度概括，应当蕴藏着衍生出该体系理论全部矛盾的萌芽。换言之，逻辑起点应当包含对象及其整个发展过程中一切矛盾的"胚芽"，从这个"胚芽"出发，经过一系列中介的作用，便能够逐步从抽象上升为具体。③

第三，逻辑起点决定了整个理论体系的构建，并且决定着理论体系的终点。黑格尔指出："对于科学说来，重要的东西倒并不很在乎有一个纯粹的直接物作为开端，而在乎科学的整体本身是一个圆圈，在这个圆圈中，最初的也将是最后的东西，最后的也将是最初的东西。"④但在黑格尔看来，这个"圆圈"是循环的，但不是上升的。然而，逻辑起点如果不能通过逻辑中介而得到发展，又何以达到逻辑终点？逻辑起点如果通过逻辑中介的作用之后不发生变化，逻辑中介和逻辑终点又有何意义？正因如此，马克思主义哲学扬弃了这一观念，并基于否定之否定的哲学规律，强调事物发展螺旋式上升的基本规律。显然，在逻辑起点经由逻辑中介达至逻辑终点的关系中，逻辑起点决定了这个理论循环上升的方向与路径，更决定了这个复杂的体系的具体内容。

---

① ［德］黑格尔著：《逻辑学》，杨一之译，商务印书馆1966年版，第54页。
② 《毛泽东选集》第1卷，人民出版社1991年版，第302页。
③ 参见王大中：《论侦查学的逻辑起点——兼论学科逻辑起点及其价值》，载《中国人民公安大学学报（社会科学版）》2006年第1期，第67页。
④ ［德］黑格尔著：《逻辑学》，杨一之译，商务印书馆1966年版，第56页。

二、现实的"军—法"关系是军事法学的逻辑起点

军事法学科逻辑起点的确定,同样需要满足前述标准,并符合学科的特点规律。笔者认为,军事法学逻辑起点是现实中的军事与法的辩证关系,我们简称其为现实的"军—法"关系。

第一,现实的"军—法"关系,是军事法研究中最简单、最普遍的问题。最简单,是因为这对关系范畴是军事法研究过程中最原初的问题,在军事法学学科中,这一问题的存在意义和必要性与生俱来,无须证明——尽管从研究者的角度来看,对这一问题进行解释之时必须引入大量其他理论,但这些理论只是解释这一关系的工具,而这一关系本身,却是探讨所有相关问题所必须考虑的基础。最普遍,是因为这对关系范畴是军事法学研究过程中不可回避的问题,军事法研究中的诸多问题,无不围绕着军事与法的关系展开,是最普遍的、无处不在的、难以绕开的一对基本范畴。一旦我们的论阈脱离了军事,或者脱离了法律,军事法学学者便需要及时展开自我批评与怀疑,重新校准自己的研究方向。

第二,现实的"军—法"关系,体现了引起学科发展的基本矛盾。军事是一切与战争、军队直接相关事项的总称,主要包括国防和军队建设、战争准备和实施等内容;法,则通常是指由社会认可、国家确认立法机关制定规范的行为规则,并由国家强制力保证实施的,以规定当事人权利和义务为内容的,对全体社会成员具有普遍约束力的一种特殊行为规范。二者在运行方式、价值目标、适用对象等诸多问题上存在显著区别与明显冲突,但又相互作用、相互制约,从而构成了军事法理论和实践中的基本矛盾。这种辩证关系,构成了研究和解决军事法基本理论问题的核心与关键。可以说,军事法学领域出现的一切迥异于其他法律部门的特殊现实问题,无不是这一基本关系作用下的产物。

第三,现实的"军—法"关系,与军事法研究逻辑终点紧密联系。马克思在处理其理论之时,就贯穿了一条"人的发展"曲线,也就是以社会历史为坐标,以"现实的人"为起点,以"人的自由全面发展"为终点的螺旋上升的曲线。① 同样地,军事法研究中的起点,实际也决定了军事法研究的终点——易言之,军事法

---

① 李义伟、张三元:《论马克思主义的逻辑起点与终点》,载《淮海工学院学报(社会科学版·学术论坛)》2011年第1期,第3页。

研究应当以实践中的军事与法的关系为起点,而作为军事法研究的逻辑终点,则是科学化的军事与法的关系。在相关研究和实践工作开展推进的过程中,军事与法的关系得以清晰化,形成了军事与法互相促进、协调发展的理想关系。当然,逻辑终点并不是研究的终点,在实践情况发生变化之时,也会演变成新的课题研究的逻辑起点。这种循环上升的规律,不仅符合历史唯物主义的科学规律,也构成军事法学研究不断发展进步的重要基础。

三、军事法学逻辑起点的作用机理

军事法学逻辑起点的运用,实际涉及军事法学研究过程中的一对基本关系范畴——军事与法。作为一对紧密联系的关系范畴,必然存在着某种对立统一关系,而在处理这对关系范畴的过程中,理论得以层层推进并臻于完善。

第一,理解其对立性。对立性表现为对立面之间具有相互排斥、相互否定的性质。军事与法之间具有对立性,乃在于二者在价值取向上存在明显区别。应当认识到,军事强调纪律与服从,法律则强调正义,军事与法律之间存在相当复杂的差异,因此军事法律制度与其他领域法律在价值追求上同样存在显著差异。这种差异的存在,甚至可能使我们所习见的那些一般法律价值,在军事领域遭遇克减;但这种克减必须行之有度,绝不能导致这些价值的废弃。这种因军事与法之间价值冲突而体现的对立性,产生了军事法学研究中的一系列复杂特殊问题,深蕴着军事法学研究的独特魅力。

第二,探寻其统一性。统一性表现为对立面之间具有相互依存、相互渗透、相互贯通的性质。从社会科学的整体角度来看,军事与法律都是政治发展的产物——军事是政治的延续,法律同样与政治有着不解之缘;从历史的角度来看,军事与法律之间相互影响牵连——军事理论、军事技术的发展需要通过法律进行相应调整,法律也应当对军事的运行方式进行必要限制。对于军事法学研究而言,弥合军事与法律的价值冲突,寻求二者在现代政治文明中的协调统一,乃是一项最基本的任务。这里特别需要强调的是,统一性不是一致性,将法律的规律直接套用到军事当中,或将军事的规则直接运用于法律,都会导致严重不利的后果,恰是研究过程中不尊重规律的盲目举动。

第三,在对立性与统一性的相互作用中寻求军事法的发展。矛盾是事物进步发展的根本原因，其作用机理就是对立面之间的对立统一关系。矛盾双方的互相渗透与贯通为矛盾的解决准备了条件；矛盾双方的力量对比和相互关系不断变化，从而最终造成矛盾统一体的破裂，致使旧事物被新事物所取代。就军事法学研究而言，如果法律不符合军事发展的需要，军事与法律之间的对立性将更加凸显，从而促成了相关法律制度的调整；如果军事法律满足了军事发展的现实需要，统一性将发挥作用，促成军事的不断进步。在这个过程中，实践推动了军事法学研究螺旋上升的科学发展，形成了军事法学研究与时俱进的科学进路。

第二节　军事法学的逻辑中介

军事法学的逻辑中介，是军事法学学科研究从逻辑起点发展至逻辑终点所必须经历、遵循的事物，是推进理论研究的重要一环。相比逻辑起点和逻辑终点而言，逻辑中介应当是相对具体的内容，并且内蕴了一定的方法论思想，体现为推动军事法学基础理论完善的手段、途径和方法。

一、军事法学逻辑中介的确定标准

与逻辑起点不同，逻辑中介本身应当是现实、具体的事物，其存在使逻辑起点具体化，并形成促使逻辑起点发展演变的现实推动力量。

第一，逻辑中介是具体的事物。马克思在谈到英国古典政治经济学家李嘉图及其学生的思维方式时，曾批评他对"一般规律同进一步发展了的具体关系之间的矛盾，不是想用寻找中介环节的办法来解决，而是想用把具体的东西直接列入抽象的东西，使具体的东西直接适应抽象的东西的办法来解决"，认为他们"想靠捏造用语、靠改变事物的正确名称来达到这一点""企图用空话来解决没有得到实际解决的实际矛盾"。①显然，将矛盾所涉及的事物具体化，而不是用抽象的方式处理，是逻辑中介根本不同于逻辑起点，并有效发挥作用的关键所在。如果不能做到从抽象到具体，再从具体到抽象，将必然背离"归纳—演绎—再归纳"的基本逻辑规律，从而让理论本身沦为空泛、抽象的玄学。

第二，逻辑中介是矛盾双方相互转化融合的现实依据。恩格斯在《自然辩证

---

① 《马克思恩格斯全集》第35卷，人民出版社2013年版，第92页。

法》中讲道:"一切差异都在中间阶段融合,一切对立都经过中间环节而互相过渡,对自然观的这种发展阶段来说,旧的形而上学的思维方法就不再够了。辩证法不知道什么绝对分明的和固定不变的界限,不知道什么无条件的普遍有效的'非此即彼!',它使固定的形而上学的差异互相过渡,除了'非此即彼!',又在适当的地方承认'亦此亦彼!',并且使对立互为中介。"①在逻辑中介的运作之下,矛盾相互转化并且彼此作用,原本对立统一的两方面在中介的运用之下得以弥合冲突,上升发展。这种对立统一、螺旋上升的辩证发展,不仅体现了逻辑中介的方法论价值,也使理论研究得以踏实稳定地发展。

第三,逻辑中介是达致逻辑终点的方法论基础所在。逻辑中介尽管是一些具体的内容与事物,但如何确定其具体内容,仍然是基于特定方法论基础完成的。逻辑中介联系逻辑起点与逻辑终点,促使理论由起点发展至终点,从而产生协调统一的理论系统。应当认识到的是,从逻辑起点到逻辑终点的过程中存在着许多中间环节,每个环节都是这个逻辑体系的中介,甚至每两个环节之间的过渡都需要中介。但从学说形成的宏观视角来看,学科的基本问题发起于逻辑起点,并在逻辑中介的作用下,逐渐达到逻辑终点。

二、军事法律实践是军事法学的逻辑中介

军事法律实践是军事法学的逻辑中介,它充分满足了一门学科逻辑中介所应当具备的要求。

第一,军事法律实践是"军—法"关系具体化的产物。军事法律实践是具体、现实、无所不在的,一切军事活动都在一定程度上体现为军事法律实践:例如征兵,所有的参与者都不可避免地实践了《中华人民共和国兵役法》《中国人民解放军现役士兵服役条例》等法律法规;又如指挥员在训练活动中下达命令,也同样不可避免地实践了《公安机关人民警察内务条令》和有关训练的纲要、概则等。部分实践是有意识的,但在更多情况下,参与者对所实践的法律法规并无充分认识;部分实践是合法的军事法律实践,也有些是违法的军事法律实践。但无论有意识抑或无意识、合法抑或违法,这些研究都必然体现了"军—法"关系的具体内容,对军事法治建设起到了不同的、具体的作用,为军事法学理论大厦的进一

---

① 《马克思恩格斯全集》第 20 卷,人民出版社 1971 年版,第 554~555 页。

步建设奠定了厚重坚实的实践基础。

第二,军事法律实践促进了矛盾双方相互转化融合。在体现"军—法"现实关系的同时,军事法律实践也理所当然地处理"军—法"的现实关系,当这种实践上升到理论层面,又产生了理论指导下的军事实践。这就必须在实践基础上形成一种既合乎法治思维,又契合军事实践的科学方式处理二者关系。在军事实践的作用下,理论得以丰富发展,并促进"军—法"矛盾冲突的弥合,使二者相互兼容,彼此促进,共同发展。

第三,军事法律实践体现了军事法学研究臻于完善的方法论基础。实践出真知,在军事法学研究臻于完善的过程中,军事法律实践作为逻辑中介,发挥着中间环节的作用。一方面,在长期的军事实践过程中,发展军事法学研究,并据以充分指导实践,方能促进"军—法"关系从现实的实践活动走向抽象的理论归纳,从纷乱复杂的偶然行为走向有章可循的必然过程,进而形成科学化的"军—法"关系;另一方面,不间断的军事实践,在为"军—法"关系的进一步科学化创造条件的同时,也使更加复杂的"军—法"关系相关问题得以暴露出来,从而为军事法学研究提供了正反两方面的有效素材。

三、军事法学逻辑中介的作用机理

军事法律实践在军事法学研究中的意义,再怎么强调也不为过。它在不同层面上决定了军事法学研究的具体课题、发展方向和实践标准。只有在军事法律实践过程中,军事法学研究才能获得充分活力。

第一,依托军事法律实践这个逻辑中介,形成军事法学研究的具体课题。一个学科的研究,必须有它的具体选题,军事法律实践则是军事法学研究课题得以形成的土壤。通过军事法律实践活动,军事法学研究所应当关注的现实问题得以充分暴露,并表现为解决这些问题的现实需要。这种需要,也是军事法学研究得以推进、发展的原始动力,更是军事法学研究真正需要应对和解决的问题。

第二,依据军事法律实践这个逻辑中介,决定军事法学研究的发展方向。军事法学研究的现实问题出现并在现实中形成需要后,就必须明确到底往哪个方向去寻求解决之道,也就是所谓军事法学研究发展方向的问题。军事法律实践是军事法学研究方向得以明确的关键因素,如果罔顾军事法律实践中的客观事实,忽视客观事物反映的理论需求，按照主观设想任意确定研究发展的方向，必然导致军事法学研究向着假大空发展，甚至反过头来引起军事法律实践的知行错乱。

第三，利用军事法律实践这个逻辑中介，验证军事法学研究的现实效果。军事法学理论的正确性，需要在实践中进行验证，得到实践的积极反馈，并在此基础上进行效果评价，进而对军事法学研究的成果进行进一步完善。这个验证、反馈、评价、完善的复杂过程，在军事法学研究和军事法律实践的过程中周而复始出现，最终使军事法学理论臻于完善。需要注意的是，军事法律实践并不一定是合理合法的，违法行为同样是军事法律实践中的重要组成部分，是不可回避的客观现象，这些现象仍能从某种程度上验证军事法学研究的效果，但角度、方法必然会有所差异，我们可以针对性地对军事法学研究的成果进行修正完善，但不能据以轻率地否定理论研究的正确性。

第三节　军事法学的逻辑终点

逻辑起点说明了我们的研究"从哪里来"，逻辑中介告诉我们的研究"走哪条路"，逻辑终点则决定了我们最终"到哪里去"。具体而言，军事法学逻辑终点是军事法学理论研究在逻辑起点基础上，经由军事法律实践所欲达到的目标。

一、军事法学逻辑终点的确立标准

一个学科的逻辑终点，是学科研究的目的所在，其确立根本受制于这一学科逻辑起点的确立和逻辑中介的作用，并最终体现为学科研究的价值追求。

第一，逻辑终点与逻辑起点在总体上具有一致性。黑格尔对此问题有非常深刻的认识，在他看来，"真理就是它自己的完成过程，就是这样一个圆圈，预悬它的终点为目的并以它的终点为起点，而且只当它实现了并达到了它的终点它才是现实的"。[①]马克思也同样认为："循环的性质中包含着这样的情况：每一点同时表现为起点和终点，并且只有在它表现为终点的时候，它才表现为起点。"[②]起点是因为有终点，才成其为起点；终点也是因为有起点，才成其为终点。在这个

---

① ［德］黑格尔著：《精神现象学》，贺麟、王玖兴译，商务印书馆1979年版，第11页。
② 《马克思恩格斯全集》第46卷上册，人民出版社1979年版，第152页。

意义上,对一个科学的理论体系而言,当起点确定之时,终点问题就已经大体明确了——或者相反,当终点确定之时,起点也就得以明确了。

第二,逻辑终点与逻辑起点在层次上具有发展性。逻辑终点是在"否定之否定"原理作用下的产物。尽管逻辑终点与逻辑起点之间具有总体一致性,但二者并不能完全等同,它必然是在逻辑起点基础上的新发展。关于这一问题,黑格尔的辩证法并没有强调逻辑终点对逻辑起点的发展性,马克思则扬弃了黑格尔的学说,将发展融入循环,强化了在否定之否定基础上螺旋上升的事物发展规律。例如有学者认为,现实的人是马克思学说的逻辑起点,全面发展的人是马克思学说的逻辑终点。[①]作为逻辑起点的人是尚未展开的、尚未实现的人,作为逻辑终点的全面发展的人则是完成了的人,是在逻辑中介作用之下的人,是人的本质全面复归了的人,马克思在这个基础上完善了自身的理论体系。这对其他学科而言,同样具有非常重要的借鉴作用。

第三,逻辑终点体现了研究价值目标的特性。逻辑终点在一定程度上体现了研究的价值目标,这就与逻辑起点、逻辑中介之间产生了截然分离——逻辑起点是对现实存在的物的归纳,是对现实存在的某种规定性的认识;逻辑中介则更多的是对逻辑起点的现实推演,是对事物发展的某种方法论的认识。逻辑终点却往往并不存在于现实之中,它更多地像数学中的"无穷",可追求,却难以达到(甚至无法达到),如马克思所言的"全面发展的人",其存在与否?何时可以存在?不得而知!正是在这个意义上,逻辑终点可以算是理论研究的理想所在,它不仅是对现实事物的反思,更体现为学界对理论研究理想的总结,是一种价值追求,具有浓厚的价值论色彩。

二、科学的"军—法"关系是军事法学的逻辑终点

正是在这个意义上,科学的"军—法"关系,便理所当然地成为军事法学的逻辑终点。这主要是因为:

第一,科学的"军—法"关系与现实的"军—法"关系在总体上具有一致性。既然军事法学研究的起点是现实的"军—法"关系,那么,从学科逻辑起点与逻

[①] 王清涛:《论马克思学说的逻辑起点、逻辑终点及其中介》,载《前沿》2010年第5期,第8页。

辑终点的相互关系出发，军事法学研究的逻辑终点便必然是科学的"军—法"关系———一种更进一步的"军—法"关系了。

第二，科学的"军—法"关系与现实的"军—法"关系在层次上具有发展性。它是在现实的"军—法"关系经过逻辑中介，也就是军事法律实践影响之后形成的更加趋于完善的"军—法"关系。它不是实践中现存的"军—法"关系，而是经过科学总结、实践影响后产生的新的"军—法"关系，是在事物发展螺旋上升基础上形成的"军—法"关系。

第三，科学的"军—法"关系具有明显的价值目标性。科学的"军—法"关系的形成，有赖于军事法律实践充分发挥作用，并对现实的"军—法"关系产生积极影响。形成科学的"军—法"关系，不仅意味着法律和军事能够在事实层面与理论有效衔接，还强调法律和军事的价值在社会生活中得到有效实现，并在相当程度上协调一致，共同发挥作用。

三、军事法学逻辑终点的作用机理

军事法学逻辑终点，归根结底是一个植入军事法研究之中的价值目标。其作用的有效发挥，应当着眼于如下几个方面：

第一，通过价值取向的科学安排来桥接实践需求与理论成果。价值是"人们所利用的并表现了对人的需要的关系的物的属性"。[①]一个事物价值的生成与评价，在其客观性上由其自身属性决定，在其主观性上则受制于人类需求的影响。军事法理论现实作用的发挥，必然为军事法明确一定的价值追求，并体现了主观需求与客观实践的统一———缺乏价值追求的理论，将不可避免地陷入空洞，迷失价值目标的制度更会丧失正义性、科学性和存在的意义。

第二，通过价值体系的层级设计来明确制度安排的具体细节。无论军事还是法律，均具有复杂的价值体系。法律所具有的平等、自由、人权、公正、秩序、效率等价值，军事所具有的正义、效率等价值，它们在制度设计、运行过程中都必须得到充分权衡，从而形成精密可靠、管用好用的制度安排。而这个价值衡量过程妥当与否，对制度安排发挥着决定性作用。这就需要调整不同层次制度安排，确保其契合价值需求，适应社会实际，从而促进有利于军事法价值目标实现

---

① 《马克思恩格斯全集》第26卷第3册，人民出版社1974年版，第139页。

的法律制度的产生，从而真正完善军事法的制度建设与实施。

第三，通过价值冲突的作用机理协调导向各异的军事法制度。对法律而言，价值导向的差异性非常明显，军事法还要掺杂对军事需要的充分考虑，这便体现了更加复杂的冲突。例如，在公正与效率的问题上，军事法应作何选择？在保障权利与维持军纪的问题上，军事法又当作何选择？总之，一些涉及价值冲突的问题在军事法领域总是呈现出独特的困难，特别需要我们慎重对待。

第四节　本章小结

军事法学基本逻辑的意义，不仅在于指导军事法学研究，同时也是军事法学作为一个独立学科的基础所在。毛泽东主席在《矛盾论》中强调："科学研究的区分，就是根据科学对象所具有的特殊的矛盾性。因此，对于某一现象的领域所特有的某一种矛盾的研究，就构成某一门科学的对象。"①要使军事法学摆脱其他部门法学的过度影响，不至沦为一般法律在军事领域的附庸，便必须首先明确军事法学基本逻辑，特别强调对"军—法"之间矛盾关系的研究，从而有效规范梳理军事法学基础理论研究，使军事法学最终发展成为一个独立学科。

而在具体的研究过程中，军事法学基本逻辑也发挥了不同的作用：作为现实的"军—法"关系，逻辑起点强调了军事法学研究的规定性，为下一步研究划定了研究领域；作为军事法律实践，逻辑中介提供了军事法学研究的方法论基础，为下一步研究提供了路径方法；作为科学的"军—法"关系，逻辑终点决定了军事法学研究的价值论基础，为下一步研究指明了方向和归宿。从这个意义上讲，在我们研究军事法学基本原理的过程中，我们必须坚持这个方向勇敢地探索下去，即便偏航，也能迅速回归。

---

①　《毛泽东选集》第 1 卷，人民出版社 1991 年版，第 309 页。

第二章 军事与法律的相互影响

在明确了军事法学基本逻辑之后,我们基本认识到军事和法律之间必然存在某种特殊联系。在基本逻辑锚定的航向上进一步探索,我们便面临着许多更加复杂的问题,具体包括:这种联系有哪些内容,这些内容如何发挥作用,这种作用是否必然发生,等等。在这一章里,我们将从一个宏观的历史角度分析这个问题,并从中归纳出可供借鉴参考的基本规律。我们注意到,战争形态与法律制度之间存在着非常密切的相互作用——从一方面来看,法律制度在很大程度上影响着军队的组织结构、力量编成,从而对军事活动产生影响;而从另外一个方面来看,军事有着明显的移植性,战争毕竟是一个关乎国家生死存亡的大问题,军事技术、军事制度的借鉴学习速度远胜其他领域。世界各国都在长期的相互战争中互相学习,特别是在战争中失利的国家,不得不循着胜利者的脚步对其与军事相关的法律制度进行调整,这就使同时期的各国军制有着极大的相似性。正因如此,通过对历史的观察,我们可以清晰地发现:法律制度,特别是军事法律制度的发展受制于诸多因素,如军事技术、国家性质、民族精神等问题,都可能在军事法律上留下深刻的印记。

第一节 仪式化战争下的军事与法律

人类最初的战争,是一种"仪式化战争"。"仪式化战争"的概念并不常见,关于这类战争的只言片语,往往已经湮没在人类学、战争史研究的故纸堆中。但实际上,"仪式化战争"的理念传承自原始社会,构成了世界上最古老的战争形式,并对战争主体、国家形态产生了复杂影响。作为早期军事法律制度的现实社会基础,"仪式化战争"为之后战争形态、军事法律制度的演变发展奠定了基调,调制了底色。

一、中西方的"仪式化战争"

在中西方文明发端之际，战争仍有许多部落之间决斗的遗迹残存，表现为一种"仪式化"了的战争。它具有三个方面很重要的特征：

第一，战争目的有限，并非以吞灭他国为目的。在古代西方，直到公元前6世纪，古希腊城邦之间的战争仍是一种规模不大、战争烈度较低的仪式化战争，战争的目的是谋求霸权或者解决纠纷。这一时期，城邦之间虽然多有战争，但那些较大的城邦却不过是意图对那些较小的城邦实现控制，却少有直接吞并的做法。古代中国也曾有这种仪式化的战争。如雷海宗先生所言，"春秋时代的战争由贵族包办，多少具有一些游戏的性质……战争并不以杀伤为事，也不以灭国为目的，只求维持国际势力的均衡"。①瞿同祖先生讲，春秋时代的战争，结果有三，一为"迁"，也就是将人民迁移到其他地方；二为"取田邑"，也就是将战败国的田邑夺为己有；三为"灭国"，但灭国之后，多有"复封其君"的做法，典型的做法是将这个诸侯的继承人封为诸侯，从而维护原有的封建者秩序，例如楚灭陈、蔡，隔了五年，复封陈，隔了两年，复封蔡，并归陈、蔡太子之子，使仍为侯。②

第二，战争规则清晰，强调战争的仪式性和伦理性。荣誉精神超过了胜负之争，成为"仪式化战争"中更为令人珍视的价值。例如，在古希腊时期的仪式化战争中，（那时的战士）"不会选择使用欺骗手段去打败他们的敌人，反而认为，若非是把敌人引至公开地点然后杀掉他，就没有任何荣誉可言，即便战胜也于心不安。因此，双方有约：互相之间不用暗器或投弹武器，他们确信，只有面对面的短兵相接才是战争胜负的唯一裁决方式。为了这些原因，他们得提前向对方宣告开战，通知自己进攻的时间，甚至告诉敌人自己的陈兵地点"③。这种战争在我们现代人看来，就像荒诞剧一样好笑，但如果我们考虑到他们战争的目的，或

---

① 雷海宗著：《中国的文化与中国的兵》，商务印书馆2001年版，第10页。
② 参见瞿同祖著：《中国封建社会》，上海世纪出版集团2005年版，第194~196页。
③ ［美］杰弗里·帕克著：《剑桥战争史》，傅景川等译，吉林人民出版社2001年版，第29~30页。

者能将其理解为一种群体之间发生的决斗,并从中感受到一种浪漫的英雄主义情怀。

第三,战争强度不大,并且能够在短时间内结束。顾炎武在《日知录》中讲:"先王之用兵,服之而已,不期于多杀也。"① 此时采取的战争模式是车战,交战双方在一个战场作战,战争很快就分出胜负,这时的大战,如城濮之战、邲之战、鞌之战等,都在一天当中结束战斗。规模空前的鄢陵之战,"旦而战,见星未已",楚师就坚持不住,自己"宵遁"了。② 古代希腊同样如此,在祷告和仪式进行完毕之后,战争的两个阵营相向而行,一开始是齐步行进,然后是慢跑行进。方阵之间碰撞,使整个战争成了一场拿着刀的橄榄球式的搏斗。整场战争持续时间不过一个小时左右,胜利一方的伤亡大约为5%,失利一方的伤亡大约为10%。③ 显然,在仪式化战争的阶段,战争并非以吞并敌国为目的,只是为了解决国家之间的争议,那么战争的规模便总归是有所控制的。在这种规模有限的战争当中,由贵族、公民当兵的制度足够应对当时的内部战争,而当他们需要外御其侮之时,又能有效地联合起来。之后的战争逐渐丧失了这种仪式性,但从实际情况来看,战争的仪式性仍有大量遗存。

二、"仪式化战争"下的"军—法"关系

与这种"仪式化战争"相对应,国内的法律(或者说政治)明确了有产者当兵的兵役制度,强化了有产者的统治地位。这是由国家的性质和军队的阶级性所决定的,在奴隶制国家,无论采取哪种形式的政体,军队总是由国内的少数人组成。奴隶制度下的军队,其最基本的任务是镇压和控制奴隶,对奴隶进行武装则与这一目的明显相悖。例如,古希腊的军事与公民身份有着直接关系——这里所说的公民是享有政治权利的统治阶级,与当下"拥有一国国籍的自然人"的含义完全不同,他们并非一国国民的全体,而是其中很少的一部分。具体而言,公民只限男子,而且须为自由民,因此女性和奴隶均非公民。这一时期的公民身份与

---

① 《日知录·卷三》。
② 参见孙机:《中国古代车战没落的原因》,载《中国国家博物馆馆刊》2014年第11期,第42页。
③ [美]罗伯特·L.奥康奈尔著:《兵器史:由兵器科技促成的西方历史》,卿劼、金马译,海南出版社2009年版,第50页。

兵役存在直接联系，特别是在梭伦改革之后的雅典，享有公民身份的一个重要前提就是承担兵役——"凡是自备甲胄武器和马匹，参加公民军当骑兵和重装步兵的富裕阶级或中等阶级的成年男子是公民，参加海军当桨手的贫民阶级，领取国家发给薪饷的，也是公民。"①而在战争最具仪式性的时期，由于战争主要发生于希腊各城邦之间，战争的主要形式体现为重装步兵之间的交锋，当时的战士必须自备甲胄武器，而重装步兵的一套装备价值极为昂贵，他们必须自行配备全副盔甲武器（包括盾牌、头盔、护胸甲、胫甲、剑、矛和短袖束腰外衣），成本为75~100德克拉马，大约是一名熟练工3个月的工资，因此，重装步兵的盔甲也成为一种地位象征，从而相当有效地将战场限定为富有阶级专属的获取荣誉之地。②此时的希腊军人不只是自由民，还应是自由民中较为富裕的阶层，实际能当上重装步兵的只有男性公民中的30%~40%。③古罗马同样如此，罗马城在公元前3世纪之前只能算作一个农民城市。这种小农经济只能是兵农合一的公民兵制度，"每一个公民就是一位士兵，每一件战利品都有每一个公民的一份，因此，城邦的生死存亡对每一个公民来说，都休戚相关。这在罗马首先表现在土地方面。每一次战胜所获得的土地，都在罗马公民中进行分配"。④当兵的人也自然只能维持在城邦中的少数人。

中国的情况亦是如此。周灭商后实行"国人当兵制"，周王朝的统治区分为"国"和"野"：周王及其诸侯等贵族所居之城、邑及郊区，称"国""都"或"乡"；郊区以外的广大地区，称"野""鄙"或"遂"。居住在国的民众称"国人"，多为王族、公族的成员；居住在野的民众称"庶人"，多为被征服部族的成员。国人是"公侯干城"、有"执干戈以卫社稷"的义务；庶人实质上是农业奴隶，没有参军入伍的权利。政治地位低的家内奴隶，由于常年侍奉贵族，所以在出征时有一部分跟随贵族甲士充当徒役，担任杂役及后勤工作。⑤此时的战争发生于中原的"诸

---

① 顾准著：《希腊城邦制度》，中国社会科学出版社1982年版，第11~12页。
② 参见[美]理查德·内德·勒博著：《国际关系的文化理论》，陈锴译，上海社会科学院出版社2015年版，第135页。
③ 参见[英]保罗·卡特里奇著：《剑桥插图古希腊史》，郭小凌等译，山东画报出版社2005年版，第162页。
④ 王建吉著：《古罗马共和国军事史》，辽宁人民出版社1994年版，第64页。
⑤ 中国人民革命军事博物馆编著：《中国战争发展史》（上卷），人民出版社2001年版，第43页。

夏"之间，在广袤的平原上，参战各方最主要的作战方式是车战——当时的基本作战单位，是一辆由四匹马牵引的战车，车上三人，其中有一名驭手，一名乘员持戈(一种曲头横刃的兵器)，一名乘员持弓箭。这些马匹、武器显然不便宜，只有贵族才能购置。而此时的贵族也乐于当兵，正如雷海宗先生所指出的："封建制度所造成的贵族，男子都以当兵为职务，为荣誉，为乐趣。不能当兵是莫大的羞耻。""《左传》《国语》中的人物由上到下没有一个不上阵的，没有一个不能上阵，没有一个不乐意上阵的。"①军事也由此成为贵族最重要的一项技能，贵族应具备的"君子六艺"(礼、乐、射、御、书、数)中有两项都是军事技能——"射"是射击弓箭，"御"为驾驶战车。

这种法律制度又反作用于战争，使战争规模保持在一个较小的范围之内，甚至形成了大量的战争法规则。例如，在公元前545年，斯巴达和阿哥斯进行所谓"冠军"之战，双方约定各派300人进行仪式化的战争，最终只有3人(两名阿哥斯人和一名斯巴达人)幸存。当时两名阿哥斯幸存者奔回国去宣布胜利，斯巴达人则按照重装步兵方阵的要求留在战场上待命，并按照当时的规则宣布胜利——竖起一件战场上的战利品，把缴获的敌人的武器和盔甲系在一个树桩上。双方关于胜利标准的争议，导致了新的战争——斯巴达人应该是胜利者，他们牢牢控制了那块争议领土并保持了近两个世纪之久。②在中国，这种规则同样存在，在春秋时期，哪怕在敌国之间也要遵守传统的封建秩序。《左传》便曾记载，晋国的韩厥在战场上追赶郑成公，他的车夫说可以追上，但韩厥认为不能再次羞辱国君，因此放弃追赶；郤至追赶郑成公，与他同车的人建议派轻车从小道迎击，但郤至却认为伤害国君要受到刑罚，也停止了追赶。③这种故事在《左传》中并非孤例，甚至可以说形成了常态。军事既然是贵族之间解决纠纷的方式，对于封建秩序的维护便很可能超出对战争胜利的追求。

---

① 雷海宗著：《中国的文化与中国的兵》，商务印书馆2001年版，第6页。
② 参见[英]保罗·卡特里奇著：《剑桥插图古希腊史》，郭小凌等译，山东画报出版社2005年版，第166页。
③ 晋韩厥从郑伯，其御杜溷罗曰："速从之！其御屡顾，不在马，可及也。"韩厥曰："不可以再辱国君。"乃止。郤至从郑伯，其右茀翰胡曰："谍辂之，余从之乘而俘以下。"郤至曰："伤国君有刑。"亦止。参见《左传·成公十六年》。

第二节　吞并战争中的军事与法律

"仪式化战争"简直是一种乌托邦中的战争。然而，当战争的目的变成吞并和消灭对手之后，"仪式化战争"就变得相当不合时宜了。此时，战争的目的发生了明显变化，吞并他国或者建立殖民地逐渐成为发起战争的重要原因，战争的规模也迅速扩大，战争方式发生了显著变化，与之相适应的法律制度也同时发生变化。

一、中西方早期的吞并战争

随着战争规模的发展，一些国家开始吞并其他国家，而在这个过程中，被攻击的国家也不得不采取类似的措施，以避免遭到吞并的厄运。在古希腊，伯罗奔尼撒战争将希腊的所有城邦都卷入进来，这场持续四分之一个世纪的战争改写了古希腊的军事传统。对中国而言，春秋中后期的战争就已经不是早期的那种有节制的斗争，而明显趋向于频繁惨烈，而到战国时期，诸侯之间的兼并热度已经到达顶点，不管是同姓异姓，不管是王室所封，还是僭位为君，只要力所能及，便加以吞灭。复封其君的故事，再也不会出现了。[①] 战争目的的变化，直接导致战争规模急剧扩大、战争手段更趋惨烈。战国时的秦国，更是以斩首为军功之首，商鞅制爵二十等，以战获首级者，计而受爵。鲁仲连更明确提出秦是"弃礼义而上首功之国"。[②]这里所谓"首功"，便是斩首之功。战争的情势在这一时期发生了极大变化，战争的目的不再是解决纠纷，而是吞并和灭亡对方。

战争目的既然发生变化，与战争目的相适应的战争伦理也要产生相应的调整。原本为人鄙视的战争诈术也得到堂而皇之地承认、使用与推崇。当时的历史学家希罗多德便曾批评古希腊的"仪式化战争"："希腊人由于自己的顽固和愚蠢，他们在作战时是胡来一通的。当他们相互宣战的时候，他们是来到他们所能找到的最好的和最平坦的地方在那里作战……纵然他们无论如何必须作战的时

[①] 参见瞿同祖著：《中国封建社会》，上海世纪出版集团2005年版，第197页。
[②] 《史记·鲁仲连邹阳列传》。

候，他们也应当各自去寻找他们的最难于受到攻击的地点，然后在那里再一决胜负。"①中国的《孙子兵法》，更是强调"兵者，诡道也"，讲究"攻其无备，出其不意"的道理，"为战以礼"的规则在这一时期遭到了显著破坏。春秋中期的宋襄公在泓水之战中拒绝"半渡而击"，坚持"君子不重伤（打击已经受伤的人），不擒二毛（俘虏老年人）……不鼓不成列"，结果大败并沦为笑柄，留下了"襄公之仁"的成语。事实上，他遵循的是仪式化战争的战争规则，却忽略了战争形态正在发生急剧变化的现实情况。

战争目的的变化，也使战争规模无节制地扩大。在古希腊，规模空前的伯罗奔尼撒战争几乎打散了古希腊的所有元气，结束了古希腊的黄金时代。中国的战争更是如此，直到春秋中期，周惠王二年（公元前676年），楚国伐郑之役只出动六百乘兵车。齐国在桓公全盛时期，也没有超过八百乘兵车，共三万人用于作战。春秋五霸，全军兵力都不及十万人。②到了战国时期，战争规模扩大，造成了所谓"千乘之国""万乘之国"的出现，特别在战国末期，参加战争的人数急剧扩大，伤亡人数也相应扩大。有学者统计发现，在整个春秋战国时代有史记载的伤亡人数超过2万人的20次战争中，有15次集中发生在公元前317年至公元前256年这61年间。③在一场著名的战役——长平之战中，战国末期的秦国名将白起，率军在赵国的长平（今山西高平）一带同赵国军队作战，白起大胜，并在获胜后坑杀俘虏，据说此战斩首坑杀了45万名赵国军人，这还不过是当时发生的诸多大规模会战中的一场，可见当时的军队已经扩充到了何种地步。

二、吞并战争下的"军—法"关系

覆巢之下无完卵，吞并战争是波及全民的战争。这一时期的战争，便不再仅仅是富裕阶层的事情，而变成全国所有平民的公共事务。在之前仪式化战争的历史背景下，古希腊的重装步兵主要由城邦的富裕阶级组成，但为了防御来自海上的敌人（波斯），海军的重要性变得更加突出，大量没有财产的自由民被招募起

---

① ［古希腊］希罗多德著：《历史》，王以铸译，商务印书馆1959年版，第468页。
② 参见李朋主编：《话说中国战争》（第1卷），天津古籍出版社2010年版，第33页。
③ 参见赵鼎新著：《东周战争与儒法国家的诞生》，夏江旗译，华东师范大学出版社2011年版，第145页。

来到海上去划商船或者战船,这深刻影响了当时的政治格局。到公元前5世纪后期,雅典一支由200艘以上的战船组成的舰队中,已有超过4万人的桨手。①同时,轻步兵战术的发展,特别是马其顿方阵(一种重装步兵、轻装步兵和骑兵混编的方阵)的成功,使得各城邦都开始更多地吸纳轻步兵加入军队。

中国的情况同样类似,步兵开始替代车骑成为军队中的主力。从春秋中期开始,战场环境就发生了很大变化,战场从平旷的中原之地转移到复杂的山地、水系:在北方,战场变成了"诸夏"与"夷狄"之间多险阻的山地、丘陵;在东南地区,战场变成了水系复杂、地形狭小的吴越之地。所谓"步兵利险阻,车骑利平旷",在复杂的战场环境下,步兵的作用越发重要起来。《左传》中记载,公元前541年,晋国的中行与无终国和各部狄人作战,魏舒(魏献子)说:"他们是步兵我们是车兵,两军相遇的地方形势险要,用十个步兵对付一辆战车,必然得胜。把他们围困在险地,我们又能胜他们。"于是便"毁车以为行",将五架战车改为三个五人作战小队("伍"),并取得了胜利。②魏舒方阵的出现,是车兵向步兵转变的一个标志性事件。而到了春秋末年,位于东南地区的吴、越勃兴,其所处地理形势使其难以有效运用车兵,必须使用步兵,而吴国与齐、鲁大战时经常战胜,这就迫使中原诸国更加重视步兵的建设,从而为战国时期步兵战术的发展奠定了基础。③步兵,特别是轻步兵的耗费比车兵要少得多,但对人员数量的要求却提高了,大量原本无法成为车兵的平民开始加入军队。这一时期步兵的基本编制是五人一组的"伍","行伍"在中国也逐渐成为军队的代名词。

军事上的变化,特别是"当兵的人"在地位上的变化,带来了政治上的变迁。这主要体现为贵族政治权利的减损,这一时期的贵族不再是唯一当兵的群体,其对政治的影响力减弱,成为东西方兵役制度变化产生的重要政治现象。但此消彼长的效果,却在中西方之间存在很有趣的区别。

---

① 参见[美]杰弗里·帕克著:《剑桥战争史》,傅景川等译,吉林人民出版社2001年版,第39页。

② 晋中行穆子败无终及群狄于大原,崇卒也。将战,魏舒曰:"彼徒我车,所遇又厄,以什共车,必克。困诸厄,又克。请皆卒,自我始。"乃毁车以为行,五乘为三伍。参见《左传·昭公元年》。

③ 吴如嵩、黄朴民等著:《中国军事通史:战国军事史》,军事科学出版社1998年版,第70页。

在古希腊，雅典的贫民在海军扩建过程中获得了巨大的影响力和稳定的收入来源，并进而期望在城邦政治中提高自己的地位，这在雅典演化为激进的民主形式，贫民和无地的水手也开始享有更加广泛的公民权。①特别是在公元前480年的萨拉米斯战役中，雅典海军及其盟友决定性地击败了波斯舰队。在此役之后，无法负担重装步兵装备费用的公民凭借其对海军舰队的贡献，强烈要求参与雅典的国事。②这为雅典的民主制最终形成创造了条件。

中国的情况却有所不同——春秋时期的各诸侯国，便已经出现了郡县制的萌芽。春秋初期，有的国家将新兼并的小国建为县，直接由国君掌握；春秋末期，边境地区又建立了具有军事据点性质的郡。至战国后，各国逐渐建立了县、郡，并发展为正常的行政组织，以郡、县为单位的征兵制也推广到全国。③诸侯国内部的郡县组织，对于有效推行兵役制度意义深远。随着军队的扩大，士兵的主要成分由"国人"改为农奴或"编户齐民"的农民。④这种兵农合一的体制，对各诸侯国内的贵族势力产生了极大打击，同时也强化了各诸侯国内部的集权，为郡县组织提供了更多保障。

第三节　进一步扩大的战争下的军事与法律

战争的发展是盲目的，军事技术、战争规模一旦发展起来，便再难遏制。而随着战争规模进一步扩大、战争残酷程度进一步提升，军事活动范围超出了征兵制所能承受的范围。一方面，随着国家的发展，土地兼并和财产过度集中难以避免，造成了有产阶级的减少，从而破坏了原本兵农合一体制的基础；另一方面，国家因吞并而增大，从而使戍守边疆或驻扎外国成为军人的常事，在交通极为不便的古代社会，这对兵农合一的制度运行造成了极大的困难。

---

① 参见［美］杰弗里·帕克著：《剑桥战争史》，傅景川等译，吉林人民出版社2001年版，第39页。
② ［美］理查德·内德·勒博著：《国际关系的文化理论》，陈锴译，上海社会科学院出版社2015年版，第135页。
③ 中国人民革命军事博物馆编著：《中国战争发展史》（上卷），人民出版社2001年版，第91页。
④ 参见吴如嵩、黄朴民等著：《中国军事通史：战国军事史》，军事科学出版社1998年版，第84~85页。

一、进一步扩大的战争

在古希腊，雇佣兵制度自古即有，但真正成为一种重要现象，开始于公元前4世纪的伯罗奔尼撒战争。在伯罗奔尼撒战争期间，因为贸易关系的破坏，一些依靠外地输入粮食的城邦粮食供应尤其不足，粮食投机商趁机大肆活动。与投机业相伴随，高利贷业及金融业也更加发展。这一切加剧了财产分化，促进了农民和手工业者的破产，从而引起了公民兵制度的瓦解。在这一时期，破产的农民和手工业者主要出路有二：一是变为游民无产者，在城市里靠政府接济过活（但当时政府的接济已不能经常办理）；二是当雇佣兵，有的是到别的城邦当雇佣兵，有的甚至到波斯去当雇佣兵。① 色诺芬著有《长征记》，讲的便是一支万人组成的希腊雇佣军受小居鲁士之雇佣，远征波斯并成功撤回希腊的故事，而这支军队主要是由伯罗奔尼撒战争之后不愿脱离军队的军人所组成的。

在古罗马，公元前3—公元前2世纪，国内的小自耕农在遥远的战场上饱尝了离乡之苦，然而罗马在海外的不断吞并，导致大量的非土地资本如奴隶、金钱、粮食以及奢侈品等源源不断流入意大利。这些战利品通常便自然归到那些已够富裕的元老院元老和骑兵队将领身上，他们越来越多地投资于那些更大规模、更专门化并常常是位于海外的不动产，从而产生了利用外来资本的集体农业（大农庄），并导致意大利乡村的人口逐渐下降。② 而那些随军出征的农民，仗越打越长、离家越来越远，在此期间，生产急废，土地荒芜，即便勉强维持，也抵不过那些运用大量廉价奴隶的大田庄经济。亦兵亦农的战士，为罗马共和国掳掠了大量奴隶，但他们在回国之后连当佣工都做不了，因为这些他们掳得的奴隶大量进入市场，取之不尽用之不竭。他们虽然是自由民，还享有公民权，却再也没有了土地。③ 这实际使他们开始丧失当兵的资格，导致古罗马共和国开始出现严重的兵源不足。公元前107年，马略出任罗马执政官，并对当时的兵制进行改革，以募兵制代替征兵制，扩大罗马军队的兵源。同时，他放弃了传统的财产资格限

---

① 参见崔连仲著：《世界通史》（古代卷），人民出版社1997年版，第225页。
② 参见［美］杰弗里·帕克著：《剑桥战争史》，傅景川等译，吉林人民出版社2001年版，第81~82页。
③ 参见吴于廑著：《古代的希腊和罗马》，生活·读书·新知三联书店2008年版，第100~101页。

制，不再按照祖先实行的等级征兵的方法，而允许任何公民志愿参军，其中大部分是无产者，并规定士兵的服役年限一般为16年，由国家供给士兵薪饷和武装。①这种做法为雇佣军提供了取之不竭的兵员，军队的性质也随之改变，士兵成为长期追随将领的职业军人，而非与土地相联系的自耕农。

在中国古代，土地兼并同样会让有产者当兵的体制难以维持。例如，在初唐、盛唐之时，实行一种名为"府兵制"的兵役制度，府兵自备参战武器和马匹，平时为农，农隙训练，战时从军；国家为了选拔训练府兵在全国范围建立折冲府，因此名为府兵。这种兵农合一的制度，在初唐、盛唐时还能得到充分重视，但到唐玄宗执政时，土地兼并导致兵员不断减少。尽管国家仍处于极盛之时，但府兵制已经难以维持下去，到开元六年（718年），甚至连京师的宿卫都不足额。到了开元十一年（723年），府兵壮丁已逃亡殆尽，唐玄宗不得不下令招募和挑选府兵与白丁12万名，谓之"长从宿卫"，次年又改称"彍骑"，成为保卫京城的主要力量。尽管如此，到了天宝年间（742年正月—756年七月），无人当兵的现象更加普遍，募兵成为普遍的现象，政府甚至买外国人当兵，边疆上逐渐都变成外国兵，像最终叛乱的安禄山、史思明，其实都是外国人。于是唐代的府兵先变成中央的募兵，后变成地方的募兵，沦为藩镇军阀，终于酿成大乱。②而到了宋代，募兵制则开始成为常态，并辅之以罪囚当兵。这一时期的募兵主要有三个特点：（1）兵源广泛，无论有产者还是无产者均可应募当兵，甚至罪囚亦可能被征发当兵，宋代有一种刑罚叫"刺配"，就是刺面配流的意思，流放到哪里去？当兵去！我们读《水浒传》，宋江、武松、林冲犯了法，都被刺配到另一个地方当兵。就实际情况而言，募兵制下无产者当兵居多，甚至在很大范围内出现了无赖流民当兵的情况。（2）国家为士兵提供军饷和装备，应募者是职业军人，而非农民，并无其他资财，当兵吃饷自然是顺理成章的事情。（3）募兵制是常备的军队，而在

---

① 参见杨共乐著：《罗马史纲要》，商务印书馆2015年版，第176页。
② 关于唐代府兵制的败坏，钱穆先生认为其主要原因是人事之逐步废弛，而终至于不可收拾。主要体现为：第一，府兵往往被当作苦工，受人鄙视，因此多逃亡避役；第二，府兵荣誉不受重视，而且原有的复员制度变成终身制，很多人戍守边疆，年老仍不得返，从而造成更多人逃亡。实际上，这一解释并不足够充分，它们更多的是府兵制崩溃的结果，而非府兵制败坏的原因，至少不可能是主要原因。参见钱穆著：《中国历代政治得失》，生活·读书·新知三联书店2005年版，第63~65页。

征兵制下，军人平时为民，战时从军，他们不能长期从军，否则难以保证生产活动的顺利进行。

显然，无论是古代西方还是中国，情况都有类似之处，土地兼并的加剧与有产者当兵制度的败坏之间有着非常明显的时间联系和非常直接的因果关系。

此外，与土地兼并同时发生的另一个问题，便是士兵的远戍。随着战争的发展，一些强国将自己的国土扩张到了相当程度。此时，国家幅员更加辽阔，殖民地范围更加广泛，戍守边疆便成为常态，从而破坏了复员制度，使职业军人成为必然。例如，在古罗马时期，帝国对外征战频繁，公民亦不堪兵役之扰，原本打完仗便复员的制度无法维持下去，这就逐渐演变为雇佣兵的制度。孟德斯鸠在《罗马盛衰原因论》一书中明确指出："当罗马的统治局限在意大利的时候，共和国是容易维持下去的。所有的士兵同时也就是公民……元老院还密切注视将领们的一举一动，它根本不使他们想到要作出违反自己本分的事情。但是当军团越过了阿尔卑斯山和大海的时候，战士们在许多战役中就不得不留驻在他们所征服的地方，这样他们就逐渐地丧失了公民们应有的精神，而在手中掌握着军队和王国的将领们感到自己的力量很大，就不想再听命于别人了。"①这样一来，士兵逐渐依附于将领，而更加倾向于成为被雇佣的军人。

这种问题在中国自然同样存在。春秋时期，诸侯国的国土通常很小，方圆百里已算大国，当时实行的是所谓轮戍制度，国人完全可以轮流戍边，并迅速复员。但到了大一统的秦代，这种戍守就不免带来极大的操作困难，陈胜、吴广的起义，便是由一批远戍渔阳的新兵发动的，起义发动的地点是大泽乡，大概是今天安徽宿州市东南，他们所要驻扎的地方却在渔阳，大概是今天北京密云附近。今天高铁不过数小时便可抵达的路程，在交通不便、转运困难的秦代，却必然带来民众极大的困难和痛苦。到汉唐之时，国家疆域进一步扩大，许多地方少有人烟，戍边难以复员的现象同样非常普遍，必然严重影响民众当兵的热情，也在很大程度上为募兵制提供了军事上的必要性。在这个过程中，有一种做法是戍边屯田，例如汉武帝时由于疆域的扩大，中央对边防部队的供应，愈感鞭长莫及，于

---

① ［法］孟德斯鸠著：《罗马盛衰原因论》，婉玲译，商务印书馆1962年版，第48页。

是便采取戍边屯田的政策，从上郡、朔方到河西一带，置屯田戍卒60万人。①屯田的军队且耕且战，既能完成戍边的任务，又能节省长途转运带来的损耗，解决军粮问题，还维护了边疆的稳定，在历朝历代都发挥了较为积极的作用。但这种屯田制的做法，最多只能运用于边疆的无人地区，却不能对募兵制的改变产生根本性影响。

二、进一步扩大的战争下的"军—法"关系

在这种战争下，募兵制成为必然的结果。募兵制带来了许多问题，并因此招致许多批评，但我们也不能将其视作一无是处。就优势而言，兵民分开的体制可以避免因征兵滋扰人数众多的民众。在古代社会，征兵制适用于小国是没有问题的，像古希腊的城邦，作为城市共和国，面积狭小，没有远戍的压力，农夫在离家不远的地方进行训练、作战，这对生产活动影响甚少。古罗马最初的情况也与之类似，但当军事活动延伸到遥远的国境之外时，战争便不得不依托募兵，而不可能是作为士兵的农民。又比方说，在宋朝实行募兵制，其中很重要的一项考虑，就是认为民兵的征调必然对平民的经济活动造成妨碍，而地方官在征集时往往只追求数量而不问平民的经济和健康状况，更容易导致平民的破产甚至死亡。即便王安石等人极力主张恢复府兵制，最终也未能实现其意图。②特别是在兵力集中或者远征的背景下，募兵制更是有着明显的必要性，例如，北宋的都城在汴京，无地理之险，便不得不在都城附近部署百万军队，如果采取府兵制，则必将使大量府兵戍守异地，并因此产生严重的滋扰。

但募兵制的坏处更加明显。一方面，应募者与将领之间产生了强烈的人身依附关系。例如，在古罗马，军队劳师远征，士兵远离故土，"这时就开始只承认自己的将领了，他们把自己的一切希望都寄托在将领的身上，而且和罗马的关系也越发疏远了。他们已经不是共和国的士兵，而是苏拉、马利乌斯、庞培、恺撒的士兵了。罗马再也无法知道，在行省中率领着军队的人物到底是它的将领还是

---

① 参见崔连仲编著：《世界军事后勤史·古代部分·公元前3500—公元476》，金盾出版社1988年版，第6页。

② 参见方震攀：《养兵卫民：募兵制合理化论述在宋代的建构》，载《"中央研究院"历史语言研究所集刊》2011年，第82页。

它的敌人了"。①于是共和国便不免陷入军事独裁的风险当中，军事力量在斗争当中开始居于重要地位，例如，在公元前88年，为了争夺米特拉达梯战争指挥权，马略（也就是前文提及的改革征兵制为募兵制的那位执政官）与苏拉（当时的执政官，曾经是马略的麾下将领）发生了严重冲突，马略获得了保民官和公民大会的支持，苏拉则得到元老院的支持。苏拉便煽动士兵哗变，率领6个军团向罗马进军，并攻下罗马，废除民主派法律，将立法置于元老院的严密控制之下。罗马历史上第一次出现罗马军队向自己城市进军的情况。②如果没有募兵制，以公民兵为基础的罗马绝不可能出现这种情况。中国的情况同样如此，盛唐时的军队变成藩镇，军队效忠于将领而非中央，这为国家带来了极大的麻烦，它不仅造成晚唐、五代的大乱世，甚至遗毒后世，造成宋代对武人的过度提防，以至于国家武备软弱异常，国民极度歧视武人，更缺乏尚武精神。

另一方面，军队充满亡命之徒，军人也难以保持荣誉。中国到晚唐、五代时，府兵制已经难以推行下去，遂广泛采取募兵法，军人一般采用招募的办法。军人不再是有产者，他们是失去了土地，没有恒产的人。这些人为了当兵吃饷而打仗，君主花钱雇佣他们，他们便为君主卖死，诸侯给他们发饷，他们便为诸侯卖死。特别是五代之时，为了避免士兵逃亡，出现了在士兵手臂甚至脸上刺字的做法，一直到宋朝，仍然如此。实际上，往脸上刺字，本来是一种刑罚，现在将其直接用于军人，无异于将其视作囚徒，甚至囚徒的下场便是当兵。这样一来，除了流氓无赖，几乎没有人愿意从军，致使军队的素质越来越差。既无荣誉感，又没有武力支持，此类军人一遇强敌则怯懦，遇平民则势如虎狼，更加深了军人的污名化。此时，从军便不可能是一种普通职业，而只能沦为贱业了。此种恶性循环，使得军人身份不再荣耀，甚至成为羞耻——"好铁不打钉，好男不当兵"的民间传言，便是其例。而在中世纪之后的西方，除开那些坚持不设置常备军的国家，军队都充斥着各类冒险家与流氓，出战时常常烧杀抢掠，最后完全被污名化了。军队不再是基于封建效忠而形成——"封建的军队不再存在了，新的军队开始由大批的雇佣兵编成，因为封建制度的瓦解使得雇佣兵获得了谁出钱就为谁

---

① ［法］孟德斯鸠著：《罗马盛衰原因论》，婉玲译，商务印书馆1962年版，第48页。
② 参见崔连仲主编：《世界通史（修订版）古代卷》，人民出版社2017年版，第312页；吴于廑著：《古代的希腊和罗马》，生活·读书·新知三联书店2008年版，第116~118页。

服务的自由。这样就产生了一种类似常备军的军队；但是这些雇佣兵，这些来自各民族的人们，很难使他们服从纪律，而且又不能很按时给他们发薪饷，所以惹出了很大的乱子。"[1]据说在16世纪早期的西班牙，"枢机主教西梅内斯在听到一支被派往海外政府阿尔及尔的西班牙军队被击败、并全部被歼灭后宣称：'上帝保佑，至少西班牙少了这些流氓！'"[2]国家的统治阶级尚且如此鄙视维护自身统治的军队，对于一般民众而言，军队就更谈不上有什么地位了。

同时，募兵制也可能带来军队老龄化和兵员冗余的问题。募兵制如果能够配合相应的复员制度，倒也不至于出现军队老龄化的问题，但在古代社会治理资源有限、管理能力低下的背景下，募兵便很容易与军队的老龄化伴生而行。杜甫写的《兵车行》便讲："去时里正与裹头，归来头白还戍边。"这说的便是这种没有复员的情形，一个战士，从十六七岁刚刚束发的年纪，直到头发变白了还要戍边，军队自然是老龄化了的军队。宋代更是如此，士兵一旦募来，便轻易不脱离行伍，直到六十岁，还在军队服役。这样的军队人员虽多，但却有名无实，只好招募新的士兵，于是士兵便只能越养越多，纪律也不好，虽不易捍御外侮，却很能引起内乱。[3]军队当中充满了精神疲敝、体能衰弱的老龄士兵，我们到底该怎样描摹这样的军队形象呢？

至于战斗力，募兵制度对军队战斗力可能产生正反两方面影响。就好的方面而言，雇佣兵是脱产训练的职业军人，其训练强度和水平，一般要比民兵更高，事实上，如果训练良好，教育得当，雇佣兵在很多情况下能够发挥出良好的战斗力。但从不好的方面而言，雇佣兵的地位较低，士气也往往较为低下，因此难以保证在逆境中保持高昂的战斗精神。而在冷兵器时代和早期的热兵器时代，士气的劣势经常抹平了训练的优势，甚至常常出现正规军不如民兵的情形。所以，抛开其他因素，单纯地讲募兵制与征兵制在战斗力上的优劣，是不符合实际的。

---

[1] 《马克思恩格斯全集》第14卷，人民出版社1964年版，第29页。

[2] ［意］加埃塔诺·莫斯卡著：《政治科学要义》，任军锋、宋国友、包军译，上海人民出版社2005年版，第297页。

[3] 参见钱穆著：《中国历代政治得失》，生活·读书·新知三联书店2005年版，第78页。

第四节　西方民族国家战争下的军事与法律

在封建制下，募兵的体制是非常危险的。采取募兵制的国家，要么将国家的安全交托给将领的良心和忠诚，一旦将领不能维持忠诚，国家就陷入危险，东汉、晚唐便是如此；要么将国家的军人贬低为贱民，从而使他们社会地位极低，不可能谋反，这种策略也必然让军队的士气和战斗力降低到不可思议的地步，宋代、明代便是如此。历史早已告诉我们，采取这两种策略的国家，要么亡于叛乱，要么亡于外族。中国封建社会从未摆脱这种周期律，西方国家却在资本主义革命的过程中改变了这一状况。

一、西方民族国家的战争

欧洲在中世纪宗教国家、王朝国家基础上产生了新的民族国家，它是欧洲各国在经过长时期整合的基础上，在政治、经济、文化上形成的新的民族共同体。在这个过程中，王朝国家建立了统一的国内市场和国家经济，通过经济联系的纽带把国内的居民联系在一起，形成了具有基础性意义的经济整合；随后兴起的文艺复兴促成的民族语言和文化运动，进一步加强了国内居民的联系和交流，促进了共同心理的价值观念的形成，形成了意义深远的文化整合。① 民族国家的形成，促成了兵役制度的转型。自18世纪起，欧洲国家的战争形态已经日益"国族化"（nationalization），王朝式家族统治已经渐渐失去动员战争的号召能力，某种模糊的"国家利益"开始左右着国家的战争总动员。与此种情形相适应的是，欧洲强国的军队模式也由雇佣军（mercenary）转变成为公民军队（citizen army），从而奠定了20世纪世界军队模式的基本框架。②

不同于封建制下的臣民，民族国家的国民（公民）组成的军队，是以高度的国家认同为前提的。在封建制下，人们所生活的语境并非国家，而陷入各种封建关系之中，理论上人人各安其分，但实际并无一个所谓国家的理念。绝对君主制

---

① 参见周平：《民族国家与国族》，载《政治学研究》2010年第3期，第86页。
② 参见徐进：《19世纪欧洲强国的军队模式改革与公民军队的建立》，载《史学集刊》2008年第5期，第75页。

国家既打破了贵族分封的政治格局,也影响了公众的民族观念。到民族国家产生之时,便开始真正产生了由公民组成的军队。这种变化在美国的独立战争中即有萌芽,这场战争中的一方是美洲大陆上的起义者,另一方则是来自英国的雇佣军。起义者在战争之后建立了新的国家,但此时又产生了一个是否设置常备军的争议,具体而言,就是关于民兵制度和常备军制度孰优孰劣的古老争议——在当时的立宪者看来,常备军是一种可能危害公民自由的组织,惟民兵才是维护公民自由之正理。因其之故,独立初期的宾夕法尼亚州、北卡罗来纳州宪法规定:"由于常备军在平时危及自由,所以不应设置。"新罕布什尔、马萨诸塞、特拉华和马里兰州的民权条例同样规定"常备军危及自由,如未经立法机关同意不得征募或设置"。①我们务必要注意这个争议的背景——在这个争议产生的时候,世界上所有国家的常备军都是雇佣军。尽管设置常备军的观点最终占了上风,但在这个讨论的过程中,我们可以明显感受到当时的殖民地人民对常备军的警惕和提防。

新大陆的变化并未过多地影响到欧洲,但拿破仑的军事革命却让欧洲诸国有了切肤之痛——法国大革命建立起资产阶级政权,为新的战争性质和建立国家军队创造了条件。法国是第一个建立起公民军队的国家。发布于1789年的《人权宣言》第12条指出:"人权的保障需要有武装的力量;因此,这种力量是为了全体的利益而不是为了此种力量的受任人的个人利益而设立的。"而根据1793年法国宪法第107、109条之规定,"共和国的全部武力由全体人民组成之","所有法国男子皆是兵士;他们均应受使用武器的训练",更是明确了全民皆兵的兵役制度。"1793年法国'全国性征兵'见证着这一场革命性的变化;现代之前,欧洲的军队本以封建贵族为骨干,效忠于皇室,之后佣兵、冒险家与游民陆续加入军队,对这些'当兵的人'而言则无所谓'忠诚'问题。然而,新的大军来自宣誓效忠国家之一个又一个的公民,欧洲国家开始印证了民族主义作为军事动员的奇效……无论是对于国家还是对于国家的公民,战争此时都有了神圣而值得献身的理由。"②在公民中进行征兵的制度,将王朝时期维护贵族统治的有限战争转变为全体国民保家卫国的民族战争。自由、平等、民主、民族等政治理念被固化在新

---

① [美]汉密尔顿、杰伊、麦迪逊著:《联邦党人文集》,程逢如、在汉、舒逊译,商务印书馆1980年版,第119页。

② 王之相:《一位自由主义者的战争》,载《思与言》2011年第1期,第72页。

生的政治制度当中，军队的任务便从保卫君主、贵族，转变为保卫国家。拿破仑凭借着这种公民军队制度，在欧洲战场上取得了卓越成就——法国拥有了其他国家无法拥有的战争资源，可以保证军队在经历了持续大规模的伤亡之后仍能不断获得兵源，这也使得拿破仑率先发展出的"总体战"(total war)成为可能，这种战略能够完全击败仍在使用老式战争手段以及依赖贵族武装和雇佣兵的那些国家。① 一些国家看到了法国大革命和拿破仑的军事成功。特别是普鲁士，这个数次惨败于拿破仑大军的国家最先模仿法国的公民军队制度，而它在军事上取得的成功，也迅速为其他国家借鉴。②进入19世纪后，西方主要国家相继通过反雇佣军法，废除了雇佣军这个在欧洲存在了5~6个世纪的军事制度。

二、民族国家战争下的"军—法"关系

公民当兵的体制，适应了民族国家的军事人力资源需求，也影响了民族国家的军事技术变化。民族国家的军事人力资源需求，是伴随着热兵器的发展而逐渐发展变化的。14世纪之后，骑兵战术全面没落，雇佣骑士也就变成了雇佣平民。15世纪初期，欧洲又发生了火炮革命，此时火炮技术逐渐成熟，导致中世纪固若金汤的城堡变得不堪一击。16、17世纪又产生了能够抵御火炮攻击的新防御工事，同时出现了毛瑟枪和与之相适应的线式阵形。③新的防御工事需要更多的人员来进行保障，毛瑟枪的线式阵形也需要更多人员才能发挥效能。同时，全新的技术、战术，使军队的组织不再单纯依靠个人武勇，而更加强调军人的协同训练和军队的战术组织。例如法国，在15世纪70年代，这个国家不过只有4万军队，到18世纪初却保有40万军队。④这种急剧扩大的军事人力资源需求，显然需要国家有更强的动员能力。这就让雇佣军的维持变得更加困难，而必须转而采用公民当兵的体制。

---

① ［美］理查德·拉什曼：《雇佣兵、公民与牺牲品：西方征兵制的兴衰》，载陈明明主编：《中国模式建构与政治发展》，上海人民出版社2012年版，第53页。
② 参见徐进：《19世纪欧洲强国的军队模式改革与公民军队的建立》，载《史学集刊》2008年第5期，第75页。
③ 参见许二斌：《14—17世纪欧洲的军事革命与社会转型》，东北师范大学2003年博士学位论文，第26~41页。
④ 参见许二斌：《14—17世纪欧洲的军事革命与社会转型》，东北师范大学2003年博士学位论文，第61页。

军事技术的变化同样与军队的人员构成变化相适应。公民军队产生的时候，新的战术也随之产生了——新的"公民军队"在训练上并不严格，因此难以采用雇佣军的线式战术，但由此产生的士气和能动的精神却足以适应新的战术，特别是散兵战术和纵队队形。这不同于旧的雇佣军队采用的线式战术。恩格斯在《反杜林论》中认为，线式战术是雇佣兵唯一可以采用的战术，其原因在于，雇佣军是"经过严格训练的、但是完全不可靠"，"他们是从社会中最堕落的分子中招募来的，只有在鞭笞之下才俯首听命，这种步兵还常常是由强迫编入军队的怀有敌意的战俘组成的；这些兵士能够应用新武器的唯一战斗形式就是线式战术……"①这种线式战术虽不够灵活，然而可以弥补毛瑟枪射速较低的缺陷，并且避免了雇佣军临阵脱逃的风险，但其缺点在于难以确保运转灵便，并且需要经过长期训练。公民军却有所不同，他们既然为着自己的利益而战，在士气上远胜于雇佣军，他们既不会临阵脱逃，也更可能采取积极灵便的战术。在美洲大陆发生的独立战争，便是这种变化的生动写照——（起义者）"并没有迎合英国人的愿望，同样以线式队形在开阔地上和他们对抗，而是以行动敏捷的散兵群在森林的掩护下袭击英国人。在这里，线式队形是无能为力的，被既看不见又无法接近的敌人击败。于是又发明了散兵战——由于士兵成分的改变而产生的一种新的作战方式"。② 这种明显优越的战术，只有为自己的切身利益而战的起义者才可能使用。最终，作为一支没有经过严格训练的军队，美国的民兵在作战中表现勇猛，击败了英国的正规军。梅尔·吉布森主演的电影《爱国者》，便生动地反映了这种游击战争在美国的实践。法国进一步发展出散兵线战术，拿破仑率领的军队率先运用纵队与散兵线相结合的新战术，这一战术的基本原则是以灵活多变的进攻型作战体系来对付笨重、呆板和行动迟缓的敌人，显示了强大的优势和战斗力。③显然，能否采用这一战术，技术要素并非关键问题，其内在动因，实际是欧洲大陆

---

① 恩格斯这么描述线式战术："军队的全体步兵排成三线，形成一个非常狭长而中空的四边形，只能以战斗队形为一个整体来运动；最多只准许两翼之中的一翼稍稍前进或后退。这种动转不灵的队伍，只有在十分平坦的地形上才能整齐地运动，而且只能以缓慢的步伐（每分钟75步）行进；战斗队形的变换在作战时是不可能的，步兵一进入战斗，只经一次突击，在很短的时间内就决定胜败了。"《马克思恩格斯文集》第9卷，人民出版社2009年版，第175页。
② 《马克思恩格斯文集》第9卷，人民出版社2009年版，第175页。
③ 于江欣著：《世界军事革命史》（第3卷），军事科学出版社2012年版，第26~27页。

战争政治形态的转变与士兵成分的改变。

从社会文化层面而言,公民当兵使军队成为具有荣誉精神并且崇尚荣誉的组织。在雇佣兵的时代,军队总是和烧杀抢掠联系到一起的,荣誉一说更是无从谈起。但在公民军队产生之后,荣誉精神便成为军人武德的重要内容。在西方的兵圣克劳塞维茨看来,"一支军队,如果它能够在其猛烈的炮火下保持正常的秩序,永远不为想象中的危险所吓倒,在真正的危险面前也寸步不让,在胜利时感到自豪,在失败时仍能服从命令,不丧失对指挥官的尊重和信赖,在困苦和劳累中仍能像运动员锻炼肌肉一样增强自己的体力,把劳累看作是制胜的手段,而不看成倒霉晦气,因为只抱有保持军人荣誉这样一个简单的信条,所以能不忘上述一切义务和美德,那么,它就必然是一支富有武德的军队"。①自公民军队建立以来,高贵的荣誉感便成为每一支现代军队所必须具备的精神,这便与以往的雇佣兵有了本质上的不同。我们观察西方国家军队近代化的过程,很容易发现这个过程中军队荣誉感的提升。

第五节 人民战争下的军事与法律

中国的战争历史,同样是一个从"仪式化战争"逐步发展到吞并战争、进一步扩大的战争的过程,但由于民族国家始终未能形成,中国的军队显然走了一条与西方国家不同的路径,尽管亦有个别优秀的部队能够有报国之念,但总体仍然未能形成民族国家军队的理念,军队也基本处于被污名化的状态。这种局面,直到中国共产党领导的人民军队建立,才真正发生彻底改变。

一、人民战争的产生

中国到晚清时,雇佣军仍是常态,国家的军队战力匮乏,甚至比不过地方团练,像湘军、淮军都是从团练发展起来的地方武装,却在保卫本乡本土的意识护持之下成为强军,国家的正规军却早已腐朽溃败,不堪一战。虽然清廷在1905年取消科举,一些力求上进但又家境贫寒的读书人遂将从军、入军校当做一条新

---

① [德]克劳塞维茨著:《战争论》,中国人民解放军军事科学院译,商务印书馆1978年版,第193页。

的出路，从而使军人地位得到一定提升,①但这一时期的军队仍然无法赢得对外的战争，反而会对国内民众造成极大的苦难。特别是民国初年，国家陷入分裂，南北对立，军阀派系林立并发展成严重的国内战争。此时的军队是军阀的私兵，在很多情况下，军队甚至直接从土匪变装而来，黎元洪便说，这些人"遣之则兵散为匪，招之则匪聚为兵"。②此种情况下的军队和军人，便很难说有什么荣誉和战斗力了。

中国共产党彻底改变了这一格局，用工农当兵、人民当兵替代了原先的雇佣兵体制。实际上，关于战争与军事，马克思主义理论有其独特认识，马克思主义更加强调军事的阶级性，从而形成了独特的军事主体。近代以来的军队，实际是资产阶级以民族国家的名义建立起的军队。然而《共产党宣言》却说"工人没有祖国"，马克思主义者显然不可能依托民族国家的理论来建立军队。那么，替代祖国的是什么呢？是阶级。阶级的立场替代了祖国的立场，成为建立国家的依据。在1850年3月的《中央委员会告共产主义者同盟书》中，马克思更是疾声呼吁："工人应该拥有武装和严密的组织。必须立刻使整个无产阶级用步枪、马枪、大炮和弹药武装起来；必须制止过去那种专门对付工人的市民自卫团的复活。在无法做到这点的地方，工人就应该设法组成由他们自己选出的指挥官和总参谋部来指挥的独立的无产阶级近卫军，不要听从国家政权机关的调动，而要听从由工人所建立的革命地方代表会调动。"③

正因如此，无产阶级的军事理论，强调军队以阶级为主要基础建立起来。我国革命军队的建军过程，便非常清楚地说明了这一问题。军队所具备的明确阶级性，充分解决和解释了军队为谁而战的问题，进而使军队产生强大的战斗力和坚强的革命意志。而在1928年6到7月召开的中国共产党第六次全国代表大会上，周恩来作了军事报告，明确建立红军的第一个原则为"把雇佣性改变，开始采取征兵制，经过宣传，再采自愿兵，从作战中渐渐改变而成。红军长期采取征兵

---

① 转引自陈志让著：《军绅政权——近代中国的军阀时期》，生活·读书·新知三联书店1980年版，第13页。
② 陈志让著：《军绅政权——近代中国的军阀时期》，生活·读书·新知三联书店1980年版，第76页。
③ 《马克思恩格斯全集》第7卷，人民出版社1959年版，第295页。

制，非自愿兵，但退伍是有定期的"。①1929年12月，中国共产党红四方面军第九次代表大会(古田会议)明确提出，要反对军队中的雇佣思想，也就是"不认识党和红军都是执行革命任务的工具，而自己是其中的一员。不认识自己是革命的主体，以为自己仅仅对长官个人负责任，不是对革命负责任。这种消极的雇佣革命的思想，也是一种个人主义的表现。这种雇佣革命的思想，是无条件努力的积极活动分子所以不很多的原因。雇佣思想不肃清，积极活动分子便无由增加，革命的重担便始终放在少数人的肩上，于斗争极为不利"②。这一时期的《中华苏维埃共和国宪法大纲》(1934年1月)第9条规定："中华苏维埃政权以全力发展和保障工农革命在中国胜利为目的，坚决拥护和参加革命战争为一切劳苦民众的责任，特制定普遍的兵役义务，由志愿兵役制过渡到义务兵役制。惟手执武器参加革命战争的权利，只能属于工农劳苦民众。"

而在抗日战争时期，在洛川会议(1937年8月22日至25日)上通过了著名的《抗日救国十大纲领》，指出"建立全国各地军区，动员全民族参战，以便逐步从雇佣兵役制转变为义务兵役制"。③到了1938年，毛泽东同志在中国共产党第六届中央委员会扩大的第六次全体会议上讲："共产党员不争个人的兵权(决不能争，再也不要学张国焘)，但要争党的兵权，要争人民的兵权。现在是民族抗战，还要争民族的兵权。"④这一时期的《陕甘宁边区宪法原则》(1946年4月)第2章"人民权利"第4条便明确规定："人民有武装自卫的权利。办法为自卫军、民兵等。"显然，兵役在此时被视为一种光荣的权利。这些规范都清晰明确地阐述了一个基本道理：那些被压迫、受欺凌的阶层有权采取暴力抵抗的方式，推翻那个压迫他们的政权，并最终成为国家的主人。在这个意义上，劳苦民众参战，正是为解放自身，为自己而战，更是有利于整个群体利益的高尚行为。

二、人民战争下的"军—法"关系

在工农当兵、人民当兵的大背景下，军队的士气得以提高，战士更具斗争的

---

① 《周恩来军事文选》第1卷，人民出版社1997年版，第57页。
② 《毛泽东选集》第1卷，人民出版社1991年版，第93页。
③ 《毛泽东选集》第2卷，人民出版社1991年版，第355页。
④ 《毛泽东选集》第2卷，人民出版社1991年版，第546页。

主动性，从而在极端困难的情况下保持军队的战斗力。毛泽东主席在《井冈山的斗争》一文中讲道："红军士兵大部分是由雇佣军队来的，但一到红军即变了性质。首先是红军废除了雇佣制，使士兵感觉不是为他人打仗，而是为自己为人民打仗……经过政治教育，红军士兵都有了阶级觉悟，都有了分配土地、建立政权和武装工农等项常识，都知道是为了自己和工农阶级而作战。因此，他们能在艰苦的斗争中不出怨言。"[1]陈毅元帅则在1928年的一篇文章中讲道：（红）"四军在过去困难当中能继续奋斗，实由于兵士自知当兵是为的自己及工农大众，不是为的饷银而当兵，尤其伤兵同志在困苦万分时，没有抱怨或恃功骄傲等事。"[2]显然，在人民军队成立之初，党和军队的领袖就非常清晰地认识到这支军队与中国历史上一切武装力量之间的显著差异，并将其视作军队战斗力生成的内在动因。

这种体制也适应了游击战争的战争手段，游击战士能够更好地在战场上发挥战斗的积极性和主动性。朱德在1938年发表的《论抗日游击战争》中指出："每一个抗日游击队员都清楚地认识他的任务，他不是一个雇佣的士兵，而是一个自觉的抗日民族自卫战士。由这种自觉，才能产生战斗的积极性。就凭这种积极性，才能克服困难，在最艰苦的环境中也能积极活动。"[3]同时，游击战争必须得到民众的真切支持，共产党领导的军队，增强了民众与军队的联系，特别是军队在国内进行作战的时期，能够有效发动民众，发挥人民战争的威力。而在大兵团作战阶段，人民战争同样发挥了重要作用，所以毛泽东主席会强调"兵民是胜利之本"，强调"战争的伟力之最深厚的根源，存在于民众之中"，主张进行广泛的热烈的政治动员，解决兵源、财源等困难问题，达到"官兵一致，军民一致，瓦解敌军"的目标。

第六节　本章小结

本章讨论的问题，从表面来看是一个兵役制度历史变迁的问题，但我们可以从中归纳出五个具体要素之间的联系，具体包括：武器装备、战术战法、国家性质、军人来源、军人地位。我们可以运用图表（详见图2-1至图2-5），将这些关

---

[1]　《毛泽东选集》第1卷，人民出版社1991年版，第63~64页。
[2]　《陈毅军事文选》，解放军出版社1996年版，第18~19页。
[3]　《朱德军事文选》，解放军出版社1997年版，第365页。

系进行一个较为清晰明确的描述。

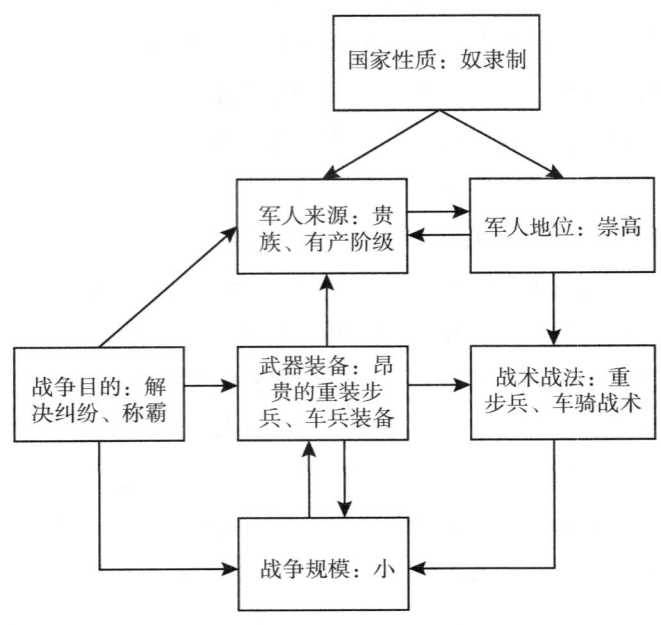

图 2-1　"仪式化战争"中的军事与法律

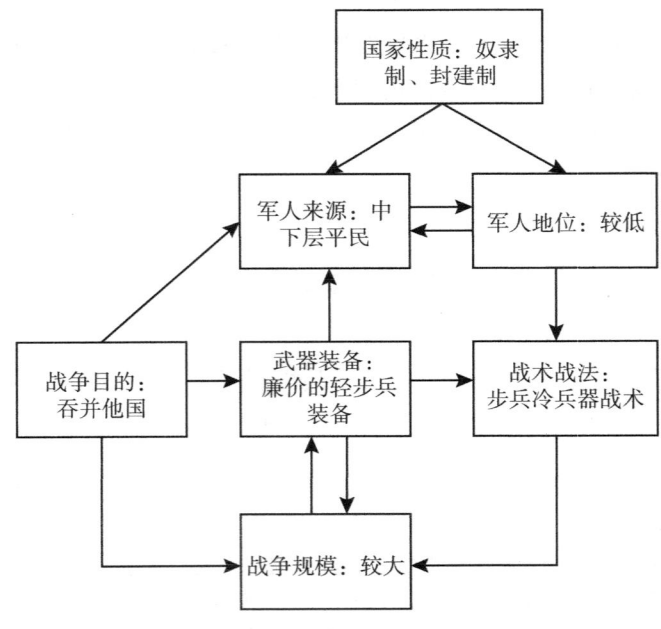

图 2-2　吞并战争中的军事与法律

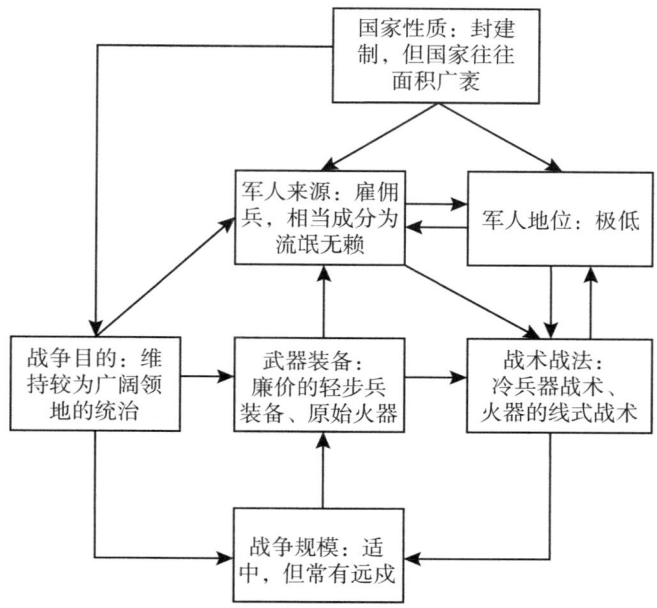

图 2-3 进一步扩大的战争中的军事与法律

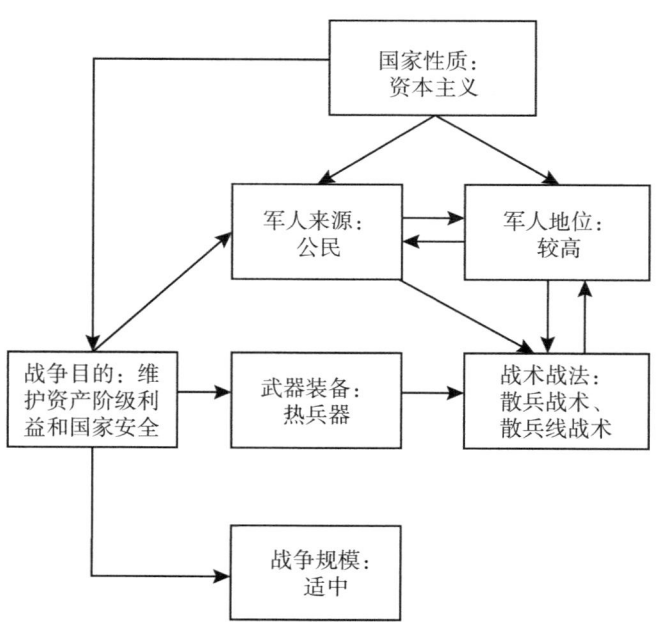

图 2-4 西方民族国家战争中的军事与法律

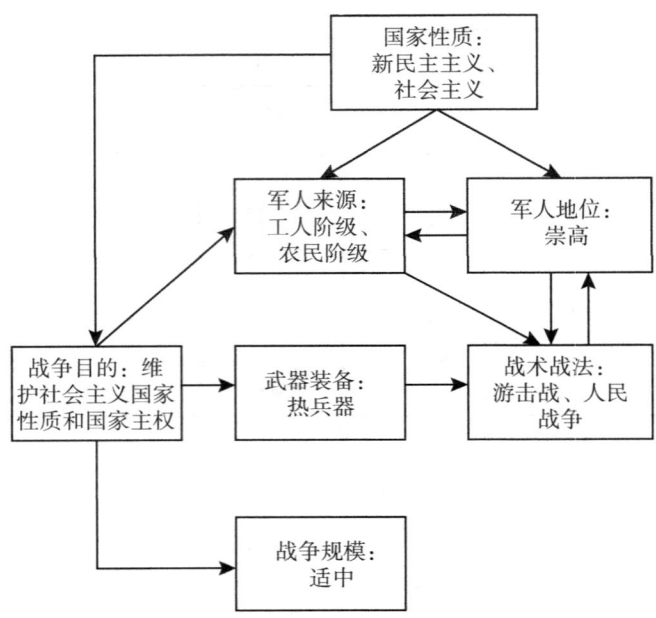

图 2-5 人民战争中的军事与法律

显然,在不同的历史时期,国家性质决定了战争目的;武器装备作为战争中的关键物质因素,则影响了战术战法的转变,并导致相应军事制度的调整;这种调整对于征兵制度产生了深远影响,让"当兵的人"的来源发生了复杂变化。当这种制度与国家性质结合起来,又决定了"当兵的人"在国家当中的地位。这种错综复杂的相互影响,导致法律与军事之间关系密不可分。我们分析军事法律相关问题时,同样需要运用这种思路,将军事法律相关问题纳入这种宏观视野当中进行充分分析。

第三章　军事法律关系基本范畴

经过前述章节分析，我们可以明显发现，"军—法"关系的历史发展，是一个融合了政治、经济等诸多因素的宏大议题。而要在这些纷繁复杂的议题中找出特定规律，便不得不依赖我们对基本范畴的理解。实际上，第一章的"逻辑基础"问题，也是一个学科最基础的范畴，但要形成一个科学的理论体系，还需要在这个基础上同时建设科学的范畴体系。范畴一词有两个来源：一是《尚书·洪范》，原文为"天乃锡禹洪範九畴，彝伦攸叙"，乃是箕子向周武王陈述的治理国家必须遵循的9条大法。二是英文category，日本学者将其意译作"範畴"，保留了其汉语原意，并为我国引入，简化为"范畴"。①演进至今，"范畴"一词已经具备了重要的本体论意义，它体现了人类思维对客观事物本质联系的概括反映，是一种高度抽象、高度凝练的基本认知。对一个特定学科而言，范畴的界定与明确，是其基本逻辑展开所能得到的必然结果，也是理论体系得以奠定的基础所在，而在所有范畴当中，基本范畴是中心问题，其他范畴则围绕着基本范畴确立起来。诚如张文显教授所言，任何一门学科，从理论形态上看，都是由范畴构建起来的理论大厦，没有范畴就意味着没有理性思维，没有理论活动和理论表现。任何一种理论要想自成体系或形成学派，都必须有自己的理论基石，而理论基石的表现形态就是基石范畴。②可以说，没有基本范畴的学科，其研究充其量停留在经验阶段，而不可能发展成为一个独立学科。

---

① 参见陈维振、吴世雄著：《范畴与模糊语义研究》，福建人民出版社2002年版，第1页。
② 参见张文显著：《法学基本范畴研究》，中国政法大学出版社1993年版，第11页。

第一节 军事法学基本范畴概说

与其他领域内基本范畴相比,军事法学基本范畴并无本质不同。因此,军事法学基本范畴的明确,应建基于对基本范畴共性问题的理论分析,并结合对军事法学诸现象的基本认识,最终科学厘定军事法学基本范畴的内容。

一、部门法范畴的基本类型

通过对其他部门法范畴的分析观察、总结归纳,笔者认为,部门法的基本范畴应当主要包括如下两个类型:

一是法律关系范畴。法律范畴产生于特定的法律实践,而任何法律实践都必然产生相应法律关系,这便理所当然成为范畴最主要的来源,这包括如下三个方面内容:(1)法律关系主体范畴,这是对参与法律关系的各类主体的抽象与概括。主体范畴在其他部门法中非常重要,主要部门法对主体均有独特称谓,同一个人(机构)在不同部门法中可能具备不同主体称谓:如宪法中的公民,在民法中便成为自然人;民法中的机关法人,到行政法中便可能成为行政主体。这些概念反映和体现了该部门法的主要内容与特征——宪法中的公民强调主体依法享有的个人权利,民法中的自然人、法人强调主体的平等,行政法中的行政主体则强调其所具备的职权职责。可以说,主体范畴集中体现了相应社会关系的基础内容,其所使用的不同称谓,也有助于我们充分理解这一法律关系的特征。(2)法律关系客体范畴,这是对法律关系直接涉及和影响的各类客体的抽象与概括。客体范畴在其他部门法中体现为承载法律关系的特定物、行为等,如民法中的物、法律行为,知识产权法中的知识产品,刑法中的犯罪对象、犯罪客体,等等。法律关系客体范畴在不同部门法的名称也会出现差异,如知识产权法中的知识产品,一旦遭遇犯罪的侵害,便在刑法当中变成了犯罪对象,这种差异性也反映了法律关系的特征。(3)法律关系内容范畴,这是对法律关系具体内容的抽象与概括。一般来说,法律关系内容范畴是主体所享有的相应权利和义务,在公法领域中应该还包括职权和职责等。对特定部门法而言,具体法律关系中的权利和义务内容各有不同,但也能够对其作出类型化的归纳,如在民法中,权利便可大体划分为请求权、形成权等;在行政法中,职权也可以划分为羁束职权、裁量职权等;在宪法中,权力则可分为立法权、司法权、行政权、监察权等。这些划分所得的概念,很多都可算是各部门法在法律关系内容上的基本范畴。

二是法律价值范畴。任何法律均有其价值,倘非如此,此法律便不过是虚张声势、毫无益处的摆设。作为部门法的价值范畴,应体现该部门法意图达到的目的,它们在实践中往往体现为不同的法律原则。例如,民法以保护交易安全、维护民事主体之间进行民事活动之平等权利为重要价值,同时又要维护社会公共秩序与善良风俗,这便理所当然地产生了意思自治、诚实信用、公序良俗等价值范畴,并进而成为民法的基本原则;行政法以维护公共利益和规范政府权力行使为重要价值,遂产生了行政法定、信赖保护等诸多价值范畴,并进而成为行政法的基本原则;刑法以维护社会秩序和保障人权为重要价值,遂产生了罪刑法定、罪责刑相适应、刑法面前人人平等等诸多价值,并进而形成刑法的基本原则……这些转化为法律原则的概念,无疑是部门法的重要范畴。

二、部门法基本范畴的确立标准

一个范畴,之所以能够成为基本范畴,乃是因为它具备其他范畴所不具有的一些基本特征。军事法学基本范畴的确立应当参考这些标准,这具体包括三个方面内容:

第一,部门法基本范畴在内容上具有公认性,它是某个学科研究群体共同认可的基本范畴。倘若某个基本范畴不过是一家之言,未经相当广泛程度的认可,则不能算作基本范畴。例如,在犯罪学研究中,龙勃罗梭的"天生犯罪人"概念便不可能是基本范畴,其上位概念"犯罪原因"却被公认是一个基本范畴,因为每个研究犯罪学的学者都必然围绕着"犯罪原因"问题展开学科的讨论,并在此基础上对犯罪学知识进行更新与发展,而"天生犯罪人"理论无非是在这个问题上的一个可能解答。军事法学基本范畴同样如此,它必须是军事法学研究者共同关注、无法回避的问题。研究者对于这些问题的不同解答,集中反映了他们在学科基础理论问题上的立场、观点、方法,而这些最基本的问题,却能够体现军事法学科体系与其他学科之间的差异性。

第二,部门法基本范畴在地位上具有基础性,反映了相关法律关系的基础问题。这就使其区别于军事法学的其他概念、术语。具体而言，范畴脱胎于概念，却又高于概念——在法学研究中，概念是构成法律原则、法律规则的最小单位，"是解决法律问题所必需和必不可少的工具。没有严格限定的概念，我们便不能清楚地和理性地思考法律问题"①。"概念是对各类事物性质和关系的反映，是关于一个对象的单一名言，而范畴则是反映事物本质属性和普遍联系的基本名言，是关于一类对象的那种概念，它的外延比前者更宽，概括性更大，统摄一连串层次不同的概念，具有最普遍的认识意义。"②可见，仅能表述某一个或某几个问题的概念术语并非基本范畴，只有那些构成概念体系基础的概念术语才能演变为基本范畴。在一个学科的概念体系中，其他概念在基本范畴之下，逐渐从模糊到明确，从混杂到系统，逐渐形成科学的概念体系。

第三，部门法基本范畴在功能上具有指导性，对军事法学整个体系的产生发挥引领作用。具体而言，军事法学基本范畴必须具备揭示全部军事法现象的内在联系与本质规律的品格，能够在逻辑上指引研究的继续进行，构成军事法学研究的因果线索，引领军事法研究理论追问的方向。③这也意味着，基本范畴应当具有一定的开放性和延续性，学界围绕其展开研究论证，一方面不会超越学科的专业界限，另一方面则不至于限缩自身的发展空间。如刑法中的基本范畴——犯罪、刑罚，便一直是刑法学界研究的中心问题，围绕这些问题，不知产生了多少理论、多少概念，但其作为刑法学基本范畴的地位始终无法撼动。军事法学的范畴体系尽管没有刑法学那样严谨的结构（事实上也不太可能形成这样的结构），但其基本范畴也同样应当尽可能地揭示阐明军事法的内在规律，并以此为基础形成军事法学研究共有的领域与专业槽。

三、军事法基本范畴的具体内容

基于前述标准，并借鉴其他法学部门的范畴划分，完整的军事法学范畴同样有如下两类：一是军事法律价值范畴，二是军事法律关系范畴。

---

① ［美］博登海默著：《法理学：法律哲学与法律方法》，邓正来译，中国政法大学出版社 1999 年版，第 486 页。
② 汪涌豪著：《范畴论》，复旦大学出版社 1999 年版，第 5 页。
③ 参见曾志平：《论军事法学的基本范畴与核心命题：研究方法重整的尝试》，载《西安政治学院学报》2011 年第 2 期，第 51 页。

军事法律价值范畴，主要涉及军事法的价值与基本原则问题。这里存在两个方面问题，即法的价值和军事的价值，二者在一定层面上存在冲突，需要用一定的价值选择规范来进行科学应对。关于此问题，我们在第四章"军事法的价值目标"和第五章"军事法的基本原则"中展开，此处不赘述。

军事法律关系范畴，则包括军事法律关系主体范畴、客体范畴和内容范畴。(1)军事法律关系主体范畴如军人、军官、士兵、首长、部属、上级、下级、主官、部队长、军属等；机构范畴如部队、司令机关、政治机关、保卫部门等；(2)军事法律关系客体范畴，如武器装备、物资、战斗力等；(3)军事法律关系内容范畴，如军事权、军政权、军令权、军事审判权、军婚等。这些范畴，是不同于其他部门法的独特概念，也是能够对军事法律制度建设起到重要规范引导作用的范畴。

军事法的基本范畴，首先应当是前述军事法的范畴，同时还应具备成为"基本范畴"的条件。一个范畴能够成为特定部门法的基本范畴，应当具有三个方面特性：(1)基础性，这个基本范畴应当是该领域最基础的概念；(2)母体性，以这个基本范畴为基础，能够衍生出大量相关概念；(3)特殊性，通过这个基本范畴，能够非常清晰地彰显该部门法领域的突出特点。基于这三点考虑，笔者认为，法律关系主体范畴的中心问题是"军人"，客体范畴的中心问题为"战斗力"，内容范畴的中心问题为"军事权"。

第二节 军人：军事法律关系主体基本范畴

军事法律关系主体的基本范畴是军人，它是主体问题的核心所在。基于军人这一范畴，衍生出大量相关概念，进而形成军事法律关系主体的整个体系。但在我国法律中，军人范畴的法律意义实际并不十分明确，仍然需要进一步厘清。

一、军人概念是军事法律关系主体基本范畴

军人概念是军事法律关系主体的基本范畴，理由如下：

第一，军人是军事法学领域最基础的主体概念。无论军事法学者研究军事法学领域内何种问题，也不管采取何种研究视角、研究方法，都不可能放弃、忽略

军人这个主体。相比而言，军事法主体范畴中的机构范畴，就不太可能成为基本范畴，因为机构范畴严重受制于军事制度，在不同时期变动很大，缺乏作为基本范畴应当具有的稳定性和基础性。

第二，军人是军事法主体范畴的核心，围绕这一概念，产生了大量与主体有关的概念：有些衍生自"军人"，如退役军人、军官、士兵、文职干部等；有些则作为军人概念的反义概念而产生，如文职人员、平民、预备役人员等；有些则是对军人内部、外部关系的描述，如首长、部属、上级、下级、军属、烈属等。这些围绕着军人概念而形成的各类概念，是军事法制度建设的基础所在。

第三，军人对军事法整个体系的形成具有重要意义，只有在军人身份的基础上，才能产生具体的特殊义务和特殊权利。而基于军人概念产生的一系列概念，同样是分析相关领域法律关系问题的重要前提所在。同时，军人概念始终具有稳定性，无论在哪个时间阶段，其特定含义都不曾发生过分歧，这也使其能够成为相关主体问题研究的基石。

二、军人范畴的内涵与外延

军人范畴在军事法学领域的重要性不言而喻，但从实际情况来看，对其内涵和外延的明确仍有一段路要走。根据我国现行立法，军人概念实际可以包括三种含义：（1）狭义说。该说认为，军人仅包括在中国人民解放军服现役的中国公民。如2018年颁布的《中国人民解放军内务条令（试行）》（以下简称《内务条令（试行）》）第12条规定，"中国人民解放军军人，是在中国人民解放军服现役的中华人民共和国公民"。这就归纳了"现役"和"公民"两个要素。（2）中义说。该说认为，军人不仅包括在中国人民解放军服现役的中国公民，还包括在中国人民武装警察部队服现役的中国公民。（3）广义说。认为军人不仅包括现役人员，还包括执行军事任务的预备役和其他人员，如《刑法》第10章"军人违反职责罪"第420条规定："军人违反职责，危害国家军事利益，依照法律应当受刑罚处罚的行为，是军人违反职责罪。"而该章第450条则规定："本章适用于中国人民解放军的现役军官、文职干部、士兵及具有军籍的学员和中国人民武装警察部队的现役警官、文职干部、士兵及具有军籍的学员以及文职人员、执行军事任务的预备役人员和其他人员。"结合这两个条文，可见《刑法》采用了最广义的军人概念。

显然，针对军人概念的不同理解，其核心在于两个问题：第一，军人与现役军人之间是否等同？第二，武警部队现役官兵是否为军人？

笔者赞同狭义说，即军人是在中国人民解放军服现役的公民。

第一，军人就是现役军人，不包括预备役人员和其他人员。（1）从法律文本出发，认为军人包括预备役人员和其他人员的说法仅出现在刑法"军人违反职责罪"中，刑法作出此类规定，落脚点在于"职责"，而非军人身份本身，正因如此，预备役人员和其他人员仅在执行军事任务之时方才可能构成军人违反职责罪。而在其他法律中，仅《预备役军官法》上有"预备役军官"的说法，但这只是说明此类预备役人员在战时服现役时转服军官现役而非士兵现役，不能说明其在服预备役期间的身份为军人。（2）从法律原意出发，如果将预备役人员视作军人，则军人范围过于宽泛，会给法律制度的建设带来麻烦与困难。

第二，军人不包括武警部队现役人员。认为人民武装警察是军人的看法，实际有一定道理，二者之间确有诸多类似之处，例如：武警部队着装与解放军非常类似，武警部队同样适用共同条令，武警院校与解放军院校都在军队、武警中进行招生，军事法院管辖武警中的犯罪问题……特别值得注意的是，根据中共中央印发的《中共中央关于调整中国人民武装警察部队领导指挥体制的决定》，自2018年1月1日零时起，武警部队由党中央、中央军委集中统一领导，实行中央军委—武警部队—部队领导指挥体制。在2018年3月，根据中共中央印发的《深化党和国家机构改革方案》，列入武警部队序列、归口国务院部门领导管理的现役力量全部退出武警序列，将国家海洋局领导管理的海警队伍转隶武警部队，将武警部队担负民事属性任务的黄金、森林、水电部队整体移交国家相关职能部门并改编为非现役专业队伍，同时撤收武警部队海关执勤兵力，彻底理顺武警部队领导管理和指挥使用关系。这一系列改革剥离了武警部队的非军事职能，让武警部队更具军事性。然而，这并不意味着人民武装警察就是军人：（1）从指挥体制来看，武警部队在管理上具有军事性，但在任务上具有行政性，其作用往往是配合行政，而不是配合军事。（2）从现行法律来看，武警一般也不被视作军人，例如，2007年国务院、中央军委联合发布的《现役军人和人民武装警察居民身份证申领发放办法》，就明确区分了现役军人和人民武装警察。

然而，根据《中华人民共和国武装警察法》第8条之规定，"人民武装警察享有法律、法规规定的现役军人的权益"。《中国人民解放军内务条令（试行）》第321条、《中国人民解放军队列条令（试行）》第86条、《中国人民解放军纪律条令（试行）》第260条均明确规定：本条令适用于中国人民武装警察部队。因此，在论述军人权益问题时，应比照现役军人对武装警察权利进行阐述。武警享有同现役军人一样的权利，这在法律上应当没有任何疑问。

三、军人范畴的军事法意义

以往学界对军人范畴的研究，一般只在讨论军人权益保障之时有所提及。但实际上，此问题的军事法意义远不止于军人权益保障问题。具体而言，有如下几点军事法意义：

第一，军人身份意味着特殊的义务。军人的义务与平民相比具有特殊性，如《内务条令（试行）》第89条规定："军人遇到人民群众生命财产受到严重威胁时，应当见义勇为，积极救助。"又如《防洪法》第43条、《抗震减灾法》第9条都规定了人民解放军、武装警察部队和民兵组织有抗洪抢险和抗震救灾的任务。对平民而言，见义勇为、抗洪抢险、抗震救灾均非义务，军人则负担了与平民明显不同的更多义务。这种义务的背景，是军人应当具备的忠诚，这种忠诚决定了军人在生死关头应当敢于牺牲，以维护国家的核心利益，这远远超出了法律对一般民众的要求。

第二，军人身份意味着特殊的权利。正是因为军人承担了更多的义务，因此对其应赋予更多权利。《俄罗斯联邦军人法》（1998年）对此有非常明确的阐述，该法第1条规定："军人有义务做好武装保卫俄罗斯联邦的准备和武装保卫俄罗斯联邦。这种义务要求军人在任何情况下，包括有生命危险的情况下，无条件地执行其所受领的任务。正是由于军人所肩负义务的特殊性，才为他们提供优惠、保障和补偿。"对我国而言，不仅通过《国防法》规定了对军人的优待，同时还通过《军人地位和权益保障法》《退役军人保障法》对军人和退役军人权利进行特别保护，明确国家和社会尊重、优待军人，保障军人享有与其职业特点、担负义务和所做贡献相称的地位和权益，体现对军人职业的尊崇。需要注意的是，特殊权利并不意味着军人享有特权，所谓特权，乃是超越宪法和法律的权利，军人所享有的这种特殊权利却是在法律范围之内的权利。

第三，军人身份意味着特殊的国际法地位。军人是武力的实施者，在国际法上享有特殊权利，承担特殊义务。特别是1949年8月12日通过的日内瓦第三公约《关于战俘待遇的公约》、日内瓦第四公约《关于战时保护平民的公约》分别对战俘、平民予以不同的保护。这种待遇的不同，其前提即在于对军人身份的判断。总体看来，基于武装冲突法的基本理论，军人能够合法地进行攻击，也是合法的被攻击对象，并可以在被俘后成为战俘，平民则不能被攻击，如果对平民实施了攻击行为，则不受《关于战时保护平民的公约》的保护。同时要注意的是，一些人员虽然表面上是战斗员，但由于其作战活动并非基于他们的国家义务，而是基于获取经济利益的目的，因此不能得到国际公约的保护，如根据1977年的日内瓦四公约《关于保护国际性武装冲突受难者的附加议定书（第一议定书）》第47条之规定，外国雇佣兵不享有作为战斗员或成为战俘的权利。

第三节　战斗力：军事法律关系客体基本范畴

确保战争胜利，乃是军队理所当然的使命任务，更是行伍之人的职责要求。军事自然更加强调战斗力的提升与维持，从而有效满足军事斗争的现实需要。对其他部门法而言，战斗力问题并不在其考虑范围之内，它是军事法独有的范畴，也是在军事法律关系客体问题上的基本范畴。

一、战斗力是军事法律关系客体基本范畴

战斗力是军事法律关系客体问题上的基本范畴，理由如下：

第一，战斗力是军事法律关系的核心价值追求。军队的职能是打仗，这是一个公理性认识。军队理所当然要维持和发展战斗力，以应付可能发生的战争。没有战斗力，军队便失去了存在的意义。在这个意义上，军事法律制度的存在，实际就是为了充分发挥战斗力而存在的。

第二，军事活动围绕着生成和运用战斗力展开。军事活动的本质决定了，它的一切内容都与战斗力密切相关。军队的建设是为了战斗力的生成与保持，军队的指挥则是为了战斗力的发挥与运用。军事法律制度调整军事社会关系，倘不能充分考虑战斗力因素，也就丧失了其存在意义。

第三，战斗力是军事法不同于其他法律部门的关键所在。军队不同于平民社会，对战斗力的追求，使得军事法与其他法律部门之间天然存在差异。这意味着，为了维护战斗力的生成，军事法需要在相当程度上对公民的权利加以限制，而其他部门法的诸多规则一旦运用于军事领域，甚至可能阻碍军事任务的胜利完成。

二、战斗力范畴的内涵与外延

战斗力的生成和保持，是对战斗力诸要素综合运用的结果。恩格斯曾指出："军队的全部组织和作战方式以及与之有关的胜负，取决于物质的即经济的条件：取决于人和武器这两种材料，也就是取决于居民的质与量和取决于技术。"① 基于这一认知，2011年版《中国人民解放军军语》中将战斗力表述为"由人、武器装备和人与武器装备的结合等基本要素构成"。②《中国人民解放军军语》无疑是对战斗力概念的权威表述，但这一概念毕竟是从哲学的高度进行的高度概括抽象，其所使用的"人""武器"仍然较为抽象，缺乏一个更为充分的解释，对实践的指导意义便不免要打点折扣。而对于这一问题，美军1954年版《作战纲要FM100—5》就曾对战斗力要素进行定义，将火力和机动确定为战斗力的两个必要因素，此后，又通过作战纲要的修正，逐步变更为"领导、信息、任务指挥、运动与机动、情报、火力、持续保障、防护"，在这些环节当中，任务指挥是核心问题。③

美军的战斗力要素并不一定完全正确，也不一定完全适用于我军。然而，我们也可以从中汲取经验，以一种较为笼统宽泛的方式，将可能涉及军事法律制度的战斗力范畴界定为如下几个方面：(1)武器装备系统，即关于武器装备的设计、制造、采购、维护等的系统；(2)指挥系统，即关于指挥关系、指挥层级、指挥方式等的系统；(3)兵役与国防动员系统，即关于培训教育、战时动员等的系统；(4)军事经济系统，即关于国防经济建设的系统；(5)军事交通系统，即关于军事交通的系统。显然，这些系统的有效建设与运用，实际都与军事法律制度密切相关。

---

① 《马克思恩格斯全集》第20卷，人民出版社1971年版，第186页。
② 《中国人民解放军军语》，军事科学出版社2011年版，第10页。
③ 参见曹会智、杨大鹏、李沛、谢军军、景晨迪：《美军战斗力要素理论发展及其启示》，载《军事交通学院学报》2014年第10期，第76~77页。

三、战斗力范畴的军事法意义

战斗力范畴的存在,决定了军事法的价值追求和调整对象。围绕着战斗力范畴,产生了不同的调整对象,并形成了独特的概念体系。

第一,基于战斗力范畴,军事法产生了显著不同于其他法律体系的价值目标。通常说来,公法部门(特别是宪法、行政法)一般更加强调对权力的有效控制,但对军事法而言,为了有效维持和保护战斗力,则更加强调通过法律确保权力的有效运行。这种差异性的存在,使军事法具有与其他法律部门显著不同的价值目标和制度方案。

第二,基于战斗力要素的不同类型,产生军事法各个子系统的划分,如规范武器装备系统组织运行的武器装备法、规范军队人员培训动员的兵役法和动员法、规范军队指挥关系的军事行动法、规范国防经济建设的军事经济法、规范军事交通的军事交通法等。

第三,基于战斗力这个基本范畴,形成了军事法的独有概念体系,如武器装备、军事任务、战时,等等。这些概念与战斗力的生成、运用密切相关,从而确保了军事法律制度充分有效运行,并能够科学合理地调整军事活动中形成的复杂社会关系。

第四节 军事权:军事法律关系内容基本范畴

在曾志平博士的理论中,军事权被视作军事法学理论体系的逻辑起点,在他看来,"军事权这种上承军事、权力与法等诸方面上游学科的基本概念,下启军事法的基本理论与法律制度体系,并为整个军事法各种问题的追问提供指引的逻辑地位与功能,正是一个理论体系中的逻辑起点问题——或称作元问题——的典型反映"。①当然,笔者始终坚持,作为一个学科的原初问题,逻辑起点所关注的应该是该学科最基础、最简单、最普遍的问题,军事权归根结底还是基于"军—法"关系研究衍生出的一个范畴,它可以说是一种非常重要的研究起点,但不应

---

① 参见曾志平:《论军事法学的基本范畴与核心命题:研究方法重整的尝试》,载《西安政治学院学报》2011年第2期,第51页。

算作军事法学的逻辑起点。然而,有鉴于这一问题的极端重要性,它是军事法律关系内容问题上的基本范畴和中心问题。

一、军事权是军事法律关系内容基本范畴

军事权是军事法律关系内容问题上的基本范畴,理由如下:

第一,军事法的核心内容是公法,也就是配置、调整公权力的法,理所当然要将权力运行规范当作主要问题。[①]需要注意的是,军事法虽然是公法,但它与宪法、行政法存在很大差别,对后者而言,权力的有效控制乃是首要之义,对前者而言,权力的高效运行却是关键所在,这并不矛盾。我们认识到,军事的强大,其目的在于更好地维护公民权利,行政权、司法权的谦抑,则同样是基于对公民权利保护的考虑。

第二,军事所应对的问题是战争,它本身要消耗大量资源,动员大量人力物力。而对于参与其中的个人而言,他们不仅要冒着牺牲财产的风险,甚至可能会丧失生命。此种情况下,要推动军事活动顺利、高效运行,纯靠利益诱使是远远不够的,这便不得不运用权力的手段,直接对各类社会资源进行控制和调度,直接对人员进行强制命令,从而实现军事活动的有效运行。

第三,军事组织是高度官僚制的组织,极端强调上下级之间的命令服从关系,相较于通常意义上的权力关系,它更加严格也更加强调等级秩序,这就形成了军事法学研究中的独特问题。在军事组织当中,充分体现了上级对下级的支配权,其支配的强度远胜于一般行政关系中的命令与服从关系。行政法习惯用所谓"特别权力关系"的理论来解读这种关系,但笔者认为,用"特别权力关系"理论来解释军事领域中的诸多权力运行问题,不仅不充分,也缺乏对军事权力运行相关核心问题的集中回应,应当更多地考虑军事权力运行本身的特性,从而更好地解决相关理论问题。这一问题我们在第七章"军事行政原理"中进行了相关论述。

---

① 军事法的公法性质,实际是个不言自明的问题,但奇怪的是,学界对此并无明确说明,亦无特别强调。实际上,公法性质的明确,对于军事法学方法论而言,意义非常重大,绝对不应忽视。

二、军事权范畴的内涵与外延

关于军事权,曾志平教授将其划分为建军权、战争权与统率权。①张山新教授则将军事权理解为军事立法权、军事指挥权、军事行政权和军事司法权。②这其实体现了两种不同思路:曾志平教授的理解是基于对军事的考虑,张山新教授则更多地从法的角度进行的思考,并对军事进行了兼顾。对军事权的两种不同理解,都有其合理之处——就前者而言,它更多地强调军事领域内的权力运用,就后者而言,则强调法律在军事领域中的运行。

尽管在论述问题之时,我们仍然需要回归到基于法律体系的划分,遵循军事立法、军事司法、军事行政的概念区分,强调法律在军事领域中的运行——从法治国家运行的角度出发,国家法律也必然运用于军事社会,然而,由于军事社会的特殊性,一旦法律运行的环境转移到军事领域,便不可避免地产生了有别于其他法律的特征。这也使我们需要对相关问题加以更加细致的研究与思考。更紧要的是,这种区分更加清晰明了,而且不牵涉理论体系上的过分偏移,能够有一个更加明确的答案。

当我们对某个特定领域的权力进行分析之时,纯粹依据立法、司法、执法的方式进行划分,很可能会削弱相关研究的意义。例如财政权,我们当然可以将其划分为财政立法权、财政执法权和财政司法(审查)权。然而,倘若我们根据财政运行的特征方法,将其划分为预算权、税收权、财政监督权等相关内容,显然更加合适。所以将军事权按照立法、司法、执法的方式进行划分,归根结底是一种宪法学意义上的划分,这种区分方式仍然要求我们在更为细致的领域对军事制度的运行进行研究,本身却难以让我们把握对军事权问题的总体认识。因此,笔者认同曾志平博士的观点,认为军事权的划分必须根据军事的特征进行明确,对其中可能涉及的军事权进行归纳,并对个别概念的内涵进行调整:(1)建军权。建军权是组建和维持军队的力量。(2)战争权。战争权是决定战争与和平的权力,它是武装冲突法的核心问题。作为国内法问题,战争权实际强调宣战权的国内法配置。(3)统帅权。统帅权的核心问题是谁来领兵、带兵的问题,也是最为

---

① 曾志平等著:《国防行政法要义》,人民出版社2013年版,第28页。
② 张山新著:《军事法理研究》,解放军出版社2008年版,第190~192页。

常见复杂的军事权问题。

然而，本书后面的论述却违背了笔者自身的期待，存在违和之意——尽管笔者更加赞同基于军事的划分，但在此后章节中仍然回归了军事立法、行政、司法的传统法律划分。这主要是因为笔者目前力有未逮，同时也因为在当前国防和军队改革语境下，相关军事制度和军事政策仍在变革当中，难以做到清晰明了，规避这种论述，也可以在相当程度上避免结论因为改革过程中的军制变化而丧失科学性。这是笔者在此问题上的一个重要遗憾，关于这一问题的继续厘清，将是笔者未来研究的重要方向。

三、军事权范畴的军事法意义

采用军事权范畴，并将其区别于传统三权理论，不仅归纳了军事权力运行的模式，彰显了军事领域权力运行的独特性，更有助于实现军事法的功能。

第一，军事权范畴及其一系列子概念，系统归纳了军事权力运行的模式。军事权概念实际摆脱了近代法学理论的思维局限，而以军事权力本身为基础进行阐述。具体而言，具有高度政治性的建军权，使军队的产生、武力的运用有了正当性；战争权构成了具体军事行动的合法性基础；统帅权则为军队高度集中统一的运行模式提供了权力基础。

第二，军事权范畴的提出，使军事法研究能够在形式上摆脱传统法学理论的"控制"。军事权并非行政、司法、立法中的任何一种，毋宁说，它是一种融合的权力。应当认识到，军事机关能自行制定适用于军队内部的各项规则，亦能进行相应的命令支配行为，甚至在一些场合能够进行军事审判。这种权力的运行，实际上超越了传统三权理论所能涵盖的范围。

第三，军事权范畴的提出，有助于实现军事法的功能。军事法要起到保障国防建设、武装力量建设的作用。通过军事法律规范，要明确各级组织的使命任务、职责权限，划清各部队、机关的职责权限，从而保障工作高效、顺利完成。任何一级军事组织乃至每个成员，都必须在军事法的大框架下明确任务范围，厘清职责权限，理顺相互关系，从而有条不紊地开展工作。而在这个过程中出现的大量问题，都涉及权力的运行，有助于实现军事的基本功能。

第五节 本章小结

基于对哲学社会科学基本范畴确定标准的一般认识，并结合其他部门法学基本范畴确立的基本标准，我们对军事法律关系基本范畴进行了明确，认为军事法学主体基本范畴为军人，客体基本范畴为战斗力，内容基本范畴为军事权。这些基本范畴，体现的是军事法学概念体系的规律性，它是概念体系的"母体"，通过这个"母体"衍生出其他概念。任何范畴，只有经过这个过程的有效运作，才能称其为基本范畴。这也是我们将其他一些重要范畴排除出基本范畴概念体系的基本原因。

行文至此，我们必须避免读者可能因为本章阐述所产生的误解，即军事法范畴只包括军人、战斗力、军事权，以及与之相关的其他范畴。事实上，一些极为重要的范畴，同样具有极端重要性，如"战时"概念，就是作为一种重要时空概念而存在的范畴，它在不同层面影响了军事法基本范畴的作用发挥：（1）对军人实际享有的权利、承担的义务产生影响，它不仅是适用《刑法》中关于战时犯罪的关键因素，也施加给军人更多的义务，并造成民兵、预备役人员的身份转换。(2)对战斗力的作用发挥产生影响，直接导致军队从建设战斗力为主转向使用战斗力为主。(3)对军事权的地位和作用产生影响，军事权在战时居于更加重要的地位，甚至可能在一定程度上接管政府的部分工作，从而更好地进行战争活动。但"战时"概念归根结底是工具性的，其作用发挥，仍然未能超出对军人、战斗力和军事权的影响，因此我们并不将其视作一个基本范畴。正是在这个意义上，军事法学领域的其他一些概念，尽管可能非常重要，但它们要么是三个基本范畴之下的内容，要么对三个基本范畴产生影响，却无法独立成为基本范畴。

第四章　军事法治价值目标

军事法治价值目标，就是军事法治应当满足何种社会需求以及如何满足的问题。这一问题具有极端重要的特性，诚如罗·庞德所言："在法律史的各个经典时期，无论在古代或近代世界里，对价值准则的论证、批判或合乎逻辑的适用，都曾是法学家的主要活动。"①就军事法而言，这一问题显得尤为复杂。军事法治是由"军事"和"法治"这两个术语合成而来的词语，二者之间在价值目标取向上存在着明显的矛盾与冲突——一方面，"国之大事，在祀在戎"，战争既然是一个你死我活的过程，自然不能为条条框框所限制；另一方面，"为了正义，哪怕天崩地裂"，法律理所当然要实现正义，因为倘若法律都无法实现正义，正义又存身何处？对我国而言，军事法治价值目标，一直是军事法基础理论中的一个重要问题，也是一个长期处于争议的话题。科学的价值安排，是明确军事法部门法地位的科学依据，亦是衔接军事需求与军法理论的桥梁，更是解决其他基础理论问题的关键。依法治军事业的蓬勃发展，对军事法理论研究提出了前所未有的高标准、高要求。这就更有必要对军事法治价值目标问题进行深入思考、重新描述。

第一节　军事法治价值目标的理论争议

在如何确定军事法治内在价值的问题上，学界经历了一个认识上的转变，形成了近些年来军事法学领域少有的一个热点争议问题。然而，学界并未将其视作一个价值范畴问题，而是强调对军事法理论基础问题的再思考，即军事法

---

① ［美］罗·庞德著：《通过法律的社会控制　法律的任务》，沈宗灵、董世忠译，商务印书馆1984年版，第55页。

学到底是作为法学的军事学,还是作为军事学的法学?关于这一问题的最早讨论,在我国学界开始于21世纪初,形成了一个关于军事法学基础理论的罕见辩论,尽管这一讨论没有进一步深入下去,但也反映出学界在这一问题上的思想冲突。

一、作为法学的军事学?

在早期的军事法学研究中,军事法学研究者更多地从一般法学理论中寻求相关理论支持,在一般理论概念前冠以军事,便将其视作军事法的理论。这是一个发展滞后的理论体系从成熟的理论体系中汲取养料的必然选择,但是,军事法学本身的军事性在此过程中并未得到特别观照,因军事产生的基础理论差异,更是没有得到学界的真正关注。尽管此时也有学者对军事法所应当满足的军事需要进行一定考虑,但诚如姬娜所言:"从研究进路来看,还不是对法律与军事从价值根源的反思,依旧是法学框架内的自我修正,但至少为在军事法学作为法学学科的宏大叙事中,审慎思考法律与军事在军事法学中的关系问题提供了一种可能,并日益成为军事法学走向成熟、自治所不可或缺的思考维度。"[1]

真正对此问题进行反思性论述的,是赵会平。2001年、2002年,赵会平先后发表论文,指出军事法学跨学科发展,必然包含有多元的价值内容,但要真正形成自己的学科理念与地位,就必须从多元价值中寻求平衡点,形成自己的主导价值,否则就容易沦为各学科的"大杂烩"。他非常鲜明地指出:"共存并不能掩盖矛盾:军事秩序毕竟不属于现代法治的范畴,其具体制度难以与现代法治的基本原则完全适应。现代法治也并不能全面实现军事秩序,有时甚至会干扰和影响军事秩序的正常运行。"[2]然而,当论及二者之间是否存在一个"主导价值"之时,作者开始出现退缩,从而最终使其理论成为一种"平衡论"抑或"调和论"——"确立军事法学的价值取向,必须在两种相冲突的基本利益之间作出选择,要根据军事法学理论和实践的内在规律和要求,寻求两种利益之间的最佳平衡,要打破军

---

[1] 姬娜:《通向法律的军事抑或通向军事的法律:军事法学研究进路的回顾与展望》,载《南京政治学院学报》2012年第2期,第125页。

[2] 赵会平:《军事法的价值构成及其对立统一:军事法学价值取向的基础分析》,载《西安政治学院学报》2002年第6期,第51页。

事法学必须绝对遵从军事秩序或者法治规则的唯一价值取向的幻想。"①然而，即便最终陷入调和，但他提出的这一命题，仍然"打破了研究初期学者们对于法律与军事相得益彰的过度迷信"②。

将此问题引向尖锐的，是杨韧。在他的一篇文章《军事法研究的价值取向与方法论》中，他设定了一个直指核心的问题：军事法学到底是"作为军事的法学还是作为法学的军事学"？——就法学的着眼点而言，问题在于，什么构成法律自身的内在正确性？就军事学的着眼点而言，我们应当追问的是，怎样的法律可以满足国家军事利益和军队建设的需要。这个问题看似是一个学科定位问题，但实际上，它直接涉及一个价值选择、价值本位的问题。在杨韧看来，"决定军事法学价值取向的应当是军事需要，法学在其中充当的只是方法论的角色"，"法的价值不能过多地渗入军事法的精神之中，法的要素介入军事法只能是次要的、辅助的或者说起着技术性的指导和材料上的支持"。③杨韧在这里所说的"方法论"，应当被视作"工具""手段"的代名词。而在另一篇文章中，杨韧、李剑更是强调，要"以自身擅长的法学逻辑思路和话语方式整合军事理论，为它能更顺畅地运行提供传播、教育、学习的载体，并通过自身在形式上的稳定和权威性加强军事制度的权威"。"法学与军事学在军事法这一共同体中更多地体现了手段与目的关系。军事法学是借用法学的理论来规范军事行为的一门社会科学。"④杨韧完全否定了军事法学界最初的观点，而将法律视作军事的一种手段。从法治国家建设的角度出发，这一观点实有很多值得商榷之处，但由于他在这个问题上毫不调和，而采用一种极为鲜明的态度阐述了法律相较于军事的附庸地位，理所当然引起了学界对这样一个问题的重视与回应。

---

① 赵会平：《军事法学价值取向引论》，载《西安政治学院学报》2001年第2期，第53页。

② 姬娜：《通向法律的军事抑或通向军事的法律：军事法学研究进路的回顾与展望》，载《南京政治学院学报》2012年第2期，第125页。

③ 杨韧：《军事研究的价值取向与方法论》，载《武警学院学报》2003年第5期，第53页。

④ 杨韧、李剑：《军事法研究进路的批判性建设》，载《南京政治学院学报》2004年第1期，第80页。

二、作为军事学的法学？

杨韧极为尖锐的论证，招致军事法学界的批评。其中毛国辉教授进行了比较直接的商榷，认为"军事法既然属于法律范畴，就应该具有法的基本特征，其构成必须具有法的要素，同时也应该体现法的主要价值追求"。同时她还强调这种观点的危险性——"脱离了现代法价值理念的指导，军事法便如同无源之水、无本之木，最终陷入军事极权化的误区，也无力为武装力量提供秩序与战斗力。""军队担负着特殊的政治任务，军事斗争是政治的集中体现，战争更是实现政治的另一种手段。在现代法治社会，特别是在和平时期，军队不可能摆脱法律，而是更需要法律的介入，法治是军队正规化建设的核心内容、基本标志和根本保障，军事需要与法治是完全应当也是可以相融的。"① 可见，这种认识还是以军事与法治能够有效协调为基础的。

这一观点看似回归了军事法价值研究的最初状态，即军事法应当具备法的价值，但有着明显的提升——它体现了学者在长期研究之后，对军事法价值的一种出于自觉的反思，而绝非对一般法律观点的简单沿袭。同时，在这篇文章中，作者也进一步探讨了军事价值融入法学价值的可能性与必要性。但遗憾的是，军事价值到底如何融入法律的价值？二者是否一定能够和谐统一？作者并未进一步研究，而关于此问题，学界一直缺乏深入的思考。

三、争议问题的关键

在军事法学界论战传统缺乏的背景下，关于军事法价值目标的研究，甚至引发了极为罕见的论战，可见这一问题的争议之大，亦可见学界关于这一问题复杂性的共识之深。然而遗憾的是，论战多方却未能趁热打铁——假使这个论战持续进行，未必不会以军事法律价值目标为突破口，促进军事法学基础理论研究进一步深入。

而我们梳理学界关于这一问题的争议，便可清晰发现，军事法价值目标论证的重点应当集中于三个方面：（1）军事和法律各自具备何种价值？（2）军事与法

---

① 毛国辉：《军事法：法学与军事学冲突之解决与建构——兼与杨韧、李剑同志商榷》，载《南京政治学院学报》2004年第5期，第72页。

律的价值是否存在冲突？（3）军事与法律的价值如果存在冲突，应以何者为优先考虑？要解决这三个方面问题，必须立足于价值分析的实际情况和特点，不能做非此即彼的绝对化分析。事实上，关于价值的问题，从来都没有什么绝对化认识，因此不能单凭经验与印象，更不能大而化之笼统分析。将军事与法律完全融合起来，或者直接对立起来的观点，都不免陷入偏颇。

第二节 军事法治的两重价值

军事法治的中心词仍是法治。法治价值是军事法治的内在价值，具体应包括正义和人权两方面内容。同时，作为军事领域的法治，它又必然要考虑军事的现实需要。这就是军事法治双重价值的体现。

一、军事法治的法治价值

从法学理论基本原理出发，法治的价值应当体现为正义和人权，军事法治价值也不能例外。

（一）实现正义的价值

正义是法律最古老也是最基础的价值。西方的法（拉丁语：jus）与正义（拉丁语：justia）同源。从 2500 年前柏拉图在《理想国》中追问什么是正义的时候，正义就成为政治学、法学关注的共同问题。1400 多年前，东罗马帝国拜占庭皇帝查士丁尼一世就明确指出，正义是给予每个人他应得的部分的坚定而恒久的愿望，法学是关于正义和非正义的科学。[①]而围绕着追求正义这一目标，无论是亚里士多德的分配正义和矫正正义的观念，还是边沁的"最大多数人的最大幸福"的功利主义观念，抑或罗尔斯的作为公平的正义，都形成了各自时代的重要思潮。正义理论极端复杂，以至于博登海默会说"正义有着一张普罗透斯似的脸（a Protean face），变幻无常、随时可呈现不同形状，并且具有极不相同的面貌。当我们仔细查看这张脸并试图解开隐藏其表面背后的秘密时，我们

---

① ［古罗马］查士丁尼著：《法学总论——法学阶梯》，张企泰译，商务印书馆 1999 年版，第 5 页。

往往会深感迷惑"①。但这从来没有影响法学界将正义视作法学价值理论的终极问题并进行持久不懈的探寻。

在中文中,正义最初的意思是经书的正确含义。这一词语最早见于《荀子》:"不学问,无正义,以富利为隆,是俗人者也。"此后一些著作也称之为"正义",如唐代的《五经正义》便是政府认可的科举考试的标准教科书,这显然不同于现代意义上的"正义"含义。古代文字中最接近"正义"的现代意义的表述,应是"直"。"直"有直率的意思,也有"应当如此"的意思。《论语》中便有关于"直"的深入讨论——叶公告诉孔丘说:"我们那里有个以直道立身的人,他父亲偷了羊,(他作为)儿子便出来告发。"孔子却说:"我们那里的直和你所说的不一样:父亲为儿子隐瞒,儿子为父亲隐瞒,我们那里的直就体现在这里了。"②显然,这种能够容纳"亲亲相隐"的正义观,是非常儒家化的。在这种观念的影响下,儒家的礼,便成为社会中最经常适用到的规则,在事实上已经具备了法律的意义。

军事法治同样有正义价值,它是一种宏观的、政治的、战略的军事法价值。所谓宏观意义,指的是对全人类需求的满足,而非对于某个个体或团体要求的满足。这个意义上的军事价值必然是为了维护和平、实现正义。在这个观念影响下,有价值的军事法必然强调军事具有正义性,它应当具有这样几点特征:

第一,正当的军事主体。进行军事活动的主体应当具有正当性,这有两种可能:一是国家的最高权威。军事具有最强的主权特征,如果军事行动并非发自最高权威,则国家必在乱世之中,人民亦难得寸土安宁。孔子曾明确指出,"天下有道,则礼乐征伐自天子出;天下无道,则礼乐征伐自诸侯出",说的就是军事权威性的道理。而在孔子生活的春秋时期,战争由诸侯而非周天子发起,因此孟子便说"春秋无义战",同时主张,"征者,上伐下也,敌国不相征也",强调只能由天子之国征诸侯之国,地位相同的国家之间不能相互征伐。西方中世纪的学者托马斯·阿奎那同样指出,正义战争的第一个条件,就是有权宣战的统治者的权威。"一个私人不得宣战,因为他可以求助于一个长辈的裁判来保卫他的权利。

---

① [美]博登海默著:《法理学:法律哲学与法律方法》,邓正来译,中国政法大学出版社1999年版,第252页。
② 叶公语孔子曰:"吾党有直躬者,其父攘羊,而子证之。"孔子曰:"吾党之直者异于是:父为子隐,子为父隐。直在其中矣。"参见《论语·子路》。

他也无权动员为战争所需要的人力。但是,既然统治者们受权负有处理公共事务的责任,负责保卫城市、区域或省份的人们就要受他们的支配。他们在惩罚罪犯时用公民的力量正当地保卫国家,以弥平一切国内的变乱……同样地,他们也有责任用战争的武器来保卫国家,以抵御外来的敌人。"①二是反抗暴政的人民。虽然"礼乐征伐自天子出",但"汤武革命"这一中国古代著名历史事件却为这个军事的权威性提供了不同的注解——商汤与周武作为诸侯,却发起战争消灭了各自的天子,针对这一事件,孟子便认为,桀纣都是残贼之人,是独裁者,对他们的征伐完全符合正义要求,并非弑君。换言之,反抗暴政的战争即便并非出自君主,亦具有相当的权威性。而在当代,同样的道理也出现在民族独立的战争过程中,一些民族为了摆脱殖民统治,基于民族自决的理论而进行的战争,就往往被认为是正义的,典型例证如各亚非拉国家独立于殖民宗主国的战争,美洲殖民地人民独立于英国殖民者的战争等。

第二,正当的军事目的。军事必须促进和平,而不能破坏和平,破坏和平的军事是无价值的。中国传统中的军事价值集中体现为保护和平和维护正义——在防守时,要强调和平的价值,强调"止戈为武"②的和平观念,恪守"国虽大,好战必亡,天下虽安,忘战必危"③的国防理念,崇尚"不战而屈人之兵"④的军事最高境界;在进攻时,要强调进攻的正义性,强调"吊民伐罪"⑤的用兵原则,推崇"师出有名"⑥的战争伦理,主张"讨强暴,平乱世,夷险阻,救危殆"⑦的军事正义。而在西方国家,经院学者奥古斯丁亦曾说过:"当一个民族或一个国家由于不能赔偿所造成的损害或不能归还非法占有的东西而应当受到惩罚时,那些为

---

① [意]托马斯·阿奎那著:《阿奎那政治著作选》,马清槐译,商务印书馆1963年版,第135页。
② 《左传·宣公十二年》:"非尔所知也。夫文,止戈为武。"
③ 《司马法》:"国虽大,好战必亡;天下虽安,忘战必危。"
④ 《孙子兵法·谋攻篇》:"凡用兵之法,全国为上,破国次之;全军为上,破军次之;全旅为上,破旅次之;全卒为上,破卒次之;全伍为上,破伍次之。是故百战百胜,非善之善者也;不战而屈人之兵,善之善者也。"
⑤ 《孟子·滕文公下》:"诛其君,吊其民,如时雨降。民大悦。"
⑥ 《礼记·檀弓下》:"师必有名。"
⑦ 《史记·律书》:"兵者,圣人所以讨强暴,平乱世,夷险阻,救危殆。"

某种损害复仇的战争一般叫做正义的战争。"①现代社会同样存在类似逻辑,但这又不应完全等同于古代社会承认武力复仇的观点,《联合国宪章》第2条第4款明确要求"各会员国在其国际关系上不得使用威胁或武力,或以与联合国宗旨不符之任何其他方法,侵害任何会员国或国家之领土完整或政治独立"。但在其第51条中,又明确肯定各国在受武力攻击时,享有行使单独或集体自卫之自然权利。显然,哪怕是在现代社会,反抗侵略、以战止战的军事行动同样是正当合法的。

第三,谦抑的军事手段。即便军事行动具有正当性,但倘若军事手段随意发动,不受控制,无所不用其极,则无论其目的如何正当,都难以称得上正义的战争。它包括两方面含义:一方面,战争作为最终的手段,不能随意运用。《孙子兵法》中便有"上兵伐谋,其次伐交,其次伐兵,其下攻城"的说法,强调作战手段应作为最终手段来使用,不得擅自采取;②另一方面,战争中采取的具体手段必须受到限制,不能恣意妄为。中国古代就有在秋收之后兴兵的习惯,之所以如此,在很大程度上是为了避免战争耽误春耕农时,造成更大的灾难。这一点在现代社会更是如此,由于军事手段早已能够对全人类造成极大危害,如不对其进行限制,则很可能产生毁灭世界的后果。同时,随着科技的发展,产生了一些具有过分伤害力和滥杀滥伤作用的武器,如生化武器、核武器等,这些武器可能导致战斗人员和平民不必要的痛苦,产生人道主义灾难,即便可能因此获得短期的利益,也应禁止使用。

---

① [意]托马斯·阿奎那著:《阿奎那政治著作选》,马清槐译,商务印书馆1963年版,第135页。

② 关于"其次伐交"的说法,很多学者认为"交"指的是外交,但倘若如此,伐谋、伐交、伐兵,这三个顺序并不构成递进的顺序,伐交似乎更应在伐谋的前面。对此,梅尧臣认为,伐交指的是"以威胜",就是"观兵"的做法,黄朴民也赞成这一观点,认为这一句的含义是"通过'伐谋'而迫使敌人屈服的,自然是最上乘的境界,故云:'上兵伐谋',如果'伐谋'不成,那就只好降格以求,进行'伐交',将部队摆上来,让敌手看到我方强大的阵势后不寒而栗,自愧不如,因而表示屈服顺从"。(参见黄朴民:《孙子伐交本义考》,载《中华文史论丛》2002年第1辑,第240~241页。)实际上,只有按这个理解,才能将这段话的逻辑顺序连接起来。如果基于这个意思解释,"伐交"很类似于各国在特殊时期进行军事演习,威吓敌方的行为。但可以明确的是,无论将其理解为外交手段还是"以威胜",都说明了军事行动并非解决纠纷的最优选择。

(二) 保障人权的价值

作为一个具有丰富内涵的复杂概念，人权在不同场合有着不同的解读，但就其最基本和最原初的意义而言，人权意味着，任何人既然生而为人，就应当得到作为人所应得的待遇；任何人既然生而与他人具有同样的生理特性，就应得到等同于他人的待遇。具体来说，任何人都有一些共同的基本要求，需在社会中得到满足，譬如人的生存、安全、财产，等等；如果不能满足这些基本需求，人就难以有效地以人的身份体面地、有尊严地生存下去，这不可能因个人差异而有任何改变。就这个意义而言，个人对其生存和发展的必要条件予以满足的权利，就是人权最基本的内容。

就宏观而言，人权作为一个与时俱进的概念，在不同的历史时期具有与时代相谐适的特定内涵，是一个包含了特质不同的三代人权的宏大体系。① 在这个体系中，国家的角色定位和公民权利的价值定位都存在显著差异，从而很容易导致对人权理念的歧义理解——消极人权强调的是国家尽可能地不干预公民行为，而只承担守夜人的职责，从而维护社会秩序的安全和稳定；积极人权则强调国家要有所作为，从而促进公民积极权利的进一步实现；社会连带权则更是需要全世界人民共同努力才能实现的权利类型。国家要同时满足这样三种旨趣有别的人权需求，自然可能产生理念和举措上的冲突。

对军事法而言，同样要满足人权的要求：

第一，军事活动涉及强大的权力运用，必须有效控制军事权力，避免内乱而产生军人独裁政府，威胁公民的基本人权。军事权涉及暴力，是所有权力中最危险的一类。古今中外的无数历史经验早已证明了不受控制的军事独裁的危险性。"二战"之后，在非洲、东南亚、拉丁美洲都出现了大量军人篡权建立起的独裁

---

① 人权应包含消极人权、积极人权和社会连带人权三类：（1）消极人权也被称为"第一代人权"，是指仅凭主体自身的存在和活动即可享有和实现、而无须相对方即义务人积极作为便可实现的人权；消极人权主要是一些政治性权利，包括选举权、被选举权及表达自由权等。（2）积极人权是指不仅需要相对方消极不侵犯，更需要相对方积极作为，履行特定义务付出相应的代价方能实现的人权；积极人权主要包括经济社会文化权利。（3）社会连带权是全体社会成员分工与合作才能实现的人权，是积极人权和消极人权相互渗透而形成的一种新型人权；社会连带权主要包括和平权、环境权、发展权等。参见李龙：《法理学》，人民法院出版社、中国社会科学出版社2003年版，第167~168页。

政府，这不仅给人民带来了痛苦，连那些进行独裁统治的独裁者也往往难得善终。而早在美国立宪建国之时，当时的立宪者就认为常备军是一种可能危害公民自由的组织，美国独立初期的宾夕法尼亚州、北卡罗来纳州宪法规定："由于常备军在平时危及自由，所以不应设置。"新罕布什尔州、马萨诸塞州、特拉华州和马里兰州的民权条例同样规定"常备军危及自由，如未经立法机关同意不得征募或设置"。① 尽管设置常备军的观点最终占了上风，但对军队加以限制和制约，仍成为当时立宪者考虑的重要问题，并最终落实到了宪法的文本当中。

第二，军事活动涉及危险的暴力活动，可能对最基础的安全价值、人类社会甚至人类的繁衍生存产生严重威胁，必须通过各种方式加以限制。特别是近一百年来，武器技术前所未有地发展，战争也从来没有如此有效率地对人的生命权进行屠杀式的侵害。特别是规模空前的第二次世界大战中，各国军队和平民的伤亡总数达9000万人以上。② 在这场战争即将结束的时候，美国还使用了核武器，这极大加深了战争对人类所可能造成的危害。据估计，自1945年以来，全世界共生产了128000多枚核弹头，其中98%的核弹头来自美国（55%）和苏联（或俄罗斯）（43%）。③ 核武器的产生，使得人类第一次有了毁灭世界的力量，也使得战争开始能够对人类的生死存亡构成威胁——这种威胁所针对的不只是人类中的某个族群或者某个国家，而是人类全体，即便是那些拥有核武器的国家也不例外。④其他的军事活动同样可能严重损害人权，在战争中发生的诸多不人道事件，在其他军事活动中同样可能出现。

---

① ［美］汉密尔顿、杰伊、麦迪逊著：《联邦党人文集》，程逢如、在汉、舒逊译，商务印书馆1980年版，第119页。

② 申文勇著：《二十世纪战争史》，吉林大学出版社2008年版，第166页。

③ 参见王少龙、罗相杰编著：《核武器原理与发展》，兵器工业出版社2005年版，第238页。

④ 为了应对这种人权危险，很多国家制定了人权公约，其中最主要的是两项内容：一是不扩散核武器，二是不进行核试验。中国于1992年3月正式加入《不扩散核武器条约》，1998年12月签署了附加议定书。1996年7月29日，中华人民共和国政府就中国开始暂停核试验一事发表声明，其中强调："中国从拥有核武器的第一天起，就郑重声明，中国在任何时候、任何情况下都不首先使用核武器。中国还无条件地承诺不对无核武器国家和无核武器区使用或威胁使用核武器。中国是世界上唯一作出并恪守这一承诺的核武器国家。中国从未在境外部署过核武器，也从未对别国使用或威胁使用核武器。"这是中国对保障人权作出的一项伟大贡献。

第三,军事活动需要严格的组织纪律,往往需要对相关人员尤其是军人的权利进行克减。诚如美国军事作家赫尔曼·沃克在西点军校对学员所言:"当你们进入西点军校时,你们多少得把《人权法案》留在门外。在你们退伍之前,你们绝不可能全部得到那些权利……美国全民族的自由靠的就是少数有才干的人放弃个人的自由,自愿服从军队必需的纪律。"①对任何国家的军人而言,他们放弃自己的部分自由,都是为了保障整个国家和民族的自由——这种代价无疑是必要的。然而,军人同样是一国公民,只能因国家安全、公共秩序、全体公民的自由等考虑,方能对军人所享有的基本权利和自由进行限制。例如,《波兰共和国宪法》第 31 条第 3 款规定:"只有法律才能对宪法规定的自由和权利的行使施加限制。在民主国家中,只有为保护国家的安全或公共秩序,或者为保护自然环境、健康或社会风气或他人的自由和权利,在有必要时方得作出限制。此种限制不得违背自由和权利的本质。"《俄罗斯联邦宪法》第 55 条第 3 款规定:"只有为了捍卫宪政制度的原则、道德,为了保护他人的身体健康、权利和合法利益,为了保障国防和国家安全的需要,联邦法律才能在必要的限度内,限制人和公民的权利与自由。"②从各国的相关规定可以看出,军事需要是军人权利克减的一个充分理由,依法克减则是军人权利克减的基本要求。

二、军事法治的军事价值

在传统认识中,军事法治的军事价值,实际就是保障国防安全利益的价值。军事的目的是维护国家安全。一旦战争打响,不管是正义或非正义的地方,都只能从战争胜利的角度来思考问题,这就在军事正义的思想之外,存在另一种针锋相对的军事利益观———一种微观的、军事的、战术的军事价值观。这种观念抛开军事正义的考虑,认为军队在战争中只能基于利益的考虑开展活动。在这种军事利益观念的驱动之下,有价值的军事必然是能够取得胜利、达成目的、得到好处的军事,它具有如下几点内容:

第一,基于利益考虑决定战争的发起。基于正义的考虑发起战争,只是一种

---

① 参见彭怀东著:《战斗精神论》,长征出版社 2004 年版,第 189 页。
② 孙谦、韩大元主编:《公民权利与义务——世界各国宪法的规定》,中国检察出版社 2013 年版,第 113 页。

极不现实的理想化场景。战争的发起,其背后总是存在着复杂的利益冲突,而非抽象的价值选择。尽管古代有所谓"师出有名"的说法,强调"名不正则言不顺、言不顺则事不成",但其落脚点归根结底还是"事成"。所谓"名正言顺",不过是要个开战的名义,而非真正对正义有什么考虑;所谓"顺天应人",更往往成为史家粉饰的幌子。我们看古今中外的战史,基于利益发起的战争层出不穷,基于正义发起的战争却寥寥无几。

第二,基于利益考虑决定战争的进程。一旦战争爆发,那么,如何结束战争、何时结束战争就必然成为交战双方(多方)所共同关心的问题。结束战争的方式有两种,一是一方彻底消灭另一方,二是媾和。克劳塞维茨认为,战争所追求的要么是打垮敌人,使敌人无力抵抗;要么是结束战争,形成对己有利的媾和。但在某些情况下,彻底打垮敌人,便需要占领敌方领土、毁灭敌对国家、摧毁反抗意志;有些情况下,通过战争行动迫使敌方与己方形成有利的媾和,即可达成战争目的。① 而如何设定战争目的、如何收兵、如何在恰当的时机进行媾和,就只能是基于利益的考虑。当然,决定战争进程,显然是政治家的事务,对军队而言,尽可能地打垮敌人,保存自身,创造对国家更为有利的媾和条件,是其所应当唯一考虑的问题。

第三,基于利益考虑决定战术的采用。克劳塞维茨认为,军事领域"一切行动的前提是,如果作为行动基础的战斗真正发生的话,它必须是对我方有利的"②。《孙子兵法》中也有"合于利而动,不合于利而止"的说法。从我军战史上看,毛泽东同志更是基于利益考虑决定战术采用的大师级军事家,他在指挥作战的过程中,不仅能趋利避害,更能谋全局之利。例如,毛泽东在辽沈战役的指挥过程中,不为北线围住长春之敌的局部之利所惑,一直把眼光放在整个辽沈战役全局、放在全国作战全局之上,一再强调攻克锦州是整个战局的关键,尽管当时攻克锦州的困难非常之大,但最终仍然调集充足兵力达到了战略目的,从而形成了在东北我军关门打狗之势,为取得辽沈战役的胜利奠定了基础。不为小利所惑,而着眼全盘,这种灵活运用战术的目的,归根结底是在战略上进行的考虑。

---

① [德]克劳塞维茨著:《战争论》,商务印书馆1982年版,第48页。
② [德]克劳塞维茨著:《战争论》,商务印书馆1982年版,第60页。

这种利益驱动的价值观，实际是微观的——它并不从全人类的价值出发进行考虑，而只是考虑军事斗争的胜利，只要能够打胜仗，便可无所不用其极；同时是军事的——它只考虑战争的胜利与否，而不考虑战争是否正义；同时是战术的——它更多地强调战争的技术性问题的解决，而不考虑战略目的是否实现。古今中外的历史中，此种军事价值观并不少见。特别是在1840年之后，列强对中国国防造成了前所未有的严重威胁，远非原先的"夷狄"所造成的威胁可比。这就逼迫中国产生新的国防价值观，它更加强调国家武装力量在抵御外侮、反对外来侵略方面的职责和作用，更加强调要更好地、更全面地维护国家生存与安全的各个方面的利益。①对军事法而言，维护国家安全利益价值应从如下两个方面着手：

第一，维护和提升军队战斗力。战斗力是一种综合能力，维护和提升战斗力，需要多方面因素共同作用。关于如何提高战斗力的问题，毛泽东同志将其归纳为提高成分、增加工人干部、增进政治教育、提高军事技术、改变编制五个方面；②邓小平同志则强调要加强纪律、加强训练和培养作风。③可以说，军队的战斗力是一个庞大的系统。强有力的政治工作出战斗力，精良的武器装备出战斗力，科学的力量编成出战斗力，强大的后勤保障出战斗力，高素质的人才队伍出战斗力……要让战斗力各要素争相迸发、长久维持，必须形成有效的战斗力生成与维护法律制度，也正是在这个意义上，也有学者认为军事法即战斗力规范法，

---

① 皮明勇：《中国近代国防观念发展论》，载《历史教学》1994年第12期，第4页。

② "现在的红军，已经走上了铁的正规的革命武装队伍的道路，这表现在于：（一）成分提高了，实现了工农劳苦群众才有手执武器的光荣的权利，而坚决驱逐那些混进来的阶级异己分子。（二）工人干部增加了，政治委员制度普遍建立了，红军掌握在可靠的指挥者手中。（三）政治教育进步了，坚定了红色战士为苏维埃斗争到底的决心，提高了阶级自觉的纪律，密切了红军与广大民众之间的联系。（四）军事技术提高了，现在的红军虽然还缺乏最新式武器的采用及其使用方法的练习，然而一般的军事技术是比过去时期大大地进步了。（五）编制改变了，使红军在组织上增加了力量。所有这些，大大提高了红军的战斗力，成为不可战胜的苏维埃武装力量。"《毛泽东军事文集》第1卷，军事科学出版社、中央文献出版社1993年版，第339页。

③ "现在在没有打仗的情况下，在新的条件下如何提高战斗力？无非是加强纪律，加强训练，培养作风。作风出战斗力，艰苦奋斗出战斗力，纪律出战斗力，苦练出战斗力。"《邓小平军事文集》第3卷，军事科学出版社2004年版，第93~94页。

也就是关于战斗力生成、运用和保障的法律规范的总和。①

第二，保障和提高国防动员能力。国防动员，是指国家或政治集团为应对战争或其他军事危机，使社会诸领域全部或部分由平时状态转入战时状态所进行的活动。国防动员对于维护国家主权和安全、统筹经济建设与国防建设、有效增强国防实力具有重大作用。② 保障和提高国防动员能力，需要法律的保障：一是通过法律巩固国防动员的物质基础和经济基础，如《人民防空法》《国防交通法》《中央储备粮管理条例》《民用运力国防动员条例》等法律法规，都对国防动员所可能涉及的物资、设施的准备进行了规范；二是通过法律巩固国防动员的人力资源基础，如《兵役法》《国防教育法》《预备役军官法》《民兵工作条例》等都对国防动员中的人力资源问题进行了细致规定；三是通过法律规范国防动员工作具体内容，如《国防动员法》《紧急状态法》等都对此进行了较为细致的规定。

三、传统军事法治价值的明确

军事法治无疑具有军事与法治两个方面的价值，二者之间也存在明显的价值冲突。实际上，军事的价值，如国防利益、军事秩序等往往会造成军人权利的克减，恰与法律要求的正义价值、人权价值抵牾冲突；而法律的公正性和平等性，则有可能干扰军事作用的发挥。军事法治价值体系需要进行较为充分的解构，从而避免军事法学研究偏离价值目标，进而影响自身体系科学性的问题。

要分析清楚军事法治价值的结构，首要的标准就在于明确内在价值与外在价值的界限。在马克思看来，价值是"人们所利用的并表现了对人的需要的关系的物的属性"③。这就包含两层含义：第一，价值具有客观性，一个事物是否有价

---

① 有学者认为，军事法应由战斗力生成法、战斗力运用法、战斗力积极保障法和战斗力消极保障法四个部分构成。具体而言：战斗力生成法包括军人法、军队组织法、军事公物法、国防动员法等。战斗力运用法包括和平时期动用法、紧急状态动用法和战争（或者武装冲突）动用法等。战斗力积极保障法，是指采取积极方式以维系、提升战斗力的法制，如军事立法、军事训练与教育法、军人福利保险法、军事采购法、军人申诉法等。战斗力消极保障法，是指因非法行为致使战斗力减损，通过矫正机制予以恢复与补强的法制，如国内军事司法法制、国际军事司法法制，及其他的追究与惩罚机制。参见李卫海著：《美国军事法源流论》，中国政法大学出版社 2015 年版，第 5 页。

② 全国干部培训教材编审指导委员会编：《加快推进国防和军队现代化》，党建读物出版社、人民出版社 2015 年版，第 194 页。

③ 《马克思恩格斯全集》第 26 卷第 3 册，人民出版社 1974 年版，第 139 页。

值，具有何种价值，首先由其自身属性决定；第二，价值具有主观性，一个事物有价值，是因为它满足了人类一定的需求，人的主体性影响了价值的生成与评价。就客观性而言，事物的价值取决于事物的自身属性，这是价值问题上的有规定性的存在，也即黑格尔哲学中的所谓"定在"；就主观性而言，事物的价值却决定于主体的不同认知。这便必然造成同一事物在不同语境下具有不同价值，并不可避免地产生严重冲突。这种客观的价值，我们可以称其为内在价值，而主观的价值，我们可以称其为外在价值。

对于军事法治而言，军事价值、法治价值，哪一项是军事法治的内在价值？判断的标准应当在于，到底哪一项价值是军事法治区别于其他制度的根本特征？笔者认为，法治是军事法治的内在价值——军事自古有之，通过军事达到政治目标的方式多种多样，但如果失去了法治的价值目标，我们还怎么能够将其视作法治呢？

第一，从内容上看，内在价值具有伦理性，外在价值具有工具性。（1）内在价值的伦理性。承认法律的内在价值，是古典自然法学派和新自然法学派遵循的共同传统认识。古典自然法学派曾有多种关于法律价值的观念，实际基于不同时期的伦理标准：古代西方学者将法律的内在价值归因于理性与神性的结合。①中世纪学者实际继承了这一看法，但他们更加强调神性的重要，并将法律的内在价值直接归因于上帝。②中世纪之后，神性为理性所替代，自然法也就回归古罗马、

---

① 在古希腊的斯多葛学派和古罗马的一些思想家看来，"最高的立法者是自然本身，而自然法构建的自然秩序是最美好的……人类通过上帝赐予的理性能力与诸神一道参与这种秩序，因此，自然、人性与理性在实际上是一回事"。西塞罗则认为："理性并非由于形成文字才第一次成为法律，而是理性一存在就成了法律；它是与神的心灵同时出现的。因此，运用于指令和禁令的真正且首要的法律就是至高无上的朱庇特的正确理性……法律是根据与自然——万物中首要的和最古老的——一致而制定的有关事务（应为'物'，原译文如此）正义与不正义的区别；在符合自然的标准下，构筑了这样一些人的法律，它对邪恶者施以惩罚，而保卫和保护善者。"李龙主编：《法理学》，人民法院出版社、中国社会科学出版社2003年版，第46页；[古罗马]西塞罗著：《国家篇·法律篇》，沈叔平、苏力译，商务印书馆1998年版，第188~189页。

② 如托马斯·阿奎那就将法律视为神的意志，并将法律分为永恒法（由神的理性支配）、自然法（人类所能分享、参与的神的智慧）、神法（教会法）和人法（世俗法）。由人所制定的法，必须与自然法相一致，方才具有法律效力。倘有冲突，则制定的法律不再是法律，而是法律的堕落。[意]托马斯·阿奎那著：《阿奎那政治著作选》，马清槐译，商务印书馆1963年版，第106~108页。

古希腊的精神，进而演变成为人类共同的理性精神，所谓自然法就是理性的法。①此后的自然法理论同样将法的内在价值作为法之所以成为法的关键，强调法律应当具有其合理性与道德性。(2)外在价值的工具性。不同于内在价值，外在价值并不具有伦理性，而只具有工具性。它不讨论是非对错，而只关注效用如何，因此更加强调法律对外界事实的承认、对立法者需求的契合以及对社会需求的迎合。如果正面理解这种价值观，它便意味着"立法者在制定法律的时候，总是力求使法符合现实的需要，以便能在社会生活中发挥作用。这就要求法律必须与现实社会关系的性质与特点相吻合，必须反映社会发展的规律和趋势，必须考虑社会经济、政治与文化的现实条件"②。在这个意义上，法律的外在价值在内容上更多地体现为法律对社会的适应性，以及服务于社会上其他价值的工具性。

第二，从相互关系来看，内在价值是目的性的，外在价值是手段性的。(1)内在价值的目的性。亚里士多德在《尼各马可伦理学》一书中将"善"(good)分为两类：其一是工具性的"善"，即实现达到别的"善"的工具和手段；其二是目的性的"善"，即作为目的的"善"，而不以别的"善"为目的，亦非达到别的"善"的工具。③正义是法律的内在价值，它是法律制度的目的，而不是手段，如果我们依靠牺牲正义而意图实现其他什么目的，法律便丧失了存在的意义。诚如罗尔斯所言："正义是社会制度的首要价值，正像真理是思想体系的首要价值一样。"④一项制度，倘若它不正义，便是再设计精妙、富于效率，也是没有价值的。然而，正义本身"具有着一张普罗透斯似的脸，变幻无常，随时可呈现不同的形状，并且具有极不相同的面貌"⑤。对正义的解释，便不得不在厘清正义与自由、理

---

① 根据这一理念，人类正是因为具有理性，所以能够认识与运用自然法为人类幸福服务，而非理性的人也就能作出违反自然法的事。为了论证这种自然法观念，霍布斯、洛克与卢梭等人提出了自然状态论，来说明自然法的历史起源，并由此提出了天赋人权论与法治主义理念。参见李龙主编：《法理学》，人民法院出版社、中国社会科学出版社2003年版，第47页。

② 参见程雁雷：《法的工具性价值与伦理性价值》，载《光明日报》，2000年4月18日。

③ 参见[古希腊]亚里士多德著：《尼各马可伦理学》，廖申白译，商务印书馆2003年版，第4页。

④ [美]罗尔斯著：《正义论》，何怀宏、何包刚、廖申白译，中国社会科学出版社2001年版，第1页。

⑤ [美]E.博登海默著：《法理学：法律哲学与法律方法》，邓正来译，中国政法大学出版社2004年版，第252页。

性、幸福、和谐等其他价值相互关系的过程中说明其意义，任何一种正义理论都只能通过复合论证来阐释它所主张的正义价值，因而必然依托于某种更为一般的理论框架，并从这一理论框架所预设的基本前提出发对它所主张的正义观念加以论证。①因此，从正义出发，法律逐渐形成了其所应当具有的，并为人们孜孜以求的价值目标——自由、理性、幸福、和谐等。这些都可以被称为法律的目的价值或者目标性价值。②(2)外在价值的手段性。不同于内在价值，外在价值不是法律的目的，而是服务于目的的手段。外在价值不过是内在价值得以实现的手段，而不是其他价值追求的目的。③作为一种手段价值，外在价值强调对目的价值的服从与推进，强调目的价值能否有效实现。例如，在法律的诸多价值中，秩序价值作为一种外在价值，便具有明显的手段价值的属性，它更多地强调现有秩序能否得到巩固，而不考虑这个秩序本身是否正义。

第三，从形成过程来看，内在价值具有客观性，外在价值具有主观性。(1)内在价值的客观性。法律内在价值的形成，取决于法律自身的客观特质。我们以河流为例，河流可能有提供水源、通航、发电、游览等诸多价值。在这些价值中，基于河流的自身特质而产生的价值是什么？是提供水源。因为内在价值是事物的规定性所在，如它不具备这一价值，则丧失了作为该事物的意义——河流不见得一定能够通航、发电、游览，但河流一定能够提供水源，如果河流里面没了水，便不能算得上是河流了。法律的内在价值同样如此，其产生源于法律是法律，而不是什么别的东西；没有这种内在价值，会直接导致法律不再成为法律。这也是自然法学派将"恶法非法"作为核心命题的原因所在，因为自然法学派将正义视为法律的内在价值，不能实现这种内在价值的规则便无法满足法律的价值要求。(2)外在价值的主观性。外在价值形成过程是主观的，它取决于社会实际情况的特定性。在不同的社会，人们对法律的需求是截然不同的。在专制社会中，口含天宪的君主便可能以自身的利益取向决定法律的内容，而在民主社会，公民则有各自主张，从而形成了法律的历史进步。

第四，从地位上看，内在价值具有根本性，外在价值具有可替代性。(1)内

---

① 参见王新生：《马克思正义理论的四重辩护》，载《中国社会科学》2014年第4期，第26页。
② 卓泽渊著：《法的价值论》，法律出版社2006年版，第141页。
③ 卓泽渊著：《法的价值论》，法律出版社2006年版，第141页。

在价值的根本性。正是基于法律形成的客观性，法律所本身应当具有的价值便理所当然占据了价值体系中应当优先满足的地位，倘若法不能满足此类价值，则不能称其为法律了。就此意义而言，事物的属性乃是该事物具有价值的决定性因素，它是事物内在规定性的一部分，也就是事物之所以成为这个事物的理由，更是事物价值的最终来源；主体的感受则是一个外在的因素，它形成了价值评价的具体指针，并成就了价值得以表现出来的必要条件。在此意义上，我们认为，价值的主观性与客观性之间存在着一种辩证统一、不可分割的关系。没有具体的主观性和客观性，也就不存在具体的价值内容。而在二者关系中，客观的价值显然具有根本性。(2)外在价值的可替代性。事物的工具属性不具有规定性，尽管在评价过程中发挥重要作用，但它不能体现事物的本质。具体而言，法律外在价值的实现，并非只能依靠法律，也可能通过其他手段。例如，秩序是法律最典型的一种外在价值，而要维持良好的秩序，不仅可以依靠法律，也可能依靠政策约束、道德教化等。如果我们只关注法律的外在价值，而不考虑法律的内在价值，便可能产生一种法治并非必需品的错觉。

第三节 总体国家安全观下的军事法治价值目标

军事发生变化，法律也将随之变化，这是我们在前两个章节中已经说清楚的道理。这种变化，首先应当作用于形而上的价值领域，也就是人们对军事法治现实需求的变化。具体而言，在总体国家安全观下，国家安全需求发生了变化，那么军事法治也必然发生相应变化。

一、总体国家安全观对军事法治影响深远

总体国家安全观是一个远超军事考虑的宽泛概念，其形成与作用发挥，不仅对国防和军队建设产生深远影响，更会对军事法治建设产生复杂影响。

（一）总体国家安全观的形成

军事安全是国家安全的重要组成部分，军事安全观的历史变迁，始终与国家安全观的变迁同频共振，国家安全观的变化，又理所当然受制于国家面临的安全

形势。在冷战结束前，国家安全基本以军事安全为核心。在这一时期，维持军事力量的均势（balance of power）是维系安全最普遍的一种模式。美国和北约、苏联和华约，通过自身力量和各自联盟的力量相互制衡，从而达到维护本国安全的目的。① 但这种安全归根结底是不稳定的，早在 1950 年，就有学者提出了关于"安全困境"的基本概念，② 随后得到国际政治学界的进一步阐述——所谓安全困境，实际产生于一个国家为了提升自己的安全而采取诸多手段，降低了其他国家的安全，从而产生了安全困境。安全困境的规模和性质取决于攻防平衡（offense-defense balance）与攻防分化（offense-defense differentiation）的程度，因此战争的风险和安全的可能，都会随着时间和空间发生变化。③ 这一背景下的安全观，实际是一种追求军备平衡的安全观。在这个过程中也就形成了所谓"危机稳定性"（Crisis Stability），危机稳定性是与两项基本技术相适应的——一是核武器，二是弹道导弹。在这种技术背景下，大国之间都可以进行先发制人，但也无法保护自身免受代价高昂的报复性的第二次打击。④ 显然，只要一方拥有了先发制人、一击制敌的优势，便会赢得竞争，并带来战争。在美苏冷战时期，安全观的核心在于确保核反击的能力，所以才会有"原子弹的最大威力是在发射架上"的说法。这种不稳定的安全观的后果，最终体现为冷战中的军备竞赛和局部冲突。而即便到了 21 世纪，这种理念仍未完全过时——朝核、伊核问题便突出反映了这种延绵至今的安全观。

冷战因苏联解体而结束，此后的世界经历了一个重大转折，全球化的发生，使国家间相互依存日益加强，国际性问题和全球性危机（如生态环保、恐怖主义、金融危机、气候危机、能源危机等）给世界带来新的挑战和威胁，成为国际社会共同关注的焦点。此时的新安全观，自然发生了复杂变化。面对日趋复杂的国际安全形势，1997 年 4 月，江泽民在俄罗斯联邦国家杜马发表的演讲中，首次向国

---

① 参见苏长和：《安全困境、安全机制与国际安全的未来》，载《世界经济与政治》1998 年第 5 期，第 38 页。

② John H. Herz, "Idealist Internationalism and the Security Dilemma", World Politics 2 (January 1950), pp. 157-158.

③ Robert Jervis, "Cooperation under the Security Dilemma", World Politics 30 (January 1978), p. 169.

④ Robert Powell, "Crisis Stability in the Nuclear Age", American Political Science Review 83 (March 1989), pp. 61-62.

际社会提出"新安全观"理念,并在 1999 年 3 月的日内瓦裁军谈判会议上进行了全面阐发,提出新安全观的核心,应该是"互信、互利、平等、协作",主张各国在和平共处五项原则基础上维护和平,并强调互利合作、共同繁荣是维护和平的经济保障,建立在平等基础上的对话、协商和谈判是解决争端、维护和平的正确途径。①在新安全观下,军事安全的认识得到进一步扩展,这一时期较为流行的综合安全(comprehensive security)理念,认为国家安全,由军事、政治、经济、科技、信息、文化等多种因素决定,作为一种"全方位的、多层次的、内容广泛的安全"②,综合安全观很快得到学界高度重视。这种理念一方面强调军事安全受其他领域安全影响,要从更加广阔的范围、更加宏观的视角对军事安全问题加以思考;另一方面则强调军事力量要为其他领域安全提供坚强后盾,要求武装力量必须树立综合安全观念,有效遂行非战争军事行动任务。③

尽管综合安全的观念在冷战后就非常流行,但实际上还远非一套体系化、全局性的科学安排,宏观制度设计的严重缺乏、各类安全问题的相互割裂,都令综合安全观在实践操作中难以充分体现。随着我国国家安全形势更加复杂,安全问题前所未有地复杂起来——在进入 21 世纪之后,我国先后经历了传染病疫情带来的安全问题(如 SARS 疫情、新冠病毒性肺炎疫情)、重大自然灾害带来的安全问题(如汶川大地震)、暴力恐怖主义带来的安全问题(如新疆"7·5 事件"),它们实际都是非传统安全问题,却只有在有效借助武装力量帮助的情况下才能有效解决。在新时代,我国国家安全内涵和外延比历史上任何时候都要丰富,时空领域比历史上任何时候都要宽广,内外因素比历史上任何时候都要复杂。④在这个背景下,我们党提出了总体国家安全观的理念,强调外部安全和内部安全并重、国土安全和国民安全并重、传统安全和非传统安全并重、发展问题和安全问题并

---

① 参见《江泽民文选》第 2 卷,人民出版社 2006 年版,第 313 页。
② 王逸舟:《论综合安全》,载《世界经济与政治》1998 年第 4 期,第 5 页。
③ 中国武装力量在遂行非战争军事行动中的任务为:"适应安全威胁新变化,重视和平时期武装力量运用。积极参加和支援国家经济社会建设,坚决完成抢险救灾等急难险重任务。依照法律规定履行维护国家安全和稳定职能,坚决打击敌对势力颠覆破坏活动,打击各种暴力恐怖活动,遂行安保警戒任务。加强应急救援、海上护航、撤离海外公民等海外行动能力建设,为维护国家海外利益提供可靠的安全保障。"中华人民共和国国务院新闻办公室:《中国武装力量的多样化运用》,人民出版社 2013 年版,第 4 页。
④ 参见《习近平谈治国理政》第 1 卷,外文出版社 2018 年版,第 200 页。

重、自身安全和共同安全并重。显然，维护国家安全已经成为我国在新时代面临的重大现实课题。在这一背景下，军事安全也必须围绕总体国家安全观进行设计，有效纳入总体国家安全观这个大体系当中，整合成为国家安全体系的重要组成部分。

2015年，全国人大通过了新的《国家安全法》，根据该法第2、3条之规定，"国家安全是指国家政权、主权、统一和领土完整、人民福祉、经济社会可持续发展和国家其他重大利益相对处于没有危险和不受内外威胁的状态，以及保障持续安全状态的能力"。"国家安全工作应当坚持总体国家安全观，以人民安全为宗旨，以政治安全为根本，以经济安全为基础，以军事、文化、社会安全为保障，以促进国际安全为依托，维护各领域国家安全，构建国家安全体系，走中国特色国家安全道路。"显然，这里所谓的国家安全是一个远超军事考虑的宽泛概念，为了适应这种总体国家安全观的需要，国家必须通过一种更加节约资源、更能发挥全民积极性的现代化管理方式来追求高效率，建立起符合未来环境的现代化军事组织，带动整体国防实力的全面提升。

(二) 总体国家安全观对军事法治建设的影响

总体国家安全观是新时代的产物，其时代背景问题内涵丰富，对其进行全面阐释，既力不从心，亦非必要之举。但总体而言，与军事法治有关的总体国家安全观问题，包括如下几个方面：

第一，总体国家安全观强调集多种安全为一体的国家安全体系，必然影响公民权利乃至基本权利，必须由法律进行更加清晰明确的规定。总体国家安全观将安全的视野推进各个领域、各个方面，是包括政治安全、国土安全、军事安全、经济安全、文化安全、社会安全、科技安全、信息安全、生态安全、资源安全、核安全等在内的综合性的安全观。其中，大量安全问题关系公民权利甚至基本权利，倘若没有法律的明确规定，即以安全为由对公民权利进行任意安排，便难以避免过分侵害公民权利。

第二，总体国家安全观强调外部安全与内部安全的有机统一，强调构建人类命运共同体，这就必须要将国际法的部分内容融入国内法体系之中，由国家法律对国家的军事任务进行相应的细致安排。习近平总书记多次指出，贯彻落实总体国家安全观,必须既重视外部安全,又重视内部安全,对内求发展、求变革、求稳定、建设平安中国,对外求和平、求合作、求共赢、建设和谐世界。二者之间不能截然分开,而要在法律制度安排等方面有机衔接起来。

第三,总体国家安全观强调军民融合深度发展是筑牢国家安全的基础工程,必须在军民融合深度发展的过程中形成科学完备管用的法规制度体系。贯彻总体国家安全观,必须推动军民融合深度发展、实现经济建设和国防建设协调发展。尽管在近些年来,我国在军民融合相关问题上取得了很多成就,但各自为政、管理分散、职能重叠的问题仍然比较突出,一些跨部门、跨领域、跨系统的军民融合重大事项缺乏有效的法治保障。

二、军事法治价值目标的要求

在总体国家安全观的大背景下,对军事法治价值目标进行调整,应满足如下几点要求:

第一,要反映政治要求。毛泽东同志指出:"政治是不流血的战争,战争是流血的政治。"[1]战争本身就是政治性质的行动,从古到今没有不带政治性的战争。军队作为国家政权的重要组成部分,是战争行动的主要实施者,是一种暴力工具,军事制度和军事法的性质、内容,都与一个国家特定的政治制度密切相关。在总体国家安全观下,我国国家安全治理,是坚持中国特色国家安全道路的安全治理实践。以人民安全为宗旨,以政治安全为根本,以经济安全为基础,以军事、文化、社会安全为保障,以促进国际安全为依托,构成了总体国家安全观指引的安全治理方略。在这个过程中,军事安全必然处于保障地位,服从于政治安全、人民安全。

第二,要体现军事规律。习近平总书记指出:"这场世界新军事革命是全方位、深层次的,覆盖了战争和军队建设全部领域,直接影响着国家的军事实力和综合国力,关乎战略主动权。这场新军事革命,不仅反映在军事科技突飞猛进上,也反映在军事理论不断创新上,还反映在军事制度深刻变革上。"[2]必须认识

---

[1] 《毛泽东选集》第2卷,人民出版社1991年版,第480页。
[2] 习近平:《准确把握世界军事发展新趋势,与时俱进大力推进军事创新》,载新华网:www.xinhuanet.com/politics/2014-08/30/c-1112294869.htm?irk_sa=1024320u,2014年8月30日。

到，军事法治建设所面对的现实，是国家安全的总体化、军事任务的多样化和军事主体的多元化。在新的信息化条件下，无论是军队的建设还是军事力量的使用，都需要军地多方配合，协调共进，才能达到良好的效果。特别是为了应对未来战争，必须进行充分的动员准备，并在必要情况下调动起全社会的力量，为打赢未来战争做好充分准备。在这个复杂体系中，各社会主体在军事安全的保障中有着非常独特的地位，有必要通过法律方式将各社会主体的地位和运行方式固化下来，形成战争合力。军事法治建设应当反映这些规律，在各个层面统筹兼顾，形成良好的体制机制，确保军事规律在军事法领域内得到良好表达，并保证军队在战争中取得胜利。

第三，要回应人民期待。人民军队建设要依靠人民群众的支持，军事法的发展，同样必须适应新形势下的人民期待。习近平总书记讲，军队要有军队的样子。这说的不只是打仗的问题，同样强调的是军队的各项建设。要通过军事法治建设，努力调动一切积极因素，正确反映、妥善协调各方面的利益，激发军队、政府、人民的创造活力；正确处理好安全和效益的关系、国防建设与经济建设的关系，使国防和军队建设各方相互协调、相互促进，确保社会和谐、稳定，国防和军队建设高质量推进，从而真正有效回应人民期待，让军队更有"军队的样子"。

第四，要实现法治精神。总体国家安全观，是全面依法治国指导下的安全观。军事法是现代法的一部分，不是现代法治精神照耀不到的蛮荒之地。必须强调善用法治思维和法治方式进行国防和军队建设，把法治理念、法治精神、法治原则和法治方法贯穿到国防和军队建设全过程，确保国防和军队建设相关法规制度在制定、实施过程中遵循法治要求，贯彻法治思维。特别是要抓住领导干部这个"关键少数"，坚决摒弃人治思维，强化法治思维。还要特别强调通过军事法的实施，做到依法治军，保证军人、平民的合法权利和自由，保证公平正义在营门内外都能够得到充分、完整地实现。

三、军事法治价值目标的更新

在新的总体国家安全观指导下，传统的军事法治价值目标依旧重要，同时还要从如下几个方面着手进行价值目标的更新：

第一，将维护国家综合安全和战略利益拓展作为军事法治的新价值目标。军事是国家安全的保障,但在传统安全观中,军事是最后手段,是不得已的手段。然而,随着我国国际地位不断提升,国际交往更加频繁,经贸联系更加紧密,利益交融更加密切,特别是在"一带一路"倡议得到国际社会积极响应以来,我国与"一带一路"沿线各国在经贸、投资、基建领域的合作进一步加强。但与此同时,世界不安全因素增多,恐怖主义严重威胁全人类共同安全,中国企业、公民和侨民在海外的人身财产权益面临诸多传统与非传统安全问题威胁。这就必须加强国家战略利益的保障,不仅要将军事视作最终手段,还要将其作为战略利益保障的重要方式。事实也表明,中国军队在维护国家战略利益方面正在发挥着更加重要的作用,具体包括:(1)海外护航,2009年5月,中国海军首批护航编队在亚丁湾海域对过往商船实施护航。(2)海外撤侨,2011年2月,中国政府从利比亚撤离我国驻利比亚人员,在此期间,"徐州"号护卫舰赴利比亚执行保护任务,空军派出4架伊尔-76飞机飞赴利比亚执行接运中国在利比亚人员的任务,这是我海空军第一次赴境外执行撤侨任务。而在2015年3月末,中国人民解放军执行也门撤侨行动,这是中国第一次使用武装军舰从外国撤侨,并且有武装人员携带武器离舰登岸,展开警戒,设立安全区。(3)海外基地建设,2017年8月,我国首个海外保障基地在非洲国家吉布提建成并投入使用,我海军将更好地履行人道主义救援等国际义务,并更加有效地维护国家的海外战略利益。

第二,将构建人类命运共同体作为军事法治的新价值目标,体现正确义利观。习近平曾多次表示,国际社会日益成为一个你中有我、我中有你的"命运共同体",面对世界经济的复杂形势和全球性问题,任何国家都不可能独善其身。2014年7月,习近平在韩国国立首尔大学演讲时指出:"当前,经济全球化、区域一体化快速发展,不同国家和地区结成了你中有我、我中有你、一荣俱荣、一损俱损的关系。这就决定了我们在处理国际关系时必须摒弃过时的零和思维,不能只追求你少我多、损人利己,更不能搞你输我赢、一家通吃。只有义利兼顾才能义利兼得,只有义利平衡才能义利共赢。"总体国家安全观下的军事法治建设,应当强调人类命运共同体意识,将正确义利观纳入总体考虑,将国际军事合作纳入法治化轨道。

第三,将军民融合深度发展作为军事法治的新价值目标。党的十九大报告明确提出"更加注重军民融合",并将军民融合战略与科教兴国战略、人才强国战略、创新驱动发展战略、乡村振兴战略、区域协调发展战略、可持续发展战略一起并列为七大战略。在此之前，2017年8月习近平总书记在庆祝中国人民解放军建军90周年大会上指出："把军民融合发展上升为国家战略，是我们长期探索经济建设和国防建设协调发展规律的重大成果，是从国家发展和安全全局出发作出的重大决策，是应对复杂安全威胁、赢得国家战略优势的重大举措。"[①]要"同步推进体制和机制改革、体系和要素融合、制度和标准建设，加快形成全要素、多领域、高效益的军民融合深度发展格局"。这就要求我们善于运用法治思维和法治方式推动军民融合发展，提高军民融合发展法治化水平。

[①] 习近平：《在庆祝中国人民解放军建军90周年大会上的讲话》，载新华网：xinhuanet.com//politics/2017-08/01/c_1121416045.htm，2017年8月1日。

第五章 军事法的基本原则

所谓军事法基本原则,是反映军事法的本质内容和基本精神,对军事法的制定和实施具有普遍指导意义的基本行为准则。军事法基本原则应当充分体现军事法的价值目标,有效调整军事法律关系,并指导军事法规则的制定与实施。在这个意义上,军事法理论的完善,离不开基本原则的进一步明确。

第一节 军事法基本原则的理论争议

法律原则一面承载法律价值,一面接轨法律规则。就法律价值而言,法律原则凝聚了人们的价值共识,奠定了法律的正当性基石;就法律规则而言,法律原则归纳了法律规则的共同特征,形成了法律的规律性认识。就以往研究来看,军事法基本原则在任何军事法学教材中都不可或缺,这也说明了学界对这一问题重要性认识的充分肯定。但从另一方面来看,学界对此问题始终没有充分论证,在一些重要问题上仍然存在明显模糊之处。

一、法律原则的基本含义

所谓法律原则,是那些可以作为规则的思想基础或政治基础的综合性、稳定性的原理和准则。① 法律原则处于整个法律秩序的中心,构成法律秩序的基础,与法律规则相对,对法律规则产生引导、补充作用。一般说来,作为部门法基本原则,应当适应该部门法调整的社会关系,指导该部门法制定、实施的全过程,并反映该部门法的价值目标和基本特征。法律原则具有明显的特征,以区别于法律规则、价值目标和基本制度,这主要体现在如下几个方面:

---

① 李龙主编:《法理学》,人民法院出版社、中国社会科学出版社2003年版,第65页。

第一，内容的价值性。"一个准则被称为法律原则是因为它积淀了千百年来人们对社会生活的理想图景，体现一种社会所公认的合理价值，因而立法者将之确立为法律原则，用以增强法律的道德色彩，密切法律与社会的联系，同时用来校正规则可能产生的弊端。"① 相比而言，规则无疑也应当体现某些价值目标，但这种体现是间接的。同时，规则毕竟是事先制定的，因此也可能产生失灵的问题，特别是当规则适用于立法者未能预料到的具体案件时，更有可能产生严重错误。例如，在著名的里格斯诉帕尔默案中，帕尔默毒杀了自己的祖父，而他的祖父在现有的遗嘱中给他留下了一大笔遗产。帕尔默因杀人被判处监禁，但当时纽约州的法律并未明确规定杀死被继承人的继承人丧失继承权的问题。此时严格适用规则的结果将导致明显不正义的结果。纽约州最高法院的法官遂运用了一项古老的法律原则——任何人不能从其自身的过错中受益，从而最终判决剥夺帕尔默的继承权。显然，法官此时运用这一原则，正是因为这一原则本身能够达到符合正义要求的、真正合乎自然法的结果。法律原则内容的伦理性，决定了法律原则衔接法律价值与法律规则之间的联系，促成了价值的实现。

第二，作用的补充性。法律原则的价值性，使其成为法律解释和法律推理的基础或出发点，运用法律原则，可以克服规则刚性，弥补成文法漏洞，纠正法律失误，实现个案公平，增强法律权威性。但法律原则的价值性在另一方面决定了它的不确定性，过度适用原则，可能会干扰法律所应有的稳定性。因此，法律原则的运用必然有其补充性，即法律原则只有在法律规则不能有效解决问题之时才得以适用。这种不能适用，有可能源自规则模糊（规则字面意义模糊而导致不同理解），也可能源自规则冲突（不同规则作出了不同规定和指示），还可能源自规则漏洞（法律规则对案件所涉事实情形未作规定，或者对个案中出现的问题不能涵盖，存在缺失），甚至源自规则悖反（适用明确的规则，却可能违反了规则的意图或目的，从而出现极不公正乃至荒唐的情况）。② 只有在这些情况下，法律原则才有必要出现，替代规则才能发挥实际法律的作用。当法律规则不违反法律原则之时，法官不能"向一般条款逃避"，直接适用原则进行案件判决。只有在

---

① 胡玉鸿：《法律原则适用的时机、中介及方式》，载《苏州大学学报》2004 年第 6 期，第 27~29 页。

② 参见秦策、张镭著：《司法方法与法学流派》，人民出版社 2011 年版，第 334 页。

遇到特殊个案时，当适用规则可能导致个案的极端不公正时，才能适用法律原则，纠正规则的失误，从而保证个案正义。

第三，运用的灵活性，是指法律原则不采用"全有或全无"的形式适用于个案，而必须根据案件的具体情况来解决。一旦在个案审判中，出现相互冲突的不同的法律原则之时，法官应当，并选出某个原则适用时，首先要衡量相互冲突之间的法律原则在个案中更具优先性，并对其优先使用，但在另一个案件中，又可能根据不同情况采取相反的举措。这就很不同于规则，对规则而言，一旦出现冲突，便是"你死我活"的结局，要运用上位法优于下位法，新法优于旧法，特别法优于普通法的原则来进行判断，这种判断一旦做成，不仅在此案中不适用，在其他案件中亦不应适用。

二、我国学界关于军事法基本原则的定义

结合法律基本原则的含义，军事法的基本原则，是能够反映军事法的本质内容和基本精神，对军事法的制定和实施具有普遍指导意义的基本行为准则。其特征包括规范性、本源性、普适性和稳定性。① 1988 年，我国第一部军事法学教材将军事法基本原则问题确定为五项内容：坚持以国家宪法和法律为依据的原则、保证国家军事利益不受侵害的原则、高度集中和统一的原则、军事人员权利和义务相一致的原则、服从国家大局和国家整体利益的原则。② 此后，我国关于军事法学基本原则问题的研究基本处于停滞状态，仅少量论文对此展开讨论，但不同的军事法学教材、专著对此问题的观点仍有些微不同。其中，争议较少的原则包括：（1）维护国家军事利益原则；（2）高度集中统一原则；（3）军法从严原则。③ 但也有学者认为军法从严原则不是基本原则。④

此外，关于基本原则问题的不同理论，还包括：有学者将"坚持党对军队绝

---

① 李佑标：《军事法基本原则的反思与重构》，载《武警学院学报》2004 年第 3 期，第 9 页。
② 参见张建田、仲伟钧、钱寿根编著：《中国军事法学》，国防大学出版社 1988 年版，第 55~77 页。
③ 参见许江瑞、赵晓冬：《军事法教程》，军事科学出版社 2003 年版，第 6~11 页；图们主编：《军事法学教程》，法律出版社 1992 年版，第 69 页。
④ 参见李大鹏：《论军事法的基本原则》，载《西安政治学院学报》2004 年第 3 期。

对领导原则"列为军事法的基本原则;① 有学者将"以国家宪法和法律为依据原则"列为基本原则;② 有学者将"党对军队绝对领导""捍卫社会主义制度""保证人民军队性质""军法从严"列为军事法的特殊原则;③ 还有学者将"保障军人权益原则""维护世界和平原则""开放性原则"列为军事法的基本原则。④ 这些观点虽在内容上有所微调,但差异性不大。关于学界对军事法基本原则关注甚少的问题,笔者揣测,其原因可能在于,作为刚刚起步的一个部门法学,需要解决的规范问题远比基础理论问题更加紧迫。在研究力量有限的情况下,学界关注更为紧迫的现实问题,而对基本原则等理论问题较少关注,也就不难理解了。

然而,党的十八届四中全会提出,要建设中国军事法治体系,坚持在法治轨道上积极稳妥推进国防和军队改革,深化军队领导指挥体制、力量结构、政策制度等方面改革,加快完善和发展中国特色社会主义军事制度。着力健全适应现代军队建设和作战要求的军事法规制度体系。加大军事法规执行力度,明确执法责任,完善执法制度,健全执法监督机制。在这一大背景下,军事法基本原则作为我国军事法律制度的基础,以及军事法规执行的重要依据,可以说是军事法规范体系的统帅,不能不引起我们的高度重视。

第二节 军事法基本原则确立的基本考虑

军事法基本原则的确立,应当主要考虑三方面问题:第一,能否充分体现军事法的价值目标;第二,能否有效调整军事法律关系;第三,能否有效指导军事法规则的制定与实施。

一、应以军事法价值目标为基本导向

不同的价值目标,决定了法律原则的差异性:(1)不同时期的法的价值,

---

① 参见张山新主编:《军事法学》,军事科学出版社2003年版,第42页。
② 参见莫毅强、钱寿根、陈航主编:《军事法概论》,中国人民公安大学出版社1990年版,第51~57页。
③ 参见陆海明、钱寿根主编:《军事法学》,解放军出版社2001年版,第58~71页;钱寿根:《军事法理学》,国防大学出版社2004年版,第96~104页。
④ 参见薛刚凌、周健主编:《军事法学》,法律出版社2006年版,第59~64页。

需要采用不同的法律原则。法律原则集中体现了法的价值追求与精神。在不同历史时期，不同的法律价值取向不同，决定了法律原则的不同内容。例如，中国古代封建法，以维护封建统治秩序为价值取向，遂产生了"春秋决狱"原则；以儒家经典为出罪入罪的标准，又产生了服制定罪的原则，以亲等关系确定社会各主体之间在法律义务、责任承担等方面的差序格局。西方近代资本主义法律，以维护资产阶级利益为价值取向，遂产生了资本主义人权原则，以法律形式保障私有财产、人身权利；又产生了正当程序原则，避免政府对个人权利的恣意侵害，等等。（2）各部门法的独特价值，需要采用不同的部门法原则。特别是近现代以来，诸法合体的格局被打破，各个部门法在法律体系中地位不同、作用各异，从而根据其价值取向产生了不同的法律原则。例如，现代刑法以人权保障为基本价值取向，则以罪刑法定、罪责刑相适应、刑法面前人人平等为基本原则；行政法强调对政府行为的约束，并进而实现公共利益，因此以行政法定、行政均衡等为基本原则，并衍生出一系列子原则，如行政公开、信赖保护、比例原则等，不只部门法如此，各部门法之下的子系统，也是以其价值目标为取向决定了基本原则的内容，例如，宪法相关法部门之下的选举法，因其以实现人民民主为价值取向，则产生了普遍、直接、秘密、平等四项原则；诉讼法部门之下的刑事诉讼法，因其以保障人权、惩罚犯罪，确保人民法院、人民检察院、公安机关、司法机关依法行使职权为价值取向，则产生了无罪推定、非法证据排除等基本原则……就此意义而言，部门法之所以能成为部门法，在很大程度上也是因为它具有独特的法律原则，并通过这些原则反映并实现自身设定的价值目标。

要注意的是，军事法原则反映了军事法价值，但不同于军事法价值。军事法价值是一个政治性的、伦理性的目标，是一个观念层面、价值层面的范畴，是军事法满足国家需求、社会需求的有用性；军事法原则却是为了实现这种有用性确定的若干准则，是这种价值目标、价值导向的制度化，是一个实践层面、制度层面的范畴。这就决定了，军事法基本原则紧密联系军事法价值目标，却不能等同于价值目标。

二、应以军事法律关系为基本依托

部门法基本原则,应当适应该部门法所调整的社会关系。① 这种适应性本身是一种客观的规律性认识,也是一种主观的价值判断。所谓客观规律性认识,乃是指部门法基本原则决定于其所调整的社会关系,这也是经济基础决定上层建筑这一基本规律在此问题上的体现;所谓主观的价值判断,乃是指部门法基本原则虽有必然性,但也可能因为某些原因而背离实际需求,或者因价值导向不同而产生新的原则。同样的,军事法调整的社会关系,也就是军事法律关系,应当决定军事法基本原则的主要内容,并成为军事法基本原则的基本依托。

军事法律关系是一种特殊的社会关系。其特殊性体现在,军事法律关系必须适应战争的形势,特别是要适应战争发展的新形态。特别是近百年来,随着军事技术的发展,战争的形态在过去百年里发生了剧烈变化,各种新武器的使用,深刻影响了战争的格局,世界各国也随之对军事法进行调整。例如,"二战"之后,为了实现陆海空军统一指挥、做到更加广泛的工业动员和战争准备、发挥情报在战争中的突出作用、及时应对安全威胁,美国国会于 1947 年 6 月 26 日通过《1947 年国家安全法》,对国防体制进行了全面重大的改革,成立了国家安全委员会和国防部,加强了各军种之间的协调指挥。到了"网络中心战""空海一体战"阶段,为适应联合作战和信息战需求,美军又进行了一系列改革,大大提高了美军联合作战和信息战能力,使指挥机构更加适应未来战争的需要。② 正是考虑到军事发展日新月异的特性,有些国家还对军事法进行例行性修改,如英国的

---

① 这里所称的军事法律关系,同样是军事法学的一个基本概念。关于军事法律关系的内容,学界有两种观点:一种观点认为,军事法律关系包括与武装力量有关的国内法律关系,也就是涉及武装力量与中国共产党、武装力量内部、武装力量外部的法律关系;另一种观点认为,军事法律关系不仅包括与武装力量有关的国内法律关系,也包括与武装力量有关的国际法律关系。笔者认为,与武装力量有关的国际法律关系,虽然也是军事法学学者的重要研究内容,但其具有相对的独立性,将其囊括在军事法的法律关系体系内,不无实际需要的考虑,但对军事法理论的健康发展颇为有害。国际法和国内法在调整方式、调整对象上有明显的差异,将二者混为一谈,容易造成理论体系上的错乱与前后矛盾。事实上,专门论述军事法的著作中,即便有国际法部分的内容,也往往与其他部分内容格格不入。本书不讨论国际法相关问题,仅就与武装力量有关的国内法律关系进行论述。

② 参见周健、于恩智著:《比较军事法:美国军事法》,海潮出版社 2002 年版,第 21 页。

《陆军法》《空军法》《海军法》，都是每五年修订一次。① 面对这一问题，我国很早就有学者提出，军事法学研究一定要顺应军事变革的需求。② 笔者完全认同这一论断。

三、应以规范军事法规则的制定实施为基本意义

军事法在军事法体系中具有核心地位，它在有效调整军事社会关系，充分体现军事法价值目标并促进其实现的同时，还应指导军事法规则的制定实施。如李佑标教授所言："军事法律规范体系中，军事法的基本原则规范是其他规范的本源性的依据，产生并作用于其他规范。也就是说，军事法的基本原则规范处于军事法律规范体系的最高等级。"③这就充分说明了，军事法基本原则是军事法规则的高度凝练和总结，是规则的"规则"，它反映了军事法的本质内容和基本精神，指引军事法的制定、实施全过程，在军事法体系中具有核心地位。军事法规则是军事法原则的具体化，是明确特定行为模式的规范。

这就要求：(1)军事法原则不是一般的政治原则，而是上升为法律的原则。法律具有政治性，军事法原则尤其如此，但它毕竟是军事法律规范的组成部分，仍应具备较为明显的法律特征。以宪法为例，即便是作为最具政治色彩的法，宪法的基本原则包括人民主权原则、人权原则、法治原则等，仍然具有很强的法律性，并能够引申出相应的法律制度。(2)法律原则应当贯穿于军事法的制定实施始终。军事法原则必须具有抽象性和普适性，即便一项军事法规则再重要，如果不能贯彻于军事法的制定实施始终，充其量是军事法的一项基本制度，依然不能被称为军事法原则。同时，这一原则也使军事法基本原则区别于军事法的立法原则、司法原则等。(3)军事法原则必须具有对军事法规则的指导性。军事法原则必须适应军事法规执行过程中的要求，在规则尚未健全之时起到补充规则的作

---

① 参见周健、唐天富、朱雁新著：《比较军事法：英国军事法》，海潮出版社2002年版，第11页。
② 参见杨鲁：《新军事变革对军事法学研究的几点启示》，载《军事法论丛》(第3辑)，海潮出版社2006年版，第64~66页；汤国光、艾文波：《军事变革视角下的军事法制研究体系初探》，载《军事法论丛》(第3辑)，海潮出版社2006年版，第67~77页。
③ 李佑标：《军事法基本原则的反思与重构》，载《武警学院学报》2004年第3期，第9页。

用，并在立法过程中有效发挥对军事法规、规章的立改废的指导作用。

第三节　对军事法基本原则的再思考

根据上述考虑，笔者认为，应确立军事利益优先原则、军事权集中统一原则和军人权利与荣誉保障原则为军事法的基本原则。

一、军事利益优先原则

军事利益优先原则脱胎于维护国家军事利益原则。不使用维护国家军事利益这一表述的原因在于，维护国家军事利益应被视为军事法的价值目标，而非基本原则。前已述及，军事法价值目标与法律原则之间既有联系，又有区别：二者的联系在于，军事法原则不同于军事法价值，但反映军事法价值；二者的区别在于，军事法基本原则紧密联系军事法价值目标，却不能等同于价值目标。就如同行政法，该部门法以公共利益为价值目标，但任何行政法学者都没有将公共利益视为行政法的基本原则，而在厘定基本原则时，确定行政优先、公共利益优先等基本原则，从而间接地体现了公共利益保护的价值目标。考虑到这一点，我们将军事利益优先厘定为基本原则，而非较为笼统地维护国家军事利益原则。在军事利益优先原则之下，产生军事行动优先、军事设施特别保护两项子原则。

军事行动优先原则。军事利益是关乎全局的利益，其重要性高于其他利益。军事行动在与其他活动发生冲突时，军事行动应享有优先权，其他活动应当避让军事行动。例如，根据《中华人民共和国国防法》第54条之规定，"车站、港口、机场、道路等交通设施的管理、运营单位应当为军人和军用车辆、船舶的通行提供优先服务，按照规定给予优待"。又如，根据《中华人民共和国飞行基本规则》第91条之规定，"飞行指挥必须按照下列调配原则安排飞行次序：（一）一切飞行让战斗飞行……"这些规定充分体现了军事行动优先的原则。

军事设施特别保护原则。军事设施是直接用于军事目的的建筑、场地和设备，它是遂行军事任务的物质保障，受到国家法律的特别保护。《中华人民共和国军事设施保护法》是关于军事设施特别保护的专门立法，根据该法和相关实施办法的规定，对军事禁区、军事管理区和没有划入军事禁区、军事管理区的军事设施进行特别保护。此外，《中华人民共和国人民防空法》还规定对人民防空设施进行特别保护，禁止任何组织或者个人破坏、侵占人民防空设施。

二、军事权集中统一原则

一般认为，军事权集中统一原则，是军队的领导和指挥权由一定的组织或人员统一行使。① 笔者认为，军事权集中统一原则涵盖甚广，不仅仅是领导与指挥权的问题，具体而言，它应当包括权力集中统一原则和权威性原则两个子原则。

权力集中统一原则。权力集中统一原则意味着军事权力必须集中行使。(1)军队服从于国家最高权力，无论哪个国家，军事权都必须掌握在国家最高权力手中，我国也不例外。(2)军令权的集中行使。军令权的集中行使，其意义在于保证军队在指挥过程中步调一致，特别是在协同作战、联合作战的大背景下，军事行动高度体系化，如没有统一的指挥，部队战斗力不可能得到充分发挥，后果不堪设想。(3)军政权的集中行使。军政权的集中行使，其意义在于保证军队在建设过程中的各项工作步调一致，更好地应对未来战争的需要。(4)在内部关系上，强调部属、下级服从首长、上级。《中国人民解放军内务条令（试行）》第36条规定："部属、下级必须服从首长、上级。同级之间应当互相尊重，密切配合，团结协作。"第37、38、39、40条则明确了越级指挥、不同建制军人的指挥、临时离开原单位情况下的指挥关系。

权威性原则。权威性原则意味着军队必须形成并服从一定的权威。(1)军队应服从于国家的最高权威，统一按照最高权威指示进行活动。根据我国《宪法》《国防法》的规定，军队服从于统一的领导。(2)军队应保持良好的上下级关系，下级应自觉维护上级权威，保证军队的服从。为了维护这一原则，军人的某些权利也应受到限制，例如，美国国会在"二战"后通过的《统一军事司法法典》第88条就规定："军官执勤或者在场的时候，当面对美国总统、副总统、议长、国防部长、各军种部长、运输部长或者州长，或者州、准州、自治领或者属地议长使用侮辱言辞的，应当由军事审判法庭惩处。"第89条规定："受本法管辖的人员，

---

① 图们主编：《军事法学教程》，法律出版社1992年版，第74页。

举止对首长不尊敬的,应当由军事审判法庭惩处。"①显然,这一规定并不仅仅局限于指挥权问题,更体现为军队对权威必须发自内心的尊重与服从。

三、军人权利与荣誉保障原则

曾志平教授在《论述军事法的基本价值》一文中对军事法原则问题提出疑问,"军事法的这么些原则怎么就没有一项是向着我们个人的呢?要知道,从事军人这个职业,我们可是要随时准备为国家献身的!要知道,即使是审判台上的刑事被告人,刑事诉讼法还为他规定了一系列权利保障措施呢!面对着这些让人感到冷冰冰的军事法原则,怎么都觉得我们头上的'光荣'二字有点别扭。"②为此,曾志平教授提出,要明确军事法的价值依次为正义、公平、自由、秩序、效益。遗憾的是,曾教授并未提出具体的关于基本原则的建议。同时,还有学者将军人权益保护列为一项基本原则。③

实际上,军人荣誉保障原则不能被军人权益保障原则所涵盖。我们注意到,通常情况下的法律具有利导性,它利用人们趋利避害的本能,通过规定权利义务来分配利益,影响人们的动机和行为,进而影响社会关系。"权利以其特有的利益导向和激励机制作用于人的行为,并且权利可以诱使利己动机转化为合法行为并产生有利于社会的后果……(义务)促使人们不做法律禁止并且最终也不利于自己的事,履行法律规定的积极义务。"④但值得注意的是,军事法学不能仅仅以权利义务为调整手段。所谓害莫大于死,利莫大于生,战场乃立尸之地,用何种利益驱使,方能使个人忘却人世间的大恐惧而敢于牺牲?若任由趋利避害的本性发挥,则军人必将贪生怕死。唯有增强军人的荣誉感、爱国心,培养其武德、勇气,方能使其舍生忘死。也正因如此,我军才将崇尚荣誉视为军人的核心价值观之一,《中华人民共和国国防法》第 62 条才会规定:"军人应当受到全社会的尊崇。国家建立军人功勋荣誉表彰制度。国家采取有效措施保护军人的荣誉、人格

---

① 周健、于恩志著:《比较军事法:美国军事法》,海潮出版社 2002 年版,第 53~54 页。

② 曾志平:《论述军事法的基本价值》,载《军事法论丛》(第 1 辑),海潮出版社 2004 年版,第 51 页。

③ 参见薛刚凌、周健主编:《军事法学》,法律出版社 2006 年版,第 59~61 页。

④ 张文显著:《法理学》,高等教育出版社、北京大学出版社 1999 年版,第 49 页。

尊严，依照法律规定对军人的婚姻实行特别保护。"因此，军事法学不仅要体现权益保护，更要体现对军人荣誉的保障。出于上述考虑，军人权利与荣誉保障原则应视为军事法的第三项基本原则，它具体包括两项子原则。

军人权利保障原则。主要包括下列含义：（1）军人享有与其他公民同等的权利。军人是穿军装的公民，理应与其他公民一样享有各项政治权利、经社文权利。需要指出的是，军人的权利保障原则有可能与军事权集中统一、军事利益优先两项原则发生冲突，从而有所克减，前文已有论述，此处不赘述。（2）军人享有与其贡献相适应的权利，例如，复转军人享有补贴、安置等各项权利，军人享有相应的社会优待，并在军婚等问题上得到特别保护。（3）军人虽以命令为行动基础，但一切命令应符合法律规定，不得严重损害军人合法权利。例如，领导下令要求对某一部属进行殴打，即不应为军事法所保护。

军人荣誉保障原则。主要包括三个方面内容：（1）作为权利的荣誉的保护。军人的部分权利体现了军人的荣誉，如军人享受各项优待，如优抚安置、景点免票等，都是军人根据法律、法规享有的权利，有如军人享有获得荣誉的权利，如军人可以立功等。（2）作为义务的荣誉。军人的部分义务同样体现了荣誉精神，如根据《中国人民解放军内务条令（试行）》之规定，军人有见义勇为的义务，对地方人员而言，见义勇为并非义务，条令如此规定，正是为了维护军人的整体荣誉；又如《防洪法》《抗震救灾法》等规定，军队应担负救灾任务，此一规定看似与军人的本职——战争无关，但极有利于培养军人的人民观、国家观，更有助于巩固军队的荣誉。（3）单纯的荣誉。荣誉中也有些内容与军人权利义务均无关系，如我国法律禁止伪造、变造军装，禁止非军人穿着军装等，此类规定显然不涉及军人具体的权利义务，其意图在于保护身着军装的军人的荣誉，是一种纯粹的荣誉。（4）牺牲军人的荣誉。牺牲军人并非法律主体，从一般法律来看，其荣誉似乎仅仅是近亲属的精神利益，但如果我们放到更为宽泛的领域思考，便会发现这种荣誉背后蕴藏的公共利益属性。军人荣誉的这种保护，在不同国家有不同做法，如美军早在1867年就通过《国家公墓法》（*National Cemeteris Act*），要求辨认并得体地埋葬每一名阵亡公民，许多西方国家也仿效了这种做法。我国则制定了《中华人民共和国英雄烈士保护法》，明确了彰显、保护英烈荣誉的各项措施，这不仅有助于全社会尊崇、铭记英雄烈士为国家、人民和民族作出的牺牲和贡献，也有利于传承、弘扬爱国主义精神。从这一点我们也可以清晰地看出，军人荣誉与军人权利之间虽然大部分重合，但也不可能完全重合。

四、关于军法从严等"原则"的思考

前已述及，我国军事法学者关于军事法基本原则问题还有一系列独到观点，但笔者认为，这些"原则"不宜被列为军事法的基本原则，理由如下：

第一，部分"原则"应被视为军事法的基本制度或者价值目标，而非原则。基本制度是军事法制度中具有突出重要性的那部分规则，它们虽然重要，但由于缺乏对其他规则的指导性，而不宜被列为军事法基本原则；所谓价值目标，则是法律原则和法律规则制定时的抽象目的。这些实际只是基本制度或价值目标的"原则"，其包括党对军队绝对领导、捍卫社会主义制度、保证人民军队性质。其中，党对军队绝对领导，实际上是在军事权集中统一原则之下形成的一项制度，它无疑是军事法的一项最重要的、颠扑不破的基本制度，但在指导军事法规则制定实施问题上缺乏充分的指导意义，不应被列为军事法的基本原则；而捍卫社会主义制度、保证人民军队性质，则应体现为我国军事法制度价值目标中的一部分。

第二，部分"原则"是法律的一般要求，无法体现军事法的基本特征。具体包括：坚持以国家宪法和法律为依据的原则、服从国家大局和国家整体利益的原则。这两项"原则"无疑是所有法律部门都应满足的基本要求，在军事法的制定实施中当然应当被尊重，但不宜被视为军事法的基本原则。至于它们能否被视为法律的基本原则，就是另外一个话题了。

第三，部分"原则"是军事政策的内容，仅适用于部分领域，缺乏普遍性。这些"原则"同样重要，但只能适用于军事法的部分内容，或者特定阶段。具体包括：维护世界和平原则、开放性原则。维护世界和平原则只能适用在与国际问题相关的那部分军事法领域，不足以指导军事法规则的制定、实施全过程；开放性原则却仅仅约束军事法的立法活动，只能说是一项立法原则。

除了上述三类"原则"，学界较为公认的"原则"主要是军法从严"原则"。通说认为，这一"原则"包括三个层面的含义：第一，军法规定的义务从严，军人因军法而受到更多义务上的约束，如不能自由安排发型、不能随意出入营门等；

第二，军法实施从严；第三，军法规定的责任从严，如在军事刑法上大量适用死刑等；第四，战时从严。但仔细分析，第一、三、四项内容，都是军事法制定过程中的问题，缺乏对军事法实施过程中的指导意义；第二项虽与实施有关，但由于任何一项法律的实施都应从严，要求军事法实施相比其他法律的实施更加严格，缺乏充分的理论基础和现实证据。因此，笔者认为，军事法从严原则总体上应是一项军事立法原则，而在军事法律实施过程中缺乏贯穿始终的指导性，不能被列为军事法基本原则。

第四节 本章小结

军事法基本原则在军事法学基础理论中处于一个"承前启后"的地位，它一方面承接军事法价值，另一方面统领军事法规则。这种将制度与价值连接起来、将现实与理想联系起来的"枢纽"，理所当然是军事法学研究中的核心课题。需要说明的是，军事法学基本原则的明确，遵循的是法学理论关于基本原则的一般理论，是在区分基本制度与基本原则的基础上进行的理论归纳。我们反复强调，原则与制度并不存在重要性上的差异，只存在功能作用上的不同。一些非常重要的制度并未定义为原则，并非其本身内容不重要，只是因为它难以做到对军事法制定、实施的全程控制，或者不能有效填补军事法规则的漏洞，实现军事法的价值目标。

正是在这个意义上，我们结合法律原则的基本含义，梳理我国学界关于军事法基本原则的不同认识，明确以军事法价值目标为基本导向，以军事法律关系为基本依托，从而实现对军事法规则制定实施的规范，确定了军事利益优先、军事权集中统一、军人权利与荣誉保障三项军事法基本原则。这三项原则，从制度目的、权力运行、权利和荣誉保障三个方面对军事法各项规则进行统领和调整，从而彰显和实现法律原则内蕴的价值目标。这种梳理和定义，虽然也体现了一定的客观规律性，但在很大程度上仍然取决于作者的主观判断，若有臆断之处，希请方家进一步研究探讨。

第六章　军事立法原理

立法是国家最重要的一项权力。"在一切场合，只要政府存在，立法权是最高的权力，因为谁能够对另一个人订定法律就必须是在他之上。"①在军事法领域，军事立法的重要性同样有着突出体现。前已述及，军事法的逻辑起点是现实中的"军—法"关系问题。当这一问题落实到军事法领域时，便开始映射到法律运行的各个领域，并进而产生了这些领域的特殊性。军事立法便是第一个被影响的领域，军事立法活动因为其军事性而产生了不同于其他许多领域立法的特征，这种特征不仅体现在立法主体、立法程序等制度上的差异，更体现在立法任务、立法目标等理念上的不同。

关于军事立法，最新的法律文件，是 2017 年 5 月 8 日由中央军委主席习近平签署命令发布的《军事立法工作条例》，该条例替代了 2003 年起实施的《军事法规军事规章条例》，从 11 章 69 条增至 12 章 78 条，增设了"清理与汇编"一章。新的"条例"在国防和军队改革进一步深化的大背景下，明确了新形势下军事立法工作的指导思想和基本原则，规范了军事立法权限、程序和体例规范，增设了法规备案审查和清理汇编制度，将军事规范性文件纳入军事法规制度体系加以管理。本书的这一章节，以该条例为规范基础，以立法学一般原理为理论基础，对军事立法原则进行展开。根据对立法原理的一般理解，军事立法原理可以归纳为立法体制、立法内容和立法技术三个方面问题，其中，立法体制可具体分为立法主体和立法权限两方面问题。

---

① ［英］洛克著：《政府论（下篇）》，叶启芳、瞿菊农译，商务印书馆 1964 年版，第 92 页。

第一节　军事立法体制

军事立法体制与普通立法体制之间存在较大差异，在本章中，我们仅对这些存在差异性的问题进行阐述。至于军事立法体制与普通立法体制之间存在的共性问题，应是相关论域研究者和实务工作者所应具备的常识性认识，本书不做赘述。我们认识到，军事立法体制的特殊性，不仅在于其主体特殊，还可能是因为军事立法往往采用一些与普通法律差异颇大甚至抵牾冲突的规则。

一、军事立法体制概说

所谓立法体制，是关于立法权配置方面的组织制度，包括立法主体和立法权限两方面问题。立法主体是指，在一个国家中，哪些主体享有立法权可以参加立法；立法权限则是各立法主体在立法活动中享有哪些立法权限。其中立法权限划分是核心问题。[1]军事立法体制同样如此，军事立法体制是立法体制之下的子概念，是"关于军事立法权限划分的系统或体系。它所要解决的是一个国家的军事立法权由谁行使及怎样行使的问题"。[2]同其他类型的体制一样，军事立法体制包括机构设置和权限划分两方面内容，其中，机构设置回答了"谁立法"的问题，用法律术语表达，就是立法主体问题。这就必然产生军事立法的一个前提性问题，即军事立法到底包括哪些具体内容，它决定了军事立法体制的范围。

"军事立法"由两个合成词组成："军事"和"立法"，其中"立法"的概念较为明确，它是一项重要的国家活动，是指有立法权的国家机关依据法定的权限，通过法定的程序，制定、修改和废止法律规范的活动。但由于"军事"的含义不同，"军事立法"有两种可能的含义：（1）形式意义的军事立法，即由军事机关进行的立法，这种看法将"军事"理解为对立法主体的限定。这一类型的立法包括军事法规和军事规章两个层次，《军事立法工作条例》实际采取这一定义。（2）实质意义的军事立法，即涉及军事的立法，这种看法将"军事"理解为对立法内容的限

---

[1]　参见张光杰主编：《法理学导论》，复旦大学出版社2015年版，第102页；杨磊、吴斌主编：《法理学》，浙江大学出版社2007年版，第255页。
[2]　张建田：《军事立法体制与军事立法实践中的有关问题》，载《西安政治学院学报》2002年第12期，第55页。

定,军事立法包括各主体进行的与军事有关的立法活动。如周健等认为军事立法是"最高国家权力机关、最高国家行政机关、中央军委及享有军事立法权的军事机关,按照法定权限和程序,制定、认可、修改或废止具有法律效力的规范性文件的活动"。① 这两种定义并无对错之分,只是从不同角度对"军事立法"概念所做的具体理解与认识——前者更加强调立法机关的性质区别,后者则在强调立法机关性质区别的同时,更加强调对法律调整对象的实质判断。

笔者认为,采用何种概念,关键还是要看研究目的。如果只是为了研究立法制度,则采取形式意义的军事立法自然更为便利。但如果是对军事法律制度体系规范进行研究,为了有效、全面地涵盖我们所需讨论的话题,则势必需要采取更为宽泛的定义方式。基于此项考虑,笔者拟采取实质意义的军事立法概念。这就意味着军事立法不仅包括军事机关立法,还包括非军事机关关于军事问题的立法。从实践情况来看,这种军事立法体制包括三个层次,即军事法律、军事行政法规和军事法规、军事行政规章和军事规章。(这一区分可能存在一定缺失,下文详述之)。②《1998年中国的国防》白皮书采取这一种看法,根据该白皮书,"1982年后,中国在国家立法体制中进一步健全了军事立法体制,即全国人民代表大会及其常务委员会制定国防和军队建设的法律;中央军事委员会制定军事法规,或者与国务院联合制定军事行政法规;各总部、各军兵种、各军区制定军事规章,或者与国务院有关部门联合制定军事行政规章"。

二、军事立法主体

立法主体就是有权制定军事法的主体。立法主体概念的明确,关键在于如何定义"军事立法"。军事立法主体范围的界定,对军事立法理论的形成具有重要意义,并对其他问题产生了不同程度的影响。通常来说,世界各国立法主体主要包括:具有民主性质的代议机关,即议会;具有管理性质的行政机关,即政府;具有创制判例职能的司法机关,即法院;国家机关授权或法律规定的社会组织、团体。此外,一些国家还规定了全民公决或复决制度,公民个人也可能成为立法

---

① 参见周健、曹莹主编:《军事立法学》,军事科学出版社2002年版,第17页。
② 参见成义敏:《国家立法体系中的军事立法:基于军事立法体制历史演进与发展趋势的考察》,载《西安政治学院学报》2011年2月,第73页。

主体。①对我国而言，立法主体主要包括权力机关和行政机关，而在军事立法领域，自然应当包括相应的军事机关。具体而言，军事立法主体包括军事机关立法主体和非军事机关立法主体两个类型。

(一)军事机关立法主体

从现行法律法规来看，我国的军事立法主体应当包括：

第一，中央军事委员会。根据《宪法》第93条的规定，中华人民共和国中央军事委员会领导全国武装力量。同时根据《立法法》第6章"附则"第117条的规定，中央军事委员会根据宪法和法律，制定军事法规。而根据《军事立法工作条例》第7条之规定："中央军委根据宪法和法律，制定军事法规。"

第二，军委机关部门。2015年开始的军委机关调整组建，按照军委管总、战区主战、军种主建的总原则，把总部制改为多部门制，由原来的总参谋部、总政治部、总后勤部、总装备部4个总部，改为7个部(厅)、3个委员会、5个直属机构共15个职能部门。军委机关部门是不是军事立法主体？根据《军事立法工作条例》，军委机关部门无权制定军事规章，只能制定军事规范性文件。但这并未否定军委机关部门作为军事立法主体的地位：(1)军委机关部门制定的军事规范性文件仍是军事法规制度体系的重要补充；(2)虽然军委机关部门无权制定军事规章，但根据该条例第11条第2款，军委机关部门经中央军委批准，仍然可以与中央国家机关有关部门联合制定规章。

第三，战区、军兵种、武警部队。根据中央军委印发的《关于深化国防和军队改革期间加强军事法规制度建设的意见》，中央军委制定军事法规，战区、军兵种、武警部队在职权范围内制定军事规章。根据《军事立法工作条例》第10条之规定，战区、军兵种可以根据法律、军事法规、中央军委的决定和命令，制定适用于本战区、本军兵种的军事规章。这里需要注意的是，武装警察部队的立法权，在2000年的《立法法》中并无规定，该法第93条第2款明确："中央军事委员会各总部、军兵种、军区，可以根据法律和中央军事委员会的军事法规、决

---

① 参见朱力宇、张曙光主编：《立法学》，中国人民大学出版社2001年版，第101页。

定、命令，在其权限范围内，制定军事规章。"但在此之后制定的《军事法规军事规章条例》第66条却明确规定："中国人民武装警察部队制定修改和废止军事规章的活动，适用本条例。武警部队的规章与军兵种、军区规章具有同等效力。"这一规定一直饱受诟病。① 但在2015年《立法法》修改之时，该条修改为："中央军事委员会各总部、军兵种、军区、中国人民武装警察部队，可以根据法律和中央军事委员会的军事法规、决定、命令，在其权限范围内，制定军事规章。"从而使这一问题得以最终解决。

第四，国防部。国防部作为国务院下属的一个部门，根据《立法法》的规定，享有部门规章的制定权，同时根据《国防法》等的规定，享有一定的军事权。然而，《军事立法工作条例》对该部的立法权并未进行规定。在这个意义上，国防部所能制定的规章应当是一个普通意义上的部门规章，不能单纯视作仅仅适用于军队内部的规则。从实践情况来看，可能是由于国防领域相关工作主要由中央军委承担，以国防部名义制定规章的情形极为罕见。

从以往的实践来看，军事机关立法一直存在，并在实践中发挥着非常重要甚至基础的作用。然而，关于军事机关立法主体的合宪性问题，学界一直存在争议，特别是在1997年《国防法》和2000年《立法法》生效之前，军事机关立法在事实上存在，却没有宪法和法律上的依据。例如，莫纪宏教授就曾指出："《立法法》相对于宪法，一个最显著的特点就是创设了军事立法权……创设了两种宪法所没有规定的法律形式，即军事法规和军事规章。由于现行宪法没有对此加以规定，所以，在法理上就存在一个《立法法》确立上述两种法律形式的法律依据问题，如果不是依据宪法，那么，应当依据何种法律呢？法律形式的创制权是归属于宪法，还是归属于《立法法》，这个问题在理论上没有探讨过，在实践中也很难展开有效讨论。"②就这一角度而言，除国防部以外的军事机关，其立法权都遭到了质疑，而国防部的立法权之所以能够得到承认，也是因为它是行政机关的一部分，而不是纯粹的军事机关。

笔者认为，军事机关立法的合宪性、合法性是有依据的，我们可以从两个方

---

① 丛文胜著：《国防法治：国防和军队建设法治化》，解放军出版社2016年版，第159页。

② 莫纪宏主编：《案例宪法研究》(第1辑)，群众出版社2008年版，第24页。

面着手讨论：第一，从全国人大制定的法律来看，军事机关立法并非没有依据，例如，根据1997年《国防法》第13条之明文规定：中央军委"根据宪法和法律，制定军事法规，发布决定和命令"，而在其他一些法律如《兵役法》《国防动员法》中，亦有相应的授权性规定，如《国防动员法》第9条规定："国务院、中央军事委员会共同领导全国的国防动员工作，制定国防动员工作的方针、政策和法规……"第二，从宪法实践的过程来看，军事立法权也得到了认可。事实上，在1993年修宪过程中，就有人建议增加规定中央军委立法权的内容，而中共中央在1993年2月向七届全国人大常委会所作的《关于修改宪法部分内容的建议的说明》中明确指出，"中央军委可以而且已制定适用于军队内部的军事法规，宪法中可以不再做规定"，这充分体现了在宪法实践中对军委军事立法权的承认与肯定，宪法没有规定，只是基于对宪法稳定性的尊重，以及对相关宪法实践的承认，而非有意地忽略。

此外，我们需要注意的是，《中国共产党党内法规制定条例》第41条规定："军队党内法规制定规定，由中央军事委员会根据本条例制定。"从而对中央军委进行了授权，使其能够制定军队党内法规的制定规则。尽管目前这一规则仍未见出台，但中共中央也曾和中央军委共同制定《中国共产党军队党的建设条例》，这显然是一个非常重要的军队党内法规。

(二) 非军事机关立法主体

非军事机关是立法主体，本身不是军事机关，但依法有权对军事事项进行立法，在我国，包括如下机关：

第一，全国人民代表大会及其常委会。我国的政权组织形式是人民代表大会制，权力机关是人民代表大会。根据我国《宪法》第58条、《立法法》第7条之规定，全国人民代表大会和全国人民代表大会常务委员会行使国家立法权。基于这一条文，全国人大及其常委会制定了《国防法》《兵役法》《国防动员法》《国防交通法》等调整军事社会关系的法律。

第二，国务院。根据我国《宪法》第89条之规定，国务院"领导和管理国防建设事业"，因此也有权制定与军事有关的行政法规。同时，国务院也可能会同中央军委共同制定军事行政法规。"军事行政法规"的术语见于《军事立法工作条例》第 75 条。① 从实践来看，国务院可以单独制定属于调整国防建设领域内的社会关系，但不直接涉及军队和现役军人的行政法规，如《退伍义务兵安置条例》等；凡调整对象属于国防建设领域，涉及军队、军人与地方各级人民政府、社会团体、企事业单位和公民相互关系的军事行政法规，则由国务院和中央军委联合制定，如《民兵工作条例》《征兵工作条例》《文职人员条例》《军人抚恤优待条例》等。②

第三，国务院相关部委。除国防部以外，国务院一些部委与军队事务有一定关系，就其主管范围可以制定与军队有关的部门规章。例如，民政部制定的《军队离休退休干部服务管理办法》等。同时，国务院各部委还可能与军队相关部门联合制定规章，如民政部、财政部就曾经与军队相关部门联合颁发《伤病残军人退役安置规定》，对伤病残军人的退役方式、安置办法、住房和医疗保障等问题作出全面系统的规范，又如教育部也曾和军队相关部门联合颁发《军人子女教育优待办法》等。但需要注意的是，原《军事法规军事规章条例》第 68 条规定："……拟定由国务院有关部门、中央军委有关总部联合发布的军事行政规章草案的活动，参照本条例的有关规定执行。"而在《军事立法工作条例》中，并未出现"军事行政规章"这一术语，而是在第 75 条规定："……拟定由中央国家机关有关部门、军委机关部门联合发布的规章和规范性文件草案的活动，参照本条例的有关规定执行。"这就没有使用"军事行政规章"的概念，其原因为何？在相关文件中未见说明。在这种情况下，国务院各部委与军委机关联合制定的规章能否称作军事行政规章，还需要立法机关进一步加以明确。

（三）地方人大、政府的军事立法权问题

我国立法不仅限于中央机关立法，还包括各地方立法。自《立法法》修订以

---

① 《军事立法工作条例》第 75 条规定："拟定由中央军委或者国务院、中央军委提请全国人民代表大会或者全国人民代表大会常务委员会审议的法律草案的活动，拟定由国务院、中央军委联合发布或者批准发布的军事行政法规和规范性文件草案的活动，以及拟定由中央国家机关有关部门、军委机关部门联合发布的规章和规范性文件草案的活动，参照本条例的有关规定执行。"

② 参见张建田：《军事立法体制与军事立法实践中的有关问题》，载《西安政治学院学报》2002 年第 12 期，第 57 页。

来，地方人大和政府的立法权得到扩展，设区的市均可制定地方性法规和地方政府规章。这些地方人大和政府制定的地方性法规、地方政府规章能否对军事活动进行规范？学界对此问题认识不一，其中部分学者持赞同观点，认为有地方立法权的机关可以在不与宪法、法律、行政法规相抵触的前提下，制定地方性军事法规和地方性军事行政法规，主要限于兵员征集、军人优抚及退伍安置、国防教育和军事设施保护等方面。①但总体而言，反对地方国家机关享有军事立法权的看法仍然较多，归纳而言，主要理由包括：

第一，体制机制和隶属关系不同。国防领导体制是高度集中统一的体制，军事立法权只能集中于中央。夏勇教授就认为，武装力量及军队是独立于民间系统的特殊集团，虽分驻全国各地，但其高度集中统一的特点决定它不属于任何地方，军事国防对内是一个跨行政区域的全国范围的巨大系统工程，对外显示国家不可分割的领土和主权，故有关事务只能由国家统一决策、指挥和负责管理。现代各国也莫不如此。这正是军事立法权集于中央之手的基本原因。②张建田教授则认为，我国军队实行的是高度集中的领导体制，地方权力机关与驻军之间并不存在像全国人大与中央军委那种监督与制约关系，各地驻军都属于中央军委领导，与地方政府并不存在隶属关系。地方性法规对驻军作出规范缺乏法律依据。③

第二，地方性法规对军事问题进行规范和调整，可能影响部队工作，在实践中也难以执行。一方面，军队作为随时准备执行特殊任务的武装集团，在组织编制、管理方式、经费保障和保密要求等诸多方面，与地方单位和个人有着诸多不同，由地方性法规对其进行调整，强制其参与地方的社会性事务，势必影响部队的正常工作，不仅会造成各地部队立法、执法标准的差异，也不利于对部队的统一管理和指挥。另一方面，如果地方人大、政府就当地驻军问题制定了相应立法，也很可能产生难以执行的问题，从实际效果看，尽管一些地方性法规对驻军作出了规范，但是驻军因其固有的特殊性使有的规定难以得到有效执行，如今凡驻军与地方产生军地纠纷时，往往双方采用协商的方式处理。所以，地方性法规

---

① 周健、曹莹著：《军事立法学》，军事科学出版社2002年版，第14页。
② 夏勇：《地方国家机关有无军事立法权问题》，载《法学杂志》1994年第3期，第42页。
③ 参见张建田：《地方法规不宜对驻军作出强制规范》，载《检察日报》2004年8月17日。

即便对驻军作出规范，实际上的执法效果也要打折扣。①

笔者认为，地方人大、政府应有军事立法权，主要原因在于地方政府有管理部分军事事务的职权。例如，《国防法》第 18 条规定："地方各级人民政府依照法律规定的权限，管理本行政区域内的征兵、民兵、国民经济动员、人民防空、国防交通、国防设施保护，以及退役军人保障和拥军优属等工作。"而随着国家法治建设的不断迈向深入，全国各地都或多或少出现一些涉及军事问题的地方性法规和规章。这主要包括如下内容：（1）与地方居民关系密切的一些事项，如国防动员、国防教育和兵员征集等法律制度；（2）涉及地方政府主动作为的事项，如军事设施保护、人民防空、国防交通等；（3）涉及优抚安置相关事宜，如军人军属优待、退役军人安置等。

而针对两种否定地方军事立法权的观点，笔者并不认可——隶属关系、体制机制的不同，并无排斥法律在某个系统中适用的效果，其意义主要在于明确职权职责和管辖权限。就前一问题而言，如体制机制不同、隶属关系不同即不能进行规范，则地方政府与驻地央企有隶属关系否？某地政府与其他地方政府人员有隶属关系否？事实上，管辖的基础归根结底是属地管辖，如以体制机制不同否定地方性法规在区域内的普遍适用性，则地方性法规几乎不可能实施。就后一问题而言，它说明了日常管理过程中的职权职责划分，易言之，对军事领域存在的特殊问题，则存在地方性法规不能干涉军队职权职责、职能使命的履行问题。军队对军人进行管理，是军队不可削弱的权力，一旦涉及部队、机关基于军人身份进行的指挥管理活动，地方性法规就不应进行规定。

具体而言，应以如下两项规则为判断标准：

第一，不涉及军人身份判断、军事机关职权行使标准的地方性法规应普遍执行，例如，某地方性法规对交通问题进行规范，制定了实施《道路交通安全法》的相关细则，在通常情况下，军车则理应受这一规则约束，在出现违章问题时亦应按其进行处罚，盖因此时的处罚与军车执行职务无关，而是地方政府及其交通部门的职权职责。以隶属关系不同为由否定地方性法规的效力，既无现实需求，又无法律依据，实为特权思想作祟的结果。

---

① 参见张建田：《地方法规不宜对驻军作出强制规范》，载《检察日报》2004 年 8 月 17 日。

第二，一旦涉及军人身份判断和军事机关职权行使，则不应由地方性法规进行规范。2004年的《检察日报》曾刊载一则立法例："最近，某军区所在地的省人大常委会就该省将制定的一部献血方面的地方性法规草案征求部队意见，其中明确规定在该省服役的官兵服役期间，二年内每人应当义务献血一次。"①这一规定便有所不妥，因为此条文实际是以军人身份为依据进行了义务性规定，对军队的日常管理进行了干预。同时，它还违背了上位法之规定，《献血法》第7条规定："国家鼓励国家工作人员、现役军人和高等学校在校学生率先献血，为树立社会新风尚作表率。"该法第6条第2款规定："现役军人献血的动员和组织办法，由中国人民解放军卫生主管部门制定。"这就对职权职责问题进行了更加明确的划分，地方性法规不应违背此上位法之规定。

三、军事立法权限

权限划分，回答了"立什么法"的问题，主要涉及相关立法的层级划分和内容安排。在行政法理论中，根据立法权的来源不同，可以将行政立法权分为职权立法和授权立法两类。军事立法理论亦可借鉴此种分类法，将军事立法权划分为职权立法和授权立法两类。此外，对于涉及改革的事项，还存在改革过程中暂停适用军事法规的问题。

(一)职权立法

对军事领域而言，职权立法是立法主体依照宪法和有关组织法规定的职权进行的立法。根据《军事立法工作条例》之规定，职权立法主要包括：

第一，中央军委的职权立法。中央军委根据宪法和法律，制定军事法规。根据《军事立法工作条例》第7条之规定，下列事项应由中央军委制定军事法规作出规定："(一)中国人民解放军的体制和编制；(二)军委机关部门以及战区、军兵种和其他大单位的任务和职责；(三)中国人民解放军作战指挥和建设管理的基本制度；(四)中国人民解放军的奖惩制度；(五)军队人员的基本权利义务；(六)为执行法律规定需要制定军事法规的事项；(七)其他需要由军事法规规范的事项。"这就对军事法规的立法权限进行了相对明确，其中需要特别注意的是，

---

① 张建田：《地方法规不宜对驻军作出强制规范》，载《检察日报》2004年8月17日。

第 5 项"军队人员的基本权利义务"是《军事立法工作条例》新增的内容。就规范意义上讲，军事法规立法事项的明确，具有两层含义：(1)原则上禁止中央军委各部门、各战区、各军兵种就相关问题进行规定，除非得到中央军委明确授权；(2)原则上禁止中央军委以规范性文件的方式对上述事项进行规定。

第二，战区、军兵种的职权立法。《军事立法工作条例》未对战区、军兵种立法权的范围进行细致划分，只是较为笼统地划定了原则。这可能与当前国防与军队改革仍在进行，一些细致具体的问题未能有效明确有关。根据《军事立法工作条例》第 10 条之规定，战区、军兵种制定的军事规章，可以就下列事项作出规定："(一)为执行法律、军事法规、中央军委的决定和命令，需要制定军事规章的事项；(二)属于本战区、本军兵种职权范围的事项。"如何理解这一条文？从语言本意来看，第一项和第二项应为并列关系，二者满足其一即可制定军事规章，但细究其内容，则不难发现，二者之间实为并列关系——如果不在职权范围内，即便需要制定军事法规，战区、军兵种又怎能越俎代庖？如果没有上位法依据，又何谈"属于本战区本军兵种职权范围"？因此，在实际操作中，不仅要看上位法依据，还要看职权要求。

第三，国务院及国务院部委的职权立法。国务院的国防职权规定于《国防法》第 12 条。①基于这一规范，国务院在相关问题上可以制定行政法规，负有具体职责的如民政部、交通运输部、教育部等也可以在相关职权范围内制定规章。这里要注意的是，在退役军人事务部成立之后，原本由民政部门享有的部分职权，交由退役军人事务部实施。在实践中也出现了退役军人事务部对民政部的相关规章进行修改的情形，例如，退役军人事务部就于 2019 年、2020 年分别修改了由民政部制定的《伤残抚恤管理办法》和《光荣院管理办法》。

(二)授权立法

授权立法主要是指行使立法权的法定主体将其立法权限内的某立法事项通过

---

① 《国防法》第 14 条规定："国务院领导和管理国防建设事业，行使下列职权：(一)编制国防建设发展规划和计划；(二)制定国防建设方面的有关政策和行政法规；(三)领导和管理国防科研生产；(四)管理国防经费和国防资产；(五)领导和管理国民经济动员工作和人民防空、国防交通等方面的建设和组织实施工作；(六)领导和管理拥军优属工作和退出现役的军人的安置工作；(七)与中央军事委员会共同领导民兵的建设，征兵工作、边防、海防、空防和其他重大安全领域防卫的管理工作；(八)法律规定的与国防建设事业有关的其他职权。"

特别或者法条等形式授予其他主体，令该主体在授予时限内对授予的立法事项进行规范性法律文件的制定活动。在立法实践中，授权立法有助于完成技术性和专业性较强的立法任务，缓解立法机关繁重的立法工作，满足不断发展变化的经济、政治、文化、社会和生态文明建设的要求。同时，授权立法也有助于贯彻实施立法机关所制定的法律，从而健全和完善一国的立法体制。[①]授权立法与职权立法的不同之处在于，授权立法主体原本没有相应权限，而是由相应有权机构予以授权。需要注意的是，我国的授权立法理论不同于西方国家——在西方一些国家三权分立理论之下，行政机关本无立法职权，仅在法律明确规定可以就某事项进行规定时，才能进行行政立法。但我国行政机关在立法体制上就有固有的立法职权，所以我国的授权立法，实际是在法律保留的基础上进行规范的——也就是说，只有行政机关根据法律保留的原则，没有立法权，却又有必要制定法律的时候，才需要进行相应授权。例如《立法法》规定的国务院授权立法问题，就是允许全国人民代表大会及其常务委员会授权国务院根据实际需要对法律保留事项进行规范。[②]可以说，我国的授权立法制度，是与我国立法体制和法律保留制度相适应的一种规范方式，军事立法同样如此。

授权立法可以分为两类：

1. 法律对军事机关的授权

法律有时会直接授权军事机关制定军事法规，这里说的军事机关，一般是中央军事委员会。我们能够以授权的权限范围为依据，将法律对军事机关的授权，分为"另有规定"式、"依照原则"式、"参照"式和"依照"式四种。

第一，"另行规定"式授权，这是一种最灵活的授权，意味着中央军委和国务院的立法在特定领域优先于国家法律具体规则的适用，如《中华人民共和国枪支管理法》第2条规定："中华人民共和国境内的枪支管理，适用本法。对中国人民解放军、中国人民武装警察部队和民兵装备枪支的管理，国务院、中央军事委员会另有规定的，适用有关规定。"又如《中华人民共和国政府采购法》第86条规

[①] 翟国强著：《立法》，江苏人民出版社2016年版，第57页。
[②] 《立法法》第12条规定："本法第十一条规定的事项尚未制定法律的，全国人民代表大会及其常务委员会有权作出决定，授权国务院可以根据实际需要，对其中的部分事项先制定行政法规，但是有关犯罪和刑罚、对公民政治权利的剥夺和限制人身自由的强制措施和处罚、司法制度等事项除外。"

定："军事采购法规由中央军事委员会另行制定。"这都体现了国家法律对中央军事委员会立法权的一种最灵活的授权方式。但要特别注意的是，有些立法文本中也出现了"另行制定"的提法，但实际是"依照"式授权，如《中华人民共和国计量法》第32条规定："中国人民解放军和国防科技工业系统计量工作的监督管理办法，由国务院、中央军事委员会依据本法另行制定。"这里虽说有"另行制定"的提法，但受到之前"依据"一词的影响，我们并不能认为中央军委在这个问题上得到了充分灵活自主的授权。

第二，"依照原则"式授权，这是一种较为灵活的授权，如《中华人民共和国环境影响评价法》第36条规定："军事设施建设项目的环境影响评价办法，由中央军事委员会依照本法的原则制定。"又根据《中华人民共和国核安全法》第92条规定，"军工、军事核安全，由国务院、中央军事委员会依照本法规定的原则另行规定。"这样一来，中央军委所需要依据的仅仅是该法的原则精神，而无须完全依照其具体内容进行规定，具有较强的灵活性。采取这种立法模式的还有《中华人民共和国教育法》《中华人民共和国执业医师法》等。

第三，"参照"式授权，要求被授权机关参照授权法的规定制定规则，从表述上比较灵活，但一般也不应当与法律的具体规定相冲突，如《中华人民共和国职业病防治法》第86条第3款规定："中国人民解放军参照执行本法的办法，由国务院、中央军事委员会制定。"又如《中华人民共和国驻外外交人员法》第47条规定："驻外外交机构武官参照本法管理，具体办法由中央军事委员会制定。"这两处都出现了"参照"的表述。

第四，"依照"式授权，则要求被授权的机关依照法律的具体内容进行立法。如根据《中华人民共和国监察法》第77条之规定："中国人民解放军和中国人民武装警察部队开展监察工作，由中央军事委员会根据本法制定具体规定。"这种授权方式是最多的，中央军委此时有权进行一定程度的灵活安排，但也有较为严格的要求和限制，需要尽可能保持军事法规制度与国家法律制度之间的协调一致、高度统一。

在这里，有一个特别需要说明的问题：军事法规在获得授权的情况下，可否突破授权法的规定？我们认为：可以，但必须结合授权法本身的授权方式加以判断。在"另行规定"式、"依照原则"式两种授权模式下，军事法规可以突破授权法的规定，但在"参照"式、"依照"式两种授权模式下，军事法规不能突破授权法的强行法规定。但在实践中，仍然有个别军事行政法规存在与国家法律法规相互矛盾、冲突的地方。如国务院、中央军委制定的《国防专利条例》第35条规定："《中华人民共和国专利法》和《中华人民共和国专利法实施细则》的有关规定适用于国防专利，但本条例有专门规定的依照本条例的规定执行。"但我们查看《中华人民共和国专利法》，并未见到相应授权规范，允许国务院、中央军委制定与之相冲突的规范，这实际是以军事行政法规的形式确立了"下位法优于上位法"适用的规范，影响了国家法律的权威性。①在今后的军事立法活动中，对此种情况应当尽力避免。

此外，我们还能够以授权的对象为依据，将授权立法区分为对中央军委的授权和对中央军委、国务院的授权两种。从实践来看，对于纯粹军内事务的授权，一般只要求中央军委立法即可。但对于涉及军地双方的事务，部分法律直接授权给了中央军委和国务院，例如《中华人民共和国基本医疗卫生与健康促进法》第109条规定："中国人民解放军和中国人民武装警察部队的医疗卫生与健康促进工作，由国务院和中央军事委员会依照本法制定管理办法。"采取这种方式的立法，还包括《中华人民共和国精神卫生法》《中华人民共和国律师法》《中华人民共和国建筑法》《中华人民共和国港口法》等。显然，对于法律授权中央军委和国务院制定办法的事项，应采用二者共同制定的军事行政法规加以规范。

2.《军事立法工作条例》规定的授权立法

在军队机关内部，《军事立法工作条例》同样进行了授权，既包括对战区、军兵种的授权，也包括对军委机关部门的授权。

第一，对战区、军兵种的授权立法。《军事立法工作条例》第8条规定："根据本条例第七条的规定应当由中央军委制定军事法规作出规定的立法事项，中央军委可以根据需要，授权战区、军兵种先行制定军事规章。"这实际是将军委的职权立法权授予战区、军兵种的过程，因此它是职权立法的一个补充。由于这一授权是派生自军委的军事法规制定权，战区、军兵种应当严格按照授权的目的、事

---

① 参见丛文胜著：《国防法治：国防和军队建设法治化》，解放军出版社2016年版，第158页。

项、范围、期限和原则，及时制定军事规章，不得将该项立法授权转授给其他单位。授权立法事项经过实践检验，制定军事法规的条件成熟时，由中央军委及时制定军事法规。制定军事法规后，相应立法事项的授权终止。这种授权显然具有试验性和临时性：试验性意味着，授权事项存在不成熟之处，由军委制定军事法规存在实践上的风险，需要由部分机构先行先试，取得经验后再行处理；临时性意味着，军委的授权本身不能持久，一旦军事法规制定的条件成熟，则应当及时制定军事法规进行规范。

第二，对军委机关部门的授权立法。对军委机关部门立法职权的调整，是新的《军事立法工作条例》确立的一项重要改革措施。根据《军事立法工作条例》之规定，军委机关部门并无职权立法权，对职权范围内需要立法作出规范的事项，军委机关部门应当报请中央军委制定军事法规、军事规范性文件；对业务工作方面需要作出具体规定的事项，可以制定军事规范性文件，发全军各大单位相关业务部门执行。但根据《军事立法工作条例》第 11 条第 2 款之规定，在中央军委批准的情况下，军委机关工作部门可以与中央国家机关有关部门进行联合授权立法。[①]

(三) 改革中的立法权限问题

立法权不仅仅是制定法律的问题，在改革过程中，还要实现改革与法治的协调统一。"在法治下推进改革，在改革中完善法治"，这是习近平总书记对如何辩证认识和处理当前我国改革与法治的关系作出的深刻论断，也是新形势下互动推进改革和法治的正确路径。军事立法要特别注意贯彻党的十八届四中全会关于改革与法治相互关系的论断，实现立法和改革决策相衔接，做到重大改革于法有据、立法主动适应改革和经济社会发展需要。具体而言，《立法法》《军事立法工作条例》从三个方面体现了这一要求。

第一，军事法律的暂停适用问题。根据《立法法》第 16 条之规定："全国人民代表大会及其常务委员会可以根据改革发展的需要，决定就特定事项授权在规

[①] 《军事立法工作条例》第 11 条规定："军委机关部门对职权范围内需要立法作出规范的事项，应当报请中央军委制定军事法规、军事规范性文件；对业务工作方面需要作出具体规定的事项，可以制定军事规范性文件发全军各大单位相关业务部门执行。经中央军委批准，军委机关部门可以与中央国家机关有关部门联合制定规章或者规范性文件。"

定期限和范围内暂时调整或者暂时停止适用法律的部分规定。"在 2016 年 12 月 25 日第十二届全国人民代表大会常务委员会第二十五次会议通过了《全国人民代表大会常务委员会关于军官制度改革期间暂时调整适用相关法律规定的决定》，规定军官制度改革期间，暂时调整适用《中华人民共和国现役军官法》《中国人民解放军军官军衔条例》中军官职务等级、军衔、职务任免、教育培训、待遇保障、退役安置等有关规定。具体办法和试行范围，由中央军事委员会组织制定和予以明确。改革措施成熟后，及时修改完善有关法律。

第二，军事法规的暂停适用问题。《军事立法工作条例》第 9 条对暂停适用问题进行了规定。根据该条规定，中央军委可以根据需要，决定就某一特定事项授权在一定范围、一定期限内，暂时调整或者暂时停止适用军事法规的部分规定。这一规定与《立法法》相关规定衔接，对于有效贯彻推行改革措施，贯彻依法治军和从严治军，具有重要意义和价值。

第三，先行制定军事规范性文件的问题。《军事立法工作条例》第 12 条明确规定："本条例第七条、第十条规定的事项，暂不具备制定军事法规、军事规章条件的，可以先行制定军事规范性文件；条件成熟后，及时制定军事法规、军事规章，并对先行制定的军事规范性文件予以废止。"这就避免了军事立法变动过快过频的问题，有效确保了军事立法的严肃性和稳定性。

第二节 军事立法内容

法律不是越多越好，我们看中国特色军事法治体系的成效，同样不能只关注军事法规制度数量的多寡，而要看相关规定制定得是否科学、适当、管用。实际上，在党的十八届四中全会召开之时，我国已经"制定 18 件军事法律、340 多件军事法规、3700 多件军事规章，中国特色军事法规制度体系基本形成，各领域各类军事活动基本有法可依"，[①] 考虑到军事立法机关的数量和军队成员在全体

---

① 《〈中共中央关于全面推进依法治国若干重大问题的决定〉辅导读本》，人民出版社 2014 年版，第 30 页。

公民中所占比例，这个数字是非常庞大的。①这需要我们对军事立法的内容进行再认识，并在此基础上进一步改进军事立法相关工作。

一、明确立法内容的标准

什么是应该立法的事项？什么是不该立法的事项？这一问题的妥善解决，是明确军事立法内容的关键所在。长期以来，我军军事立法工作在确定军事立法内容的问题上，将一些不适宜制定军事立法的内容纳入立法范畴，造成了实践中不必要的困扰。研究军事立法，必须首先搞清楚，哪些事项需要通过立法加以规范。笔者认为，明确军事立法内容，应重点考虑如下要求：

(一) 权利义务性

法律调整的是社会关系，其所运用的手段是明确权利义务，以此来调整各方行为。法律以权利和义务作为它的内容，通过规定人们的权利和义务来分配利益，从而影响人们的行为，进而规范社会关系。这是法律的基本意义。对现代法律而言，权利义务是其核心内容。

第一，现代法律的核心内容是权利义务，并以权利为基本内容。所谓权利，是指权利主体为或不为一定行为的可能性，强调法律对权利人自由的保障；义务则是义务主体为或不为一定行为的必然性，强调法律对义务人自由的限制。法律当以权利为本位，这一点很不同于道德，道德规范主要是通过义务来调整人们行为的，强调人们的奉献而非索取，从而对人的行为和内心活动提出了比法律更高的要求。中国古代法有强烈的伦理特征，因此有以义务为本位的倾向，但现代意义上的法律，则理所当然应以权利为本位，通过合理地设定权利义务，促进社会发展进步。

---

① 与之相比，地方性法规涉及事务、地域、机关都远多于军队，但数量不过是军事法规、军事规章的两倍多。"截至2016年7月底，现行有效的地方性法规、自治条例和单行条例以及经济特区法规共9915件。其中，省、自治区、直辖市地方性法规5701件，设区的市、自治州地方性法规2936件，自治条例和单行条例967件，经济特区法规311件。"参见《我国现行有效的地方性法规、自治条例和单行条例、经济特区法规的数量》，载全国人大网站：http://www.npc.gov.cn/npc/lfzt/rlyw/2016-09/20/content_1997847.htm，访问时间：2017年7月10日。

第二,现代法律的一些基础概念均衍生自权利义务。一方面,权利义务在不同领域形成了形态变化,衍生出内涵外延有所不同的称谓,如在公法领域产生了职权和职责的基本问题,在诉讼法领域则衍生出证明责任……这种衍生是在权利义务概念的基础上进行的调整而非颠覆。另一方面,在权利义务这个基本关系上,产生了相应的法律后果和法律责任,如民事责任、刑罚等。

第三,军事法的核心内容同样应当是权利义务。我们认为,不管法律调整范围如何变化,权利和义务总是法律当中最重要的内容,军事法也不能例外。法律可以有部分条文是宣示性的、口号式的,但绝不能全部都如此。法律也可以对权利义务有不同侧重,但绝不可以没有权利规范或没有义务规范。可以说,对权利义务进行规范,是法律与其他社会规范的一个基本区别,法律规范由此区别于一般只规定义务的道德规范、宗教规范。

(二)制度稳定性

所谓法律的稳定性,是指法律在一定时期内不变更的属性。法律是社会关系的调整器,社会关系的内容和性质都具有相对的稳定性,在一定的社会关系内容和性质发生变化之前,不能对相应的法律随意废止或修改,否则,法律就无法发挥社会关系调整器的功能。①关于法律的稳定性,历来为学界高度重视,它有如下几点意义:

第一,法律的稳定性是其可预测性的基础所在。法律不能朝令夕改,否则会损害其可预测性,使民众无所适从,亦难以保持社会生活的稳定。法律的可预测性越高,意味着人们越是能够知道该做什么、不该做什么,并有效安排自己的生活。要保证法律的可预测性,不仅要在法律制定后严格执行,还要确保法律在一定时期内保持稳定。对当事人而言,法律必须是一种明确、肯定、普遍的行为规范,从而对其行为进行有效指导;对社会而言,法律必须是一种稳定、长效、真实的行为规范,从而确保社会秩序得以有效维持。

第二,法律的稳定性是其权威性的重要源泉。法律的权威性有很多原因,例如,制定主体的权威性、实施的严肃性等,都可能构成法律权威性的原因。而法律本身在一定时期内的稳定性,是法律权威性得以存在的非常重要的方面。诚如

---

① 邹瑜、顾明主编:《法学大辞典》,中国政法大学出版社1991年版,第1066页。

亚里士多德所言："法律所以能见成效，全靠民众服从，而遵守法律的习性须经长期的培训，如果轻易地对这种或那种法律常常作这样那样的废改，民众守法的习性必然消灭，而法律的威信也就削弱了。"① 法律要有权威，其本身必须稳定，不应随意变动。

第三，法律的稳定性是相对的，不是绝对的。法律应随自己反映的社会生活的内容变化而变化。诚如张友渔先生所言："法律只能在一定的范围，一定的阶段，一定的程度上保持稳定，不能把这种稳定绝对化。如果超过了一定的范围，一定的阶段，一定的程度，法律的稳定就需要被打破，有的法律需要整个改变，有的法律需要部分修改。"② 所谓时移世变，社会生活发生了变化，法律便不可能不做修改。但这种修改应有条件，只有当穷尽了法律解释的诸多方法仍然无法适应社会生活变化之时，方才能够动用法律修改的手段。

(三) 适用普遍性

法律的普遍适用性，是指法律作为一般的行为规范在国家权力管辖范围内具有普遍适用的效力和特性。③ 这种普遍性包含两方面内容。

第一，效力广泛性。法律不是针对特定的人或事件，而是针对一般的人或事件。确保法律适用的广泛性，要求法律必须普遍适用，在其调整范围之内平等适用于所有人，不能因人而异，更不能因人设法。

第二，反复适用性。法律必须能够反复适用，不仅仅适用一次，也不能为某一特殊事项或行为而制定法律。这种反复适用性，使法律能够有效区别于一般的行政命令。

二、军事立法内容存在的问题

军事立法同样要贯彻前述标准，以权利义务性、制度稳定性、适用普遍性这三项原则对当前军事立法进行审视，我们会发现，一般的军事政策、军事技术规范均没有纳入军事立法的必要。

---

① [古希腊]亚里士多德著：《政治学》，吴寿彭译，商务印书馆1965年版，第81页。
② 张友渔著：《关于社会主义法制的若干问题》，法律出版社1982年版，第122页。
③ 张光杰主编：《法理学导论》，复旦大学出版社2015年版，第14页。

(一)不宜将一般的军队政策当作立法内容

军队的政策,是我军建设的重要依据,其重要性不言而喻。但其内容却并不符合军事立法的具体内容:(1)军队的政策一般不规范权利义务。政策主要由或完全由原则性的规定组成,往往只规定行动的方向而不规定行为的具体规则,因此一般不规范权利义务关系。(2)军队的政策存在稳定性不足的问题。军队的一些政策具有高度的稳定性,如党对军队绝对领导的政策,就具有颠扑不破的真理性,但大量具体政策往往随着形势变化而随时调整,否则便难以发挥及时的指导作用。

但这并不意味着政策不能转化为立法,恰恰相反,政策规定可能是立法的重要依据,例如《军事立法工作条例》显然就是以《中共中央关于全面推进依法治国若干重大问题的决定》和《中央军委关于新形势下深入推进依法治军从严治军的决定》为依据制定的。同时,有些行之有效的、较为成熟的政策也可能慢慢上升为法律。然而,大量的政策文件,特别是一些倡导性政策、临时性政策并不适宜于转化为军事立法。

(二)不宜将军事技术规范当作立法内容

这里所谓技术规范并非立法学意义上的技术性事项①,而是指在军事活动中的军事技术规范,这不仅包括武器装备的操作方法,还包括训练活动中的操作要领。技术性规范原则上不应成为立法内容:(1)技术性规范缺乏稳定性,它可能随着装备技术的进步、军事思想的发展而发生变化;(2)技术性规范并不涉及直接的权利义务关系;(3)技术性规范往往只涉及少量操作人员,将其进行军事立法缺乏必要性。

当然,在军事立法活动中排斥技术规范立法的主张并不绝对,如《队列条令》的大量内容实际就是技术规范,但由于牵涉广泛,且稳定性较强,因此颁行全军以供遵守。但更多的技术规范没有此种普适性,而且经常涉及保密问题,将

---

① 所谓技术性事项,是指有关法律的生效时间、解释权、修正程序、技术指标、公布的文字形式等事项的法律规定。法律技术性事项也是法律要素之一,对于法律的实施和完善有重要意义。参见胡平仁主编:《法理学》,湖南人民出版社2008年版,第110页。

其进行立法，不仅有碍于立法作用的发挥，更不利于促进军事法规制度的公开。

三、军事立法内容的科学化

军事立法内容的科学化，不仅可以提高军事立法质量，更能促进军事立法效用的发挥。

（一）转变思想：重要的并不一定要立法

我国从1986年开始实施第一个五年普法规划，当前正在进行的是第七个五年普法计划。经过长期的法制教育，官兵的法治理念得到极大增强，对法律的权威性和重要性有了更加清晰的认识。但这也带来了对法律的盲目推崇，产生了一种可称作"法律万能主义"的思想，一方面认为法无所不能，另一方面觉得法具有权威性，如果一个规则没有上升为法，便不具有足够的权威性。

这就衍生出一种不恰当的看法：立法很重要，重要的事情就要立法。尽管很少有人说起这种观点，但我们看立法的论证报告，关于立法事项重要性的论证总是占了很大篇幅，但对于立法事项是否适格，却往往很少提及。在这种"重要的就要立法"的思想影响下，一些专门学习研究军事法学的同志也产生了类似想法——南海问题重要不重要？当然重要，立法！军事训练重要不重要？当然重要，立法……然而，这些所谓"立法"当真具有法律上的价值和意义吗？

当然不！恰恰相反，过多的立法带来的问题是显著的。老子在《道德经》中讲"法令滋彰，盗贼多有"，尽管这种无为而治在当前已不适用，但我们仍然要认识到，法规规章产生良好作用的关键是管用、好用，而不能只是写得好看但束之高阁。我们还要认识到，法律越多、秩序越少的困境是可能出现的，因为那些宣示性的规则将有用的规则掩盖了，让人们忽略了法律的有用性，而只是将其视为伪饰与点缀，反而损害了法规制度的权威性和科学性。

（二）正确处理政策文件与军事立法的关系

很多政策文件非常重要，甚至比一般的军事立法还要重要。但这并不意味着要将其直接当作立法。例如，党的十八大提出的社会主义核心价值观是社会主义核心价值体系的内核，无疑是非常重要的。这是否意味着需要就社会主义核心价值观立法？答案既是，又非。一方面，社会主义核心价值观归根结底是抽象道德规范，不能直接表述为法律；但在另一方面，社会主义核心价值观中的诸多要求又可转化为法律的具体规定，如社会信用体系建设就必然体现诚信的价值目标，司法制度建设就必然要强调公平正义……正因如此，2016年12月中共中央办公厅、国务院办公厅印发的《关于进一步把社会主义核心价值观融入法治建设的指导意见》就明确提出要加强重点领域立法，深入分析社会主义核心价值观建设的立法需求，把法律的规范性和引领性结合起来，坚持立改废释并举，积极推进相关领域立法，使法律法规更好体现国家的价值目标、社会的价值取向、公民的价值准则。但即便如此，文件也没有提出要直接就社会主义核心价值观搞一部法律出来。可以说，比社会主义核心价值观更重要的政策寥寥无几，这么重要的政策为什么不立一部《社会主义核心价值观法》？因为既不适合，也没有必要。作为一项重大政策，它更需要发挥的是立法指针的作用，不能也不需要直接成为立法。

另一类政策则相对具体。在实践中，军事立法机关需要根据军事立法权限和程序，把经实践检验较为成功的、成熟稳定的、确有立法必要的政策转化为军事法规、军事规章。对于那些严重涉及军人权利义务的事项，尤其要慎重处理，最好能够在充分研究的基础上尽快转化为立法，尽量避免用政策对军人权利义务进行规范，特别要避免用政策对军人权利进行克减。

（三）科学处理技术规范与军事立法的关系

技术规范大量进入军事立法的问题，完全可以通过技术手段进行处理。前已述及，技术规范一般不直接涉及权利义务关系，但可能间接影响权利义务——例如，某型武器的操作规则，在一定意义上也体现为具体指挥、操作人员职权职责。如何处理这些看似琐碎实则重要的技术规范？笔者认为，只有在出现法律责任等问题之时，才需要进行军事立法。

具体而言，解决问题的关键在于立法体例的合理安排。

一方面，军事法规、军事规章要更多地体现权利义务性，而非技术性。具体而言，就是要规范职权职责、权利义务、法律程序和法律责任。所谓职权职责，规定各机构、岗位人员所应负责的总体事务安排；权利义务，规定相关人员在过程中享有的权利及承担的相应义务；法律程序，规定军事活动过程中的运作流程和纠纷处理程序；法律责任，则是违背了前述规定所可能产生的法律后果。技术性规范在确定职权职责的问题上发挥作用，如武器装备编配相关问题，显然是典型的技术规范，但违背这一类型技术规范，擅自更改武器装备编配用途，就有可能构成违法，乃至于触犯《刑法》中的"擅自改变武器装备编配用途罪"。但《刑法》有必要在这个罪名之下明确武器装备编配的具体内容吗？显然不能。

另一方面，技术规范应当以附件的形式规定于军事法规、规章之后，或者单独形成详细的手册。军事法规、军事规章已明确基本职权职责，其中应包括具体的操作规则由谁制定的问题。将技术规范与法规规章相分离，具有两方面好处：(1)技术规范的修订将更加便利，也不至于影响法规规章的稳定性；(2)技术规范通常具有一定的保密性，立法则应有其公开性，将技术规范不纳入立法调整，则可以在更大程度上保障军事立法公开。

第三节 军事立法技术

立法技术是创制法律规范的技术，是决定立法水平、提高立法质量的重要方面。军事立法技术在大方向上与其他种类立法并无不同，笔者不打算在此事无巨细地进行分析，仅就军事立法的名称、体例和语言进行讨论。

一、军事立法名称

法律规范的名称，是其结构中首先应当具备的要件。随着依法治军和从严治军作为强军之基地位的进一步夯实，国防与军队改革的加快推进，军事立法任务将越来越重，军事立法名称的科学设置，更是军事法规体系科学化的重要方面。

（一）军事立法名称的结构

军事立法的名称一般包括三个要素，分别反映适用范围、法律内容和效力等级。如《中华人民共和国现役军官法》的名称中，"中华人民共和国"就是法的适用范围要素，"现役军官"为法律内容要素，"法"则是法的效力等级要素。[1]

---

[1] 胡世洪：《军事立法的几个问题》，载《西安政治学院学报》2009年第2期，第65页。

立法名称的明确与规范化，不仅直接体现了立法水平，同时也具有非常重要的意义：(1)便于明确发布机关和效力等级，使军事立法机关基于此对其进行分类、编排、清理、汇编等系统化工作，使各级机关、部队更好地遵守和实施该立法文件。(2)便于明确具体内容，立法名称简洁扼要地对立法内容进行概括，使各机关、部门在运用的过程中能够根据名称大致理解该规范牵涉的内容。(3)便于检索查询，科学的名称安排，能够便于相关立法的研究者和执行者更好地在信息系统中进行检索、学习、研究。

(二)我国军事立法名称存在的问题

关于军事法规的名称问题，但实际上，这一规定类别过多且类别含义不明，无法发挥名称类别的作用，造成实践中的混乱。

一是类别多，却难以区分位阶层级。法律文本的名称，应当首先反映层级。根据《军事法规军事规章条例》(已废止)第62条之规定，军事法规的名称为条令、条例、纲要、概则、规定、办法；军事规章的名称为规定、规则、办法、细则、标准等。然而实际上，军事法规和军事规章的名称非常庞杂，而且与其他公文形式存在很多重合，很容易造成实践中的困惑。①《军事立法工作条例》第71条第2款对此进行了重新规定：军事法规的名称通常称"条令""条例"；规范事项比较单一、专业，不宜使用"条令""条例"的，也可以称"规定""办法""大纲""纲要"。军事规章的名称通常称"规定""办法""细则"；除规范作战行动的军事规章可以称"条令"外，军事规章不得称"条令""条例"。这就在原有规定的基础上删减了若干类别，如"概则"就不再成为军事法规的名称。但是，原有问题仍然存在，并未得到根本改观，军事法规的诸多类别，除条例不得为其他机关使用以外，其他名称均可由规章使用，这就很容易造成混淆。关于这一问题，可以借

---

① 根据《中国人民解放军机关公文处理条例》之规定，军队的公文文种包括命令、通令、决定、指示、通知、通报、报告、请示、批复、函、通告、会议纪要等，但在实践中，军事法规汇编所收录的法规名称就有条例、条令、概则、规定、规则、办法、细则、标准、训练大纲、教令、规范、决定、命令、规程、纲要、指示、通知、通告、通报、批复、请示、报告、纪要、意见、建议、说明、基准、方案、草案、措施、条件、参考等。这些名称与普通公文名称实际并无太大差异，很容易造成与法规、规章的混淆。参见张建田：《军事立法体制与军事立法实践中的有关问题》，载《西安政治学院学报》2002年第12期，第63页。

鉴《行政法规制定程序条例》的规定，根据该条例，行政法规的名称一般称"条例"，也可以称"规定""办法"等。国务院根据全国人民代表大会及其常务委员会的授权决定制定的行政法规，称"暂行条例"或者"暂行规定"，这就使行政法规的名称相对明确，外界亦可依名称明确其位阶。

二是含义不明，却难以判明规范内容。采用不同的规范名称，其意义应当在于区分不同规范的内容，便于对其进行分类。但军事法规、军事规章的名称如此之多，却并未发挥好区别的效能。实务人员无法根据军事法规、军事规章名称进行分门别类，从而难以让外界辨明其内容。然而，除条令的内容可以明确外，其他名称到底是什么意思，却没有通过法规制度加以规范。①关于这一问题，可以借鉴《中国共产党党内法规制定条例》第4条之规定，党内法规的名称为党章、准则、条例、规定、办法、规则、细则。同时，该条例还对各类名称的内容进行了明确，从而避免运用上的混淆。②

(三)军事立法名称制度的完善

根据目前军事立法体制改革的情况，应当结合军事立法权限的调整，对军事法规和军事规章的名称进行规范，确保军事法规的名称能准确反映其调整对象和效力等级。

一是军事法规的名称。军事法规名称原则上定名为条例和条令，在特殊情况下可定名为规定、办法、纲要、大纲。其中，条例是对军队某一领域重要关系或某一方面重要工作作出的全面规定；条令是对战斗行动进行规范的规定；规定、办法是对某个具体工作事项的特别规范；纲要、大纲是对军队建设提出的综合性规定。此外，以实施某项法律为目的的军事法规，可以定名为"实施细则"。

---

① 根据《军事立法工作条例》第71条第2款之规定，除规范作战行动的军事规章可以称"条令"外，军事规章不得称"条令""条例"。这本身就意味着，"条令"是规范作战行动的规范。

② "党内法规的名称为党章、准则、条例、规定、办法、规则、细则。党章对党的性质和宗旨、路线和纲领、指导思想和奋斗目标、组织原则和组织机构、党员义务权利以及党的纪律等作出根本规定。准则对全党政治生活、组织生活和全体党员行为等作出基本规定。条例对党的某一领域重要关系或者某一方面重要工作作出全面规定。规则、规定、办法、细则对党的某一方面重要工作的要求和程序等作出具体规定。中央纪律检查委员会、中央各部门和省、自治区、直辖市党委制定的党内法规，称为规则、规定、办法、细则。"

二是军事规章的名称。军事规章原则上应定名为规定;当规章涉及某一军种、战区的战斗行动时,可定名为条令;当规章涉及某一军种、战区建设的综合性要求时,可定名为纲要。同时,为了与军事法规相区别,军事规章必须冠以军种、战区名称。

二、军事立法程序

军事立法程序是立法主体在制定、认可、修改、废止法律时所应遵循的法定步骤和方法。对军事立法而言,军事立法程序涉及军事法规、军事规章和军事规范性文件的制定、修改和废止,包括立法规划与计划、草案起草与呈报、草案审查、决定与发布四个具体过程。①

(一)立法规划与立法计划

《军事立法工作条例》也明确了立法规划、计划制度。其中,该条例第14条规定了年度立法计划:"中央军委、军委机关部门、战区、军兵种于每年年初编制年度立法计划。"第19条第1款规定了五年立法规划:"中央军委编制五年立法规划。军委机关部门、战区、军兵种根据立法工作需要,编制五年立法规划。"第19条第2款则规定了专项立法规划:"中央军委、军委机关部门、战区、军兵种根据开展专项建设或者执行专项任务的需要,编制专项立法规划。"在2015年之前,立法规划在实践中广泛运用,但在法律上并无明确规定,2015年新增的《立法法》第52条才对该问题进行了详细说明。

关于立法规划,有两个关键问题:

第一,立法规划、计划是否必须严格执行?就实践情况来看,全国人大和地方人大的立法规划均未得到严格执行。相关数据表明,全国人大常委会的立法规划的实现率在50%左右,高时能达到62%左右,低时仅能达到20%左右,无论审议还是通过的比例,基本维持在一半上下。关于地方立法规划问题,沈国明教授也指出:"各地五年立法规划的实现率一般都不很高,大致在50%上下。"②可

---

① 军事法律的制定与其他法律并无本质差异,本节不做论述,仅就军事法规、军事规章和军事规范性文件的制定进行阐述。

② 沈国明:《关于立法规划的断想》,载《上海人大月刊》2008年第5期,第8页。

见立法规划的执行率本身就不算高。至于军事立法规划的执行情况，由于没有有效数据支撑，并无统计结论。立法规划、计划难以得到严格执行，可能出于两方面考虑：(1)过分严格地执行立法规划、立法计划，可能影响和干扰人大代表等的提案权；(2)立法规划、立法计划的制订可能难以跟上经济社会发展的实际要求。可能正是基于对这种现实问题的考虑，2015年修改的《立法法》仅仅规定全国人民代表大会常务委员会工作机构按照全国人民代表大会常务委员会的要求，督促立法规划和年度立法计划的落实，但没有规定立法规划是否必须执行，也没有规定违背立法规划相关要求的后果。而与之相对应的，《军事立法工作条例》第21条规定："立法计划、立法规划必须严格执行。法制工作部门应当加强对立法计划、立法规划执行情况的监督检查，并适时对执行情况进行通报。"这种通报在实践中可能造成下级机关的压力，甚至可能在立法条件不成熟的情况下勉力为之，造成立法资源的浪费。

第二，立法规划、计划制定时如何进行调查研究？由于立法规划、计划涉及问题较为广泛，并且直接关系立法工作进度。因此，即便立法规划、计划往往会在实践中进行调整，但一些地方人大在进行立法规划之时，也往往采取专家论证等方式，增强立法规划、计划的科学性。但《军事立法工作条例》显然没有对此加以考虑，根据该条例之规定，军委机关部门、战区、军兵种应在每年12月31日前提出列入下一年度立法计划的立项建议，而法制工作部门则应在每年1月31日前拟订本级年度立法计划。这就让立法规划、计划的制订过分急促，让立项的研究缺乏充分的时间保障。而从地方人大的工作实践来看，在立法规划的过程中缺乏充分论证，是立法规划、计划难以有效实施的重要原因。

(二)起草与呈报

关于军事立法的起草与呈报，《军事立法工作条例》进行了较为清晰的规定，具体包括：

第一，起草主体。列入年度立法计划的军事法规、军事规章、军事规范性文件，由年度立法计划确定的起草单位负责起草。(1)起草单位党委领导。起草单位党委应当加强对起草工作的组织领导，审定起草工作方案，组织指导立法调研论证，讨论确定法规制度的起草原则、重要制度，定期听取情况汇报，研究解决起草工作中的问题，督促推进立法进程。(2)相关院校、科研机构参与。起草单位根据需要，可以委托有关院校、科研机构等单位承担部分起草任务，也可以邀请有关专家参加起草工作。(3)法制工作部门指导。法制工作部门应当提前参与军事法规、军事规章、军事规范性文件的起草工作，加强对起草工作的指导。起草单位党委在起草过程中的深度参与，是《军事立法工作条例》与《行政法规制定程序条例》《规章制定程序条例》等有很大区别的地方，尽管在实践中，党委在行政立法过程中同样发挥重要作用，但在法律规范中加以明确，仍是较为独特的安排，这无疑是党对人民军队绝对领导在军事法规、军事规章制定领域中的突出体现。

第二，调查研究。起草军事法规、军事规章、军事规范性文件，应当深入调查研究，总结实践经验，广泛听取意见。(1)专业论证。专业性、技术性较强的立法项目，应当组织有关专家进行研究论证。(2)听取官兵意见。涉及官兵切身利益的立法项目，应当采取书面、网上以及召开座谈会、研讨会等多种形式听取官兵的意见。(3)先行试点试验。涉及重大政策制度调整改革的立法项目，经中央军委批准，可以根据需要组织先行试点试验。(4)报请上级决定。起草军事法规、军事规章、军事规范性文件，涉及重大事项需要上级决策的，起草单位应当组织专题论证，提出具体方案，按照规定的权限和程序报上级决定。(5)征求有关单位意见。军事法规、军事规章、军事规范性文件草案形成后，起草单位应当将草案连同说明送有关单位征求意见。有关单位应当认真研究，提出书面意见，经本单位主要领导审定后，加盖公章，按期回复。起草单位应当充分考虑并合理吸收有关单位对草案提出的意见；对有争议的问题，应当通过协商取得一致意见；经充分协商仍有分歧的，应当在呈报草案时作出说明。

第三，草案呈报审核。军事法规、军事规章、军事规范性文件草案完成起草后，应当及时呈报审批。(1)呈报主体。呈报审批的草案应当经单位党委审议，由单位主要领导签署，以单位名义呈报；两个以上单位联合呈报的，由联合呈报单位主要领导共同签署。(2)法制工作部门审核。呈报单位审议拟呈报审批的军事法规、军事规章、军事规范性文件草案，审议前，由本单位法制工作部门对草案进行审核；审议时，由法制工作部门报告审核意见。(3)呈报的具体内容。呈报军事法规、军事规章、军事规范性文件草案，应当同时附送草案说明、发布命令或者印发文件代拟稿；发布或者印发后需要公开宣传报道的，还应当附送新闻稿。①

(三)草案审查

对草案审查由法制工作部门进行，它是确保法制统一的重要方式。未经审查的草案不得提请审批。

第一，审查主体。军事立法的审查主体是相关法制工作部门。根据《军事立法工作条例》之规定，呈报中央军委审批的军事法规、军事规范性文件草案，由中央军委法制工作部门负责审查。呈报战区、军兵种审批的军事规章、军事规范性文件草案，呈报军委机关部门审批的军事规范性文件草案，由各单位法制工作部门负责审查。

第二，审查内容。法制工作部门应当从下列方面对军事法规、军事规章、军事规范性文件草案进行审查：(1)制定条件是否成熟；(2)是否符合本条例确定的立法指导思想和原则；(3)是否与上位法相抵触、与有关同位法相矛盾；(4)是否符合本条例有关立法权限和程序的规定；(5)是否符合本条例有关体例规范的要求；(6)是否正确处理有关单位对草案的各种意见；(7)其他需要审查的事项。

第三，审查方式。法制工作部门在审查过程中有权进行调查研究，具体包括如下方式：(1)要求草案呈报单位提供相关材料。法制工作部门可以根据审查需要，要求草案呈报单位提供国内外相关政策制度、调研报告、专题论证材料等资料。(2)向有关单位征求意见。法制工作部门应当将审查的军事法规、军事规章、军事规范性文件草案送有关单位征求意见。有关单位应当认真研究，提出书面意见，经本单位主要领导审定后，加盖公章，按期回复。(3)采取多种方式听取意见。军事法规、军事规章、军事规范性文件草案涉及重大问题的，法制工作部门应当深入调查研究，通过座谈会、研讨会、论证会等多种形式，广泛听取意见，充分研究论证。(4)就主要制度规范进行评估。法制工作部门可以根据需

---

① 其中，草案说明应当包括下列内容：(1)制定的必要性；(2)起草依据和简要经过；(3)总体考虑和把握的原则；(4)草案的主要内容；(5)有关单位的意见以及协调结果；(6)关于发布或者印发的建议；(7)宣传报道和贯彻落实工作的考虑和建议。

要，组织对军事法规、军事规章、军事规范性文件草案中主要制度规范的可行性、出台时机、实施效果和可能出现的问题等进行评估。评估情况在审查报告中予以说明。

第四，审查结论。法制工作部门对军事法规、军事规章、军事规范性文件草案进行审查后，按照下列规定处理：（1）制定条件成熟、草案的内容符合本条例的规定、有关单位对草案的意见基本一致的，提出审查报告，报请审议。（2）制定条件成熟、但草案的部分内容需要修改或者有关单位对草案有分歧意见的，组织有关单位协商协调，会同起草单位进行修改，提出审查报告，连同草案修改文本，一并报请审议；有关单位对草案的重大分歧意见，经协商协调未达成一致的，还应当将争议的主要问题、有关单位的意见以及处理建议，一并报请审议。（3）制定军事法规、军事规章条件不成熟，但具备制定军事规范性文件条件的，提出改以军事规范性文件形式印发的建议。（4）制定条件不成熟的，提出退回呈报单位的建议，按照规定权限和程序报批后，连同草案文本一并退回呈报单位。

(四) 决定与发布

决定与发布是军事法规、军事规章、军事规范性文件生效的最后一步，从步骤来看包括三个方面内容：

第一，审议。中央军委制定的军事法规、军事规范性文件草案，由中央军委常务会议审议。中央军委常务会议审议草案时，呈报单位或者起草单位主要领导到会作起草说明，中央军委法制工作部门主要领导到会报告审查意见。战区、军兵种制定的军事规章、军事规范性文件草案，由战区、军兵种党委常委会会议审议。党委常委会会议审议草案时，呈报单位或者起草单位主要领导到会作起草说明，法制工作部门主要领导到会报告审查意见。军委机关部门制定的军事规范性文件草案，由军委机关部门党委会议审议。起草单位主要领导到会作起草说明，法制工作部门主要领导到会报告审查意见。

第二，批准。中央军委制定的军事法规、军事规范性文件草案经中央军委常务会议审议通过后，报中央军委主席审批。军事规章、军事规范性文件草案由党委常委会会议审议。二者用词存在区别，显然，前者主要体现的是军委主席负责制的要求，后者则更多地反映了民主集中制。

第三，发布。军事法规由中央军委主席签署命令发布；军事规章由战区、军兵种军政主官签署命令发布。军事规范性文件按照军队机关公文处理的有关规定印发。特殊情况下，军事法规、军事规范性文件可以按照其他规定的程序审批。发布军事法规、军事规章的命令，应当载明制定单位、文件序号、通过日期、军事法规或者军事规章名称、施行日期、首长署名以及发布日期。

尽管《军事立法工作条例》对军事法规、军事规章和军事规范性文件的决定和发布作了较为详细的规定，但遗漏了对军事行政法规、军事行政规章的考虑。事实上，由于军事行政法规和军事行政规章涉及多方面主体，特别是行政机关和军事机关的合作，如何对这些规范进行审议，又如何进行批准，又以哪一方面的批准为最终通过的依据？《军事立法工作条例》并未进行规定，就实际情况来看，采取如下的发布方式进行正式公布：

中 华 人 民 共 和 国 国 务 院
中华人民共和国中央军事委员会　令
第×××号

"令"这个字实际管住了前面两个机关，这个安排运用了格式的语言效果，巧妙地解决了问题。如不采取这一方式，便必然使用两个不同的命令来发布这个军事行政法规。同时需要注意的是，这里的令号，实际采用的是国务院令的编号。例如，编号为中华人民共和国国务院、中华人民共和国中央军事委员会令第14号的文件，是国务院和中央军委于1988年制定的《中国人民解放军现役士兵服役条例》，而中华人民共和国国务院令第13号是《国家行政机关工作人员贪污贿赂行政处分暂行规定》，第15号是《楼堂馆所建设管理暂行条例》，国务院并无单独发布的第14号令。

(五)保密

军事法规、军事规章的内容涉及军事秘密的，应当按照保密规定准确定密，并在发布命令中标明秘密等级。中央军委制定的军事法规、军事规范性文件，军委机关部门制定的军事规范性文件，不涉及军事秘密的，发布或者印发后，应当及时在全军性媒体和军事法制信息网上刊登。战区、军兵种制定的军事规章、军事规范性文件，不涉及军事秘密的，发布或者印发后，应当及时在相关军内媒体和军事法制信息网上刊登。涉及军事秘密的军事法规、军事规章、军事规范性文件，发布或者印发后，可以根据需要在相关媒体发布消息，报道军事法规、军事规章、军事规范性文件的主要内容及施行时间等。

关于军法的保密问题，一直以来都是存在争议的。主要问题在于，公开性是法律的一项重要特征，因为法律是一种可预测性的行为规范，如果对其进行保密，则很容易导致法律的后果不可预测，并难以发挥调整社会行为的效果。与之相对应的是，古代社会中"法不可知则威不可测"的观念早已为人类文明所抛弃。而从实践来看，我们之所以会有军事法律泄密的担心，主要是因为大量技术规范不当地纳入了军法规范当中——既然我们的作战规则、行动方案等内容都成为军法的规范对象，对军法进行保密就必然成为一件顺理成章的事情。事实上，关于保密问题，只要我们在军事立法内容上更加明确，并将大量技术性规范排除在立法之外，保密问题就必然能够得到有效解决，至少能够让军法公开成为通常状态。

（六）备案监督

备案监督制度借鉴自全国人大对法规制度的备案监督，是事后监督的一种方式。《军事立法工作条例》对此也进行了较为细致的规定。

第一，备案监督的报送。备案监督的报送有两种方式：（1）制定机关报送。战区、军兵种制定的军事规章和军委机关部门、战区、军兵种制定的军事规范性文件，自发布或者印发之日起 30 日内，报送中央军委备案；两个以上单位联合制定的军事规章、军事规范性文件，由主办单位报送备案。（2）军队单位和人员提出审查建议。军队单位和人员认为军事规章、军事规范性文件与法律、中央军委制定的军事法规、军事规范性文件相抵触或者存在其他重大问题的，可以向中央军委法制工作部门提出审查建议；中央军委法制工作部门研究后，按照本条例第 45 条的规定处理。

第二，备案监督内容。军事规章、军事规范性文件报送备案的具体工作，由各单位法制工作部门办理。军事规章、军事规范性文件报送备案，应当将正式文本、备案报告、说明以及电子文本,径送中央军委法制工作部门。中央军委法制工作部门从下列方面对予以备案登记的军事规章和军事规范性文件进行审查:(1)是否与法律、军事法规、中央军委制定的军事规范性文件相抵触;(2)是否符合本条例有关权限和程序的规定;(3)是否与其他军事规章和军事规范性文件对同一事项的规定有矛盾;(4)是否符合本条例有关体例规范的要求。中央军委法制工作部门可以根据需要,将报送备案的军事规章、军事规范性文件送有关单位征求意见,也可以要求制定单位或者起草单位说明有关情况。有关单位应当按期书面回复意见、说明情况。

第三,备案的法律后果。对于存在问题的军事规章和军事规范性文件,中央军委法制工作部门按照下列规定处理:(1)与法律、中央军委制定的军事法规、军事规范性文件相抵触的,或者不符合权限规定的,提出修改或者废止的意见,报中央军委批准后,通知制定单位予以修改或者废止。(2)与其他军事规章、军事规范性文件对同一事项的规定有矛盾的,提出修改或者废止有关规定的意见,告制定单位处理。(3)不符合本条例有关军事规章、军事规范性文件制定程序规定和体例规范要求的,提出纠正意见,告制定单位处理。军事规章、军事规范性文件制定单位接到中央军委法制工作部门的通知后,应当按照要求及时作出处理;属于第(1)项、第(2)项情形的,还应当暂停执行相关规定。处理情况由制定单位法制工作部门及时告中央军委法制工作部门。对军事规章、军事规范性文件作出修改处理的,应当重新报送备案。

三、军事立法中的公众参与

在论述立法技术的过程中,我们需要对公众参与这个特殊问题进行特别的说明。在一般的立法活动中,公众参与早已成为社会广泛认可,并在实践中广泛使用的基本要求,但在军事立法活动中,出于保密的考虑,军事立法过程中的公众参与明显不足,值得我们进一步探索。

(一)军事立法为什么需要公众参与

立法过程中的公众参与,至少能产生两方面的作用:一是实体效果,就是要形成更加科学可靠的法律制度,这是立法公众参与的外在价值;二是过程效果,就是要在公众参与的过程中实现良好的治理,这是立法公众参与的内在价值。

就实体效果而言，科学有效的公众参与，至少能够起到如下两个方面的作用：(1)集聚智慧。任何法规制度的建立，都需要一批对这一领域问题有相当体会、认识的人员进行科学设计，公众参与的有效实施，更有可能在这个过程中形成科学的方案。(2)整合利益。任何立法活动，归根结底都是建立起特定的社会关系，或者将既有社会关系进行固化，从而使其有序运行。而在立法过程中，不同个体进行充分的讨论与整合，从而表达出自身对立法的诉求。在这个意义上，立法过程就是整合利益的过程，也就是各个利益群体在立法程序中达成妥协一致，并形成决意共同遵守立法成果的过程。

就过程效果而言，科学有效的公众参与，则能够达到四个方面效果：(1)促进沟通，通过充分表达意见，形成有效沟通达成合意，从而有利于良法的产生并消除法律实施过程中可能存在的潜在障碍。(2)形成制约，实现以权利制衡权力，避免过多的部门利益掺杂在立法过程当中。(3)彰显公平，在公开机制下实现参与者的有效表达，形成有效的制约力，避免立法成为少数人或个别集团的保护伞。(4)缓和矛盾，使个体能够通过现有渠道主张自己的利益，使其感觉受到充分尊重，避免积蓄、积攒、积压不满情绪。这些作用的发挥，无不需要通过立法过程中的体系化的公众参与才能实现。①

应当认识到，没有公众参与的立法活动，并非一定会产出恶法。然而，暗箱立法却经常会带来不安，因为它完全忽略了程序本身所能够带来的价值。在军事立法过程中，军事立法机关可能因为掌握更多信息，很可能忽略公众参与的价值。实际上，我们发现立法机关在实践中经常存在一种倾向，就是认为官兵可能因为情况掌握不全面，并不一定会带来好的意见，从而让军事立法缺乏公众参与。这就完全忽略了公众参与在形成良法以外的价值和作用，不仅不利于彰显公平公正，更不利于官兵对军事法规规章形成有效的认同和理解。

(二)军事立法公众参与存在的问题

观诸地方立法②，公众参与已经成为立法过程中的标准动作，并形成了层次

---

① 参见王爱声著：《立法过程：制度选择的进路》，中国人民大学出版社2009年版，第178~179页。

② 这里所谓"地方立法"，是指与军事立法相对应的地方单位立法，而非在一般语境下与中央立法相对应的地方立法机关立法。

多元的公众参与，但在军事立法过程中，受制于保密的需求，科学有效的参与始终是立法的盲区，但这并不应影响在军事立法过程中进行有限的公众参与。具体而言，这种参与可以分为多个层次。

第一层次是专家参与。在地方立法过程中，大量立法活动吸收了法律专家等各行各业的深入参与，这对于立法技术、立法质量的提升而言具有重要意义。相关法律法规也明确了专家参与的必要性，如2001年制定，并于2002年实施的《行政法规制定程序条例》和《规章制定程序条例》都明确将专家参与行政法规、规章起草、论证作为立法程序确定下来。《军事立法工作条例》则在第22条第3款明确规定，"起草单位根据需要，可以委托有关院校、科研机构等单位承担部分起草任务，也可以邀请有关专家参加起草工作。"可以说，从目前情况来看，专家在立法中的参与程度越来越高，但仍然存在体制机制不畅通、参与力度不够的问题。

第二层次是官兵参与。征求意见是立法过程中的关键环节，而听取意见的对象，则是较为广泛的人民群众。我国《立法法》《行政法规制定程序条例》《规章制定程序条例》也要求在立法活动中深入调查研究，总结实践经验，广泛听取意见。《中国共产党党内法规制定条例》同样明确，党内法规草案形成后，应当广泛征求意见。征求意见范围根据党内法规草案的具体内容确定，必要时在全党范围内征求意见，与群众切身利益密切相关的党内法规草案，应当充分听取群众意见。可以说，听取意见一方面体现为立法科学化的要求，另一方面则体现为对官兵民主权利的保障。《军事立法工作条例》第23条、第25条也对此作出了类似规定，①但从实践情况来看，是否听取意见，仍然取决于法规规章起草者的自身选择。可以说，军事立法机关往往只是将征求意见单纯视作确保立法科学化的手段，而忽视了征求意见相关制度在保障官兵民主权利方面的意义。这就带来一个后果——如果立法起草者认为已经充分掌握情况，便很可能选择不征求意见或者

---

① 《军事立法工作条例》第23条规定："起草军事法规、军事规章、军事规范性文件，应当深入调查研究，总结实践经验，广泛听取意见；专业性、技术性较强的立法项目，应当组织有关专家进行研究论证；涉及官兵切身利益的立法项目，应当采取书面、网上以及召开座谈会、研讨会等多种形式听取官兵的意见。"第25条规定："军事法规、军事规章、军事规范性文件草案形成后，起草单位应当将草案连同说明送有关单位征求意见。有关单位应当认真研究，提出书面意见，经本单位主要领导审定后，加盖公章，按期回复。"

不充分征求意见。

(三)军事立法公众参与制度的完善

进一步强化、完善军事立法过程中的公众参与,可以从两个方面着手。

第一,进一步完善专家参与立法起草相关制度。在军内主要军事院校、军事科研机构设置军事立法研究中心,在军事法规、军事规章起草过程中,进一步广泛采取委托起草方式,由多家研究中心分别起草草案,立法机关从中选取一部草案作为基础稿,并吸纳其他草案的优长之处,从而尽量克服军队机关在立法方面专业人员不足、经验不足带来的问题。

第二,试行草案网上征求意见。基于保密考虑,军事立法文件显然不可能在互联网上征求意见,但可以考虑在强军网上开辟专栏,将立法草案加以公布,请全军官兵提出意见。特别是与官兵权益密切相关的军事法规军事规章草案,更是要通过网络广泛征求意见。征求意见的目的,不仅是强化军事法规军事规章的科学性,更是通过征求意见的方式促进广大官兵参与立法进程,强化军事法规军事规章的宣传,进一步形成共同尊法守法的意识。

第四节　军事规范性文件

2017年5月8日颁布实施的《军事立法工作条例》,除对军事法规、军事规章的制定进行规定以外,还第一次以军事法规的形式对"军事规范性文件"进行巨细靡遗的规定。从词频来看,"军事规范性文件"在这部条例中出现了139次,"规范性文件"也出现了3次,但在2003年《军事法规军事规章条例》(已废止)和1990年《中国人民解放军立法程序暂行条例》(已废止),"规范性文件"一词只在"附则"中各出现了一次。该条例明确了军事法规、军事规章和军事规范性文件的制定权限,军事法规由中央军委制定,军队规章由战区、军兵种制定,中央军委机关部门无权制定军事法规或军事规章;军事规范性文件由中央军委、中央军委机关部门、战区、军兵种各自依权限制定。新的条例不仅极大地提升了"军事规范性文件"的地位,也使这个在军事法学理论中长期运用的概念变成一个具有单义性的法律术语。必须注意到的是,作为军事法术语的"军事规范性文件",

其含义几乎完全背离了我们对"规范性文件"的一般认识，无法用其他部门法学中的"规范性文件"直接涵摄推演，而成为一个需要结合军事立法实际进行细致分析的疑难问题。

一、"军事规范性文件"术语的形成

早在 20 世纪 80 年代，我国军事法学界即开始使用"军事规范性文件"一词，但其概念始终未能进入法律法规，其内涵和外延更是没有得到足够明确的界定。直到 2017 年 5 月《军事立法工作条例》颁布实施，这一词语才真正演变形成一个相对明确的法律术语。

(一) 法律术语何以形成

根据术语学的一般理解，术语是通过语音或文字来表达或限定专业概念的约定性符号。任何一个学科的术语，都必须满足单一性、明晰性、精确性的要求，至少在一个学科领域内，一个术语只表述一个概念，同一个概念只用同一个术语来表达，同时应当尽量避免同义术语、同音术语和多义术语的出现。① 法律实践是一种对语言要求极高的领域，难以容忍一切可能引发误解的语意模糊，对术语的要求更是严格。

总体而言，法律术语的形成，一是源自日常语言的转化，二是源自法学学者和法律工作者的创设，三是通过法律移植的方式引进。② 但无论采取何种方式，法律术语都必须尽可能避免歧义的产生。其中，创设和移植的许多概念都能有效表达特定含义，如"公民""授权""违约""上诉"等，都是法律人心知肚明的"黑话"。即便是日常用语，一旦成为法律术语，也自然而然产生了较为明确的含义，如"重伤""同居""加重"等词语，它们在日常用语中含义多元，但在法律上却开始具有了明显的特定性。

(二) 军事领域的"规范性文件"

从这个角度来看，"规范性文件"一词，因语境差异而存在许多明显不同的

---

① 参见冯志伟著：《现代术语学引论》，语文出版社 1997 年版，第 1 页。
② 褚宸舸、杜欢庆：《立法语言中的两对矛盾：从语体角度的研究》，载胡建淼主编：《公法研究(第 7 辑)》，浙江大学出版社 2009 年版，第 302 页。

含义，从而难以满足法律术语的单义性要求。在《军事立法工作条例》出台之前，1990年《中国人民解放军立法程序暂行条例》就明确规定部分单位制定规范性文件的活动可以参照该条例执行，① 2003年的《军事法规军事规章条例》则明确了相关单位制定规范性文件的活动应当参照该条例执行。② 此时，这两部军事法规使用的术语仍是"规范性文件"，而非"军事规范性文件"，也没有对"规范性文件"的内涵与外延进行明确。

但从其他法律规范来看，规范性文件存在至少三种用法：(1)广义说，即法律、法规、规章及其他规范性文件。根据2006年《中华人民共和国各级人民代表大会常务委员会监督法》第5章"规范性文件的备案审查"的规定，规范性文件包括"行政法规、地方性法规、自治条例和单行条例、规章"(该法同时明确，这些法律文件的备案审查按照《立法法》的有关规定办理)，还包括人民代表大会及其常务委员会作出的决议、决定，人民政府发布的决定、命令，最高人民法院和最高人民检察院发布的司法解释。这些文件都属于规范性文件。《最高人民法院关于裁判文书引用法律、法规等规范性法律文件的规定》亦采用此说。(2)中义说，即法律、法规、规章及行政机关制定的规范性文件。这一用法最早出自《行政处罚法》《行政许可法》《行政强制法》等。如《行政强制法》第10条第4款规定："法律、法规以外的其他规范性文件不得设定行政强制措施。"这一条文即隐含了法律、法规亦为"规范性文件"的类型。(3)狭义说，即由行政机关作出的除行政法规、规章以外的规范性文件。这一用法主要出自一些地方性法规，《江西省规范性文件备案办法》《上海市行政规范性文件制定和备案规定》③等地方性法规和地方政府规章均采纳这一用法。此外，《国务院办公厅关于进一步规范部门涉外规

---

① 《中国人民解放军立法程序暂行条例》(已失效)第42条规定：军委各总部的部(局)，国防科工委、各军兵种、各军区的大部制定规范性文件的活动，可参照本条例执行。

② 《军事法规军事规章条例》第67条规定：中央军委、总部、军兵种、军区、武警部队制定、修改和废止规范性文件的活动，参照本条例的有关规定执行。

③ 《江西省规范性文件备案办法》第2条规定：本办法所称规范性文件，是指除政府规章以外的，本省各级行政机关制定的，涉及公民、法人或者其他组织权利、义务，具有普遍约束力的行政决定、命令等行政文件。《上海市行政规范性文件制定和备案规定》第2条规定：本规定所称的行政规范性文件(以下简称"规范性文件")，是指除政府规章外，行政机关依据法定职权或者依据法律、法规、规章制定的涉及公民、法人或者其他组织权利、义务，具有普遍约束力且可以反复适用的文件。

章和规范性文件制定工作的通知》(国办发〔2006〕92号)也采取这一定义,将规章与规范性文件并用。

各种关于规范性文件范围的理解本身无关对错,只与该概念所面对的需求有关。理解廓清军事规范性文件概念的内涵外延,需要从实际出发,结合其所对应的法律条文,根据特定语境进行考虑。但通过细致的文件解读,无论如何理解"规范性文件","规范性文件"都应当具有两项基本特征:第一,普遍约束力,规范性文件对符合特定条件或者情形的相对人,均具有一定的强制性约束。第二,反复适用性,规范性文件在有效期内,对某一相对人而言,适用规范性文件并不是一次性的,可以反复适用多次。①

具体到1990年《中国人民解放军立法程序暂行条例》和2003年的《军事法规军事规章条例》,其所采用的"规范性文件"概念也不可能脱离这种一般认识。结合其他领域对规范性文件的理解,我们可以对此处的"规范性文件"进行一个较为基础的定义,它是指除军事法规、军事规章外,由中央军委和各级机关、部队在履行职责过程中形成的,涉及军人权利义务,机关、部队职权职责的,具有普遍约束力、可以反复适用的文件。

(三)军事规范性文件

与语意模糊的"规范性文件"不同,"军事规范性文件"的研究并不深入,但随着一系列相关文件的制定和明确,"军事规范性文件"迅速演变成一个内涵与外延相对明确的概念。应当特别注意的是,在军事法规制度体系中,"军事规范性文件"处于非常特殊的地位,与我们通常所说的规范性文件的含义有很大差别。最早提出这一问题的文件是党的十八届四中全会通过的《中共中央关于全面推进依法治国若干重大问题的决定》;在此之后与这一问题相关的主要文件包括:2015年中央军委印发的《关于新形势下深入推进依法治军从严治军的决定》;2016年6月中央军委印发的《关于深化国防和军队改革期间加强军事法规制度建设的意见》;2017年5月8日颁布实施的《军事立法工作条例》。即便是在这些几乎同时制定的文件中,军事规范性文件也有着非常不同的内涵与外延。

---

① 参见祁希元著:《规范性文件制定和备案理论与实务》,云南人民出版社2012年版,第10页。

军事规范性文件的概念变化,体现为概念外延的迅速收紧。军事规范性文件的最初运用,其内涵与外延与"规范性文件"的广义说颇为接近。2014年,党的十八届四中全会通过的《中共中央关于全面推进依法治国若干重大问题的决定》,要求"健全适应现代军队建设和作战要求的军事法规制度体系,严格规范军事法规制度的制定权限和程序,将所有军事规范性文件纳入审查范围,完善审查制度,增强军事法规制度科学性、针对性、适用性。"有学者据此认为,军事规范性文件不仅包括军事法律、法规,也应包括军队各级机关制定的军事规章和规范性文件。同时,军队团级以上单位及机关、军队各级党委、纪委制定发布的许多具有反复适用性和普遍约束力的政策性制度性文件,也应当纳入军事规范性文件的范畴,得到有效审查。①

但不到一年时间,"军事规范性文件"的外延便开始迅速收缩,成为特定级别主体才能制定的文件。2015年中央军委印发的《关于新形势下深入推进依法治军从严治军的决定》对这一问题进行了界定:"军事法规制度体系是以军事法律、军事法规、军事规章为主体,以军事规范性文件和基层管理规定为补充的制度规范体系。"该决定还进一步明确:"军级以上单位及其机关制定军事规范性文件,师、旅、团级单位及其机关制定制度规定,必须经过合法性审查,印发后报上级备案。军兵种、军区级以下单位机关所属部门不得制定军事规范性文件。基层单位制定具体管理规定,必须报团级以上单位批准。"②这就产生了一系列复杂概念:军事规范性文件(军级以上单位及其机关制定)、制度规定(师、旅、团级单位及其机关制定)、具体管理规定(基层单位制定),而制度规定和具体管理规定则可能并称为"基层管理规定"。实际上,如果从规范性文件的原意出发,我们可以看出,所谓"军事规范性文件""制度规定""具体管理规定",都具有普遍约束力和反复适用性。对这一问题进行如此复杂的界定是否必要,尚须进一步研究。但显而易见的是,此后的相关法规、文件都采取了这种分类方式。2016年6

---

① 参见张建田:《将军事规范性文件纳入审查范围》,载《解放军报》2014年12月16日。

② 该文件为保密文件,但中央军委法制局根据该文件撰写了要点释义,刊载于《解放军报》,关于该文件的论述,均引用自该"要点释义"。参见赵东斌、张永强、张山新等:《〈中央军委关于新形势下深入推进依法治军从严治军的决定〉要点释义》,载《解放军报》2015年4月22日。

月,中央军委印发《关于深化国防和军队改革期间加强军事法规制度建设的意见》,根据该意见,"军委机关部门和各级机关按照规定制定军事规范性文件"。从文字含义来看,军事规范性文件显然不应包括军事法规和军事规章等立法性文件,但这里的各级机关包括哪些机关,文件并未予以明确。

2017年颁布实施的《军事立法工作条例》,在原来的"军级以上单位及其机关"的基础上进一步收紧制定主体。根据该条例第2条第3款之规定,"军事规范性文件是军事法规制度体系的组成部分,是军事法规、军事规章的必要补充"。尽管该条例并未明说不具有军事立法权的机构能否制定军事规范性文件,但分析该条例的具体内容,我们完全可以认为,军事规范性文件的制定主体也应限定为《军事立法工作条例》规范的几类主体,即中央军委、军委机关部门、战区、军兵种。这主要有两方面理由:(1)军事规范性文件的制定修改备案审批等诸多程序均与军事法规、军事规章差异甚少,如果级别低于这些机构,则难以完成这些程序;(2)军事法制工作部门在军事规范性文件制定过程中发挥的作用与军事法规、军事规章几无差异,尽管一些机构级别足够,如国防大学、军事科学院都是正大区级,与军委机关级别差相仿,但这些单位没有法制工作部门,实际无法完成军事规范性文件的制定。

总之,根据《军事立法工作条例》,并结合中央军委在此问题上作出的多次界定,我们大体可以得出关于"军事规范性文件"较为明确的定义:所谓军事规范性文件,是由中央军委、军委机关部门、战区、军兵种根据《军事立法工作条例》制定的,具有普遍约束力和反复适用性的文件。

二、"军事规范性文件"法律意义的厘清

法律术语的界定与分类,必然有其现实意义。运用"军事规范性文件"一词,并将其区别于军事法规、军事规章,意义何在?这个问题同样难以从"规范性"文件的通常含义中引申而出,必须重新厘清。

(一)"军事规范性文件"的法律意义不同于"规范性文件"

广义、中义的规范性文件概念将立法和不具有立法属性的规范性文件囊括在内,这就存在外延过分宽泛的问题,因此在实践中逐渐更加易于采用一种狭义的理解,认为规范性文件就是不具有立法属性的规范性文件。即便采用广义、中义

说的学者，也往往采用下位概念如"行政规范""行政规范性文件""其他规范性文件"来描述那些不具有立法属性的规范性文件。

就我国现行法律制度来看，将规范性文件区别于立法，其实际意义主要在于四个方面：(1)对法院的拘束力不同。人民法院在审理诉讼案件的过程中，应当依据法律，但对于规范性文件则没有援引的义务。根据《最高人民法院关于裁判文书引用法律、法规等规范性法律文件的规定》，对于法律、法规、司法解释等，可以在判决中直接引用，但对于其他规范性文件，则需要进行审查，并根据审理案件的需要，可以将审查合法有效的文件作为裁判说理的依据。(2)制定主体的不同。行政法规、规章，需要特定级别的主体进行制定，但规范性文件的制定主体则没有明确限制。(3)制定修改程序不同。法律、法规和规章的制定，都有特定的起草、审议和发布程序，修改亦有特定的程序要求。其中法律的制定修改程序由《立法法》明确规定，行政法规的制定修改程序由《行政法规制定程序条例》规定，规章的制定修改程序则由《规章制定程序条例》规定，规范性文件则参照《规章制定程序条例》制定。① (4)合法性审查主体与程序不同。行政法规、规章的合法性审查，需要由特别程序进行，其依据是《立法法》等法律规范，规范性文件的合法性审查与人大监督，则规定于2006年《监督法》。

然而，我们观察军事规范性文件与军事立法之间的关系，却能够明显看到，这些方面差别在军事法中缺乏实际意义：(1)对法院的拘束力并无差别。军事规范性文件显然难以直接运用于审判工作之中，军事法规、军事规章同样如此。需要注意到，和军事规范性文件一样，军事法规、军事规章的主要内容是军队的作战指挥和建设管理制度，通常不涉及民事法律关系，除《中央军委关于军队执行〈中华人民共和国刑事诉讼法〉若干问题的暂行规定》等少数军事法规外，也不对刑事法律问题进行规范。同时，目前我国的军事法院只处理刑事案件和极少量民事诉讼、行政诉讼案件，② 军事法院本身就不太可能运用军事法规和军事规章处理案件。既然都不能运用，自然就不存在对法院拘束力的区别了。(2)制定主体

---

① 《规章制定程序条例》第36条规定：依法不具有规章制定权的县级以上地方人民政府制定、发布具有普遍约束力的决定、命令，参照本条例规定的程序执行。

② 根据1998年《中央军委关于军队执行〈中华人民共和国刑事诉讼法〉若干问题的暂行规定》第2条第1款，军事法院对军内人员犯罪的案件行使审判权，法律另有规定的除外；军队和地方互涉的刑事案件依照有关规定办理。根据2012年《最高人民法院关于军事法院管辖民事案件若干问题的规定》，军事法院主要管辖军内民事案件和涉密民事案件。

没有明显差异。军事规范性文件具有特定性,前已述及,从《军事立法工作条例》推断,这个主体与军事法规、军事规章的制定主体并无显著差异,只有军委机关部门有权制定军事规范性文件,而无权制定军事规章。(3)制定修改程序并无明显不同。根据《军事立法工作条例》之规定,军事规范性文件的制定,须经立项(第15条)、起草(第22条)、呈报(第27条)、审查(第28条)、决定与发布(第35、36条),种种程序与军事法规、军事规章的并无差异,直到最后的发布程序才出现了不同;[1] (4)监督程序亦无明显差异,特别是在《监督法》难以适用于军事法规、军事规章和军事规范性文件的情况下,它们的监督都主要依托军队内部的自行纠错。

(二)"军事规范性文件"法律意义的重新厘清

"规范性文件"的法律意义几乎完全无法适用于"军事规范性文件",其法律意义的厘清,终究还是要回归文本。通过对《军事立法工作条例》的解读,我们大体可以厘清"军事规范性文件"的几项法律意义:

第一,军事规范性文件的性质具有执行性或临时性。根据《军事立法工作条例》之规定,军事规范性文件主要包括两种类型,执行型的军事规范性文件,是为贯彻执行军事法规、军事规章而制定军事规范性文件;临时性规范性文件,是因制定军事法规、军事规章条件尚不成熟而先行制定的军事规范性文件。这说明军事规范性文件在整个军事法规制度体系中并不具有主要地位,一些涉及军队管理的基础性事项,不宜制定军事规范性文件。

第二,军事规范性文件的地位具有补充性。《军事立法工作条例》第2条第3款规定:"军事规范性文件是军事法规制度体系的组成部分,是军事法规、军事规章的必要补充。""必要补充"这个词,对军事规范性文件的地位进行了明确的界定,作为"补充",它是军事法规制度体系的枝叶,而非主干;强调"必要",则说明了军事规范性文件在军事法规制度体系当中具有的重要地位,它绝非可有可无的,而是完善军事法规制度体系的重要方面。

---

[1] 根据《军事立法工作条例》第35、36条之规定,军事法规由中央军委主席签署命令发布,军事规章由战区、军兵种军政主官签署命令发布,军事规范性文件则按照军队机关公文处理的有关规定印发。

第三，军事规范性文件的内容具有限制性。根据《军事立法工作条例》第13条之规定，没有法律、军事法规、中央军委的决定和命令依据的，军事规范性文件不得规范权限，不得增减职能，不得创设奖惩。实际上，权限、职能大体是一个意思，所以相比军事法规、军事规章，军事规范性文件不能规范的只有两个问题：权限职能和奖惩。尽管这种限制的力度不大，但也体现了军事规范性文件和军事法规、军事规章的权限差异。

三、"军事规范性文件"效力位阶的明确

行文至此，"军事规范性文件"作为一个术语，具备较为清晰的内涵外延和较为明确的法律意义。接下来的问题便是这个术语在实践中的效果了。关于这些问题，军事法学界的理论阐述本就不足，《军事立法工作条例》的制定，使这一问题更趋复杂。具体而言，军事规范性文件的效力位阶问题，解决的是军事规范性文件在规范体系中的纵向等级，不仅涉及军事规范性文件内部效力高低的问题，也涉及军事规范性与军事立法孰高孰低的问题。

（一）同一机关制定的军事规范性文件与立法文件之间的效力位阶

厘清效力位阶的前提，是对规范性文件进行分类。通常认为，规范性文件有解释性、创制性和指导性三类，[①] 而在军事法领域中，以解释类和创制类为主，较少存在指导类文件。《军事立法工作条例》并未区分解释性军事规范性文件与创制性军事规范性文件，但在具体规定中隐含了这一区分。

第一，解释性军事规范性文件。同一机关制定的解释类规范性文件的效力应当等同于其所解释的文件，这是法律解释的通例。如国务院对行政法规进行的解释，根据《行政法规制定程序条例》之规定，便与被解释的行政法规具有同等效力。而根据《军事立法工作条例》第66条之规定，"军事法规、军事规章、军事规范性文件有下列情形之一的，由制定单位解释"。而根据第68条之规定，"对军事法规、军事规章、军事规范性文件的解释，与被解释的军事法规、军事规

[①] 参见叶必丰著：《行政法学》，武汉大学出版社2003年版，第77页；王周户主编：《行政法学》，中国政法大学出版社2015年版，第212页；马怀德主编：《行政法与行政诉讼法》，中国法制出版社2015年版，第158页。

章、军事规范性文件具有同等效力。"这种解释性文件显然也是一种军事规范性文件,其效力与其解释的立法文件一致。

第二,创制性军事规范性文件。创制性规范性文件并非对某项法律法规或规范性文件的解释,关于其效力问题,在立法学、行政法学界存在较多讨论。有学者主张,创制性文件的效力与相应机构制定的法律文件具有同等效力,如孙国华教授就认为,国务院、国务院部委等制定的规范性文件也是法的渊源,与行政法规、规章具有同等效力,张文显教授也持同样观点。①然而,这一观点日渐遭到质疑,如马怀德教授就认为,国务院制定的规范性文件效力低于行政法规,也低于地方性法规,但高于规章。②而且,2012年《党政机关公文处理工作条例》就明确要求公文的起草要"符合党的理论和路线方针政策和国家法律法规",这也说明了创制性规范性文件的效力低于相应的立法规范。关于此问题,《军事立法工作条例》也进行了规定。(1)该条例第62条之规定:"同一单位制定的军事法规、军事规章与军事规范性文件对同一事项规定不一致的,以军事法规、军事规章为准,但中央军委为推行重大改革举措先行制定的军事规范性文件除外"。这就明确了除中央军委推行重大改革举措的规范性文件外,同一单位制定的军事法规、军事规章效力高于规范性文件。(2)该条例第63条又规定:"中央军委制定的军事法规、军事规范性文件之间,同一单位制定的军事规章、军事规范性文件之间,对同一事项的特别规定与一般规定不一致的,适用特别规定;新的规定与旧的规定不一致的,适用新的规定。"从文字表面含义来看,这可能意味着,当同一级别军事法规、军事规章、军事规范性文件之间发生冲突时,采取"新法优于旧法""特别法高于普通法"的法律适用原则,但这种理解明显忽略了一个基本问题,即"新法优于旧法""特别法高于普通法"的法律适用原则只适用于同等效力文件之间的冲突,而在上位法和下位法之间,只遵守下位法服从上位法的规则。倘非如此,根据上位法制定的下位法,都是特殊法,且是新法,如果此时用"新法优于旧法""特别法高于普通法"的原则决定法律适用,岂不是下位法更加优先?因此,笔者认为,这一条文宜理解为:同一单位制定的同类型文件,其效力

---

① 孙国华主编:《法理学教程》,中国人民大学出版社1994年版,第397页;张文显主编:《法理学》,高等教育出版社、北京大学出版社2011年版,第56页。

② 马怀德主编:《行政法与行政诉讼法》,中国法制出版社2015年版,第166页。

冲突依据优先适用新法、特别法的原则处理。

(二)不同级机关制定的军事规范性文件与立法文件之间的效力位阶

不同级别机关制定的规范性文件与立法的效力位阶问题，也有三种情形：一是上级制定的立法文件与下级制定的规范性文件的效力问题；二是上级制定的规范性文件与下级制定的规范性文件的效力问题；三是上级制定的规范性文件与下级制定的立法文件的效力问题。前两种情形不存在任何理论或实践上的问题，结论显而易见。问题在于第三个问题。在行政法学界，这也曾经存在过一个较为类似的问题，即国务院制定的规范性文件与规章的效力问题。关于此问题，叶必丰教授认为，国务院制定的规范性文件效力高于规章和地方性法规；① 马怀德教授则认为，国务院制定的规范性文件效力高于规章，但低于地方性法规。② 在法律对此明确之前，这类争议无疑会继续存在。

然而，《军事立法工作条例》对此作出了明确说明，该条例第 60 条规定，"中央军委制定的军事法规、军事规范性文件的效力，高于战区、军兵种制定的军事规章和军委机关部门、战区、军兵种制定的军事规范性文件。军委机关部门制定的军事规范性文件的效力，高于战区、军兵种制定的军事规章、军事规范性文件"。上级制定的军事规范性文件高于下级制定的军事规章和军事规范性文件，这充分体现了军事领域尊崇权威的特征。

(三)同级机关制定的军事规范性文件与立法文件之间的效力位阶

战区和军兵种是同级，不同战区、军兵种制定的规章具有同等效力，规范性文件也具有同等效力。问题在于，一旦二者发生冲突，应当如何处理？通常说来，同级机关因为适用地域不同，其所制定的文件不应发生冲突，如江苏省制定的规范性文件便不太可能与湖南省制定的规范性文件发生冲突。但在军队体制改革之后，军队形成了"军委管总、战区主战、军种主建"的格局，这就产生了冲突的可能。例如，一个陆军的基层部队，其建设相关问题应依据陆军总部制定的军事规章，作战相关问题则应依据其所在战区制定的军事规章，二者一旦产生交

---

① 叶必丰：《论规范性文件的效力》，载《行政法学研究》1994 年第 4 期，第 50~51 页。
② 马怀德主编：《行政法与行政诉讼法》，中国法制出版社 2015 年版，第 166 页。

集,即可能发生冲突。

根据《军事立法工作条例》第60条第3款之规定:"战区、军兵种制定的军事规章具有同等效力,战区、军兵种制定的军事规范性文件具有同等效力,分别在本战区、本军兵种范围内施行。"但这个条文没有直接对战区(军兵种)制定的军事规章与军兵种(战区)制定的军事规范性文件的效力进行明确。笔者认为,从条文本意出发,应指战区、军兵种制定的军事规章的效力,高于其他战区、军兵种制定的军事规范性文件。如非此意,则不必做如此冗余的表述,完全可以规定为"战区、军兵种制定的军事规章、军事规范性文件具有同等效力"。

第五节 本章小结

良法是善治之前提,良法不仅应当是价值良善之法,也应是科学管用之法。军事立法体制机制的建设,不仅承载着军事法治秩序构建的共同诉求,还担负着在军队内部形成、维护和延续关于法治军队建设共识的重要作用。进一步完善军事立法制度,必须形成更加科学并与国家立法机制协调统一的军事立法机制,必须明确更加适应军事需求并反映军事活动规律的立法内容,必须运用更加结合军事实际并能有效协调各方关系的军事立法技术。惟其如此,方能通过有效的制度建设,形成真正的制度共识,实现中国特色军事法治体系建设的历史使命。在这个过程中,尊重立法自身的科学规律,理解立法背后的利益诉求,不仅是完善军事立法文本所必须满足的基本技术要求,更是实现军事立法目标所必须强调的价值要求。

第七章　军事行政原理

关于何谓军事行政，何谓军事行政行为，何谓军事行政主体，实有诸多不同观点。但这些概念却往往沦为语义上的同义反复。而与之相关的概念，亦是如此。我们看相关论述，便会发现这种同义反复严重到了何种程度：军事行政是军事主体管理国防和军队建设事务的活动；军事行政主体是行使军事行政权的组织；军事行政权是军事行政主体开展军事行政活动的权力……种种叙述，看似周延，实为闲言赘语。因此，我们关于军事行政原理的论述，首先要解决的是军事行政的概念与内涵问题。同军事立法一样，"军事行政"在一定程度上是一个拼凑而成的概念。"军事行政法"的构词法，与"经济行政法""警察行政法""航空行政法"等非常类似，因此看起来很像一个"部门行政法"的问题。但细细思之，"军事"和"行政"在行为模式、价值目标上都截然不同，军事行政法的问题涉及这两种制度的"嫁接"，远比我们通常所说的"部门行政法"问题更为复杂——它所涉及的具体问题到底算不算"行政"，都颇值得思量。问题复杂而研究薄弱，使得军事行政法的诸多概念始终停留于理论之中，难以对实践活动产生有效指导，特别是在军事行政诉讼制度建设开始的时候，更是如此。当前，我们研究军事行政法，便不能想当然地将其理解为一个顺理成章的概念，而必须思考该问题的复杂性，并结合军事与法律的特征，对军事行政的概念、特征等诸多问题进行深入分析。

第一节　军事行政的概念

"军事行政"一词，将两种较为类似，却又存在显著差异的权力运行模式联系起来。这种嫁接与混同，严重影响了军事行政概念的生命力，以至于除军事法学研究领域以外，这一概念几乎无法得到应用。但即便如此，我们也能够理解这个词语的特殊运用场景，并对"军事行政"概念的演进形成更加科学合理的认识。

一、"军事行政"概念的不同用法

在中华人民共和国成立之前，"军事行政"概念有三种不同的观点。

第一种观点出自中国共产党的文献。在中国共产党的文献中，"军事行政"往往被用作政治工作、军事指挥的对称，出现"军事行政"一语的场合，必然会出现军队政治，有时会出现军事指挥（作战）。例如，周恩来在1938年的一篇文章中说："在军队内部方面的政治工作，目前亟需做的是：……（四）保障军事指挥员在军事行政上命令的贯彻执行……"[①]罗荣桓在1942年的一篇文章中讲道："政治指导员决不能成为一个事务工作者，更不能代替军事行政干部的工作。要通过政治工作去加强军事行政，在不断地耐心教育中，去逐渐提高战士的政治觉悟，一直提到可能提高之程度。"[②]谭政则在1943年的报告中讲道："政治工作对于军事行政、军事作战的任务有保证的责任……"[③]1944年，毛泽东、刘少奇、陈毅致电张云逸、饶漱石和赖传珠，要求加强旅团营级干部的培训，"课程可定为战术学、兵器学、筑城学、地形学、管理教育（带兵、练兵、养兵等军事行政事项）五大项，以提高干部的指挥艺术为中心"。[④]显然，基于对中国共产党文献的分析，所谓军事行政，实际就是军队政治工作、军事指挥工作以外的军事管理工作，在一些语境下，军事行政还笼统地包括军事指挥，用以区别于政治工作。这显然是在我军军事体制影响下的结果。

第二种观点则认为，"军事行政"是"军政"的全称，是军令的对称，包括军队的编制、兵役、军事负担等内容。例如，在抗战时期，国民政府军事委员会政治部编印的一本教材指出："军力之编成，包含至广，举凡陆海空各军队之编制，诸种军事设备之完成，及因编成军力之必要，而科以人民以兵役义务，或其他军

[①] 《周恩来选集》上卷，人民出版社1980年版，第96~97页。
[②] 《罗荣桓军事文选》，解放军出版社1997年版，第123页。
[③] 选编组：《延安整风运动（资料选编）》，中共中央党校出版社1984年版，第60页。
[④] 《毛泽东文集》第3卷，人民出版社1996年版，第203~204页。

事负担之作用悉属之。此等作用,通称军事行政,或即简言军政。"① 1937年的《黄埔月刊》则有一篇文章,认为:"通常关于军队活动时的固有军务,无论在平时或战时,乃是国家的一种非常作用,不受国家秩序的法规之下的约束,许多行政学者,不以此列入军事行政范围以内。而军队的统率权,各国均于宪法规定属于一国的元首,自属宪法上的问题,不干涉通常行政范围;至于行政法所研究的,仅是一种军政权的作用。详言之,即国家对于人民为保卫国土起见依照法规所行之种种活动,如军队之编制、军需之发征等,这才是行政法所研究的范围。"②

第三种观点同样将"军事行政"理解为"军政",但对军事行政的范围作了进一步限定——将军政权限定为国家对公民的行政,军队对军人的管理、军队的编制体制则不属于军政权的范围。当时撰写行政法分论的学者普遍认为,军事行政法包括军事勤务(包括兵役、军人义务、军人地位、军人奖惩),军事负担(包括军事征发、军工动员),军事教育、国防要塞等内容。军令权作为军队之统率权,涉及兵力的运用,应以活跃迅捷为主,不论平时战时,都是国家的非常作用,不得以行政法规拘束之。至于军政部分,则属于军事行政的范畴。"(军政权)非直接运用兵力之作用,而为养成及维持兵力之作用,或以供给军队组织人员为目的,或以供给军队必需财物为目的,或以提高军事智识为目的,即军事勤务,军事负担、军事教育等军事行政……"③管欧等人亦持此论。④这实际上把军政权的概念偷换掉了,使其变成了国家关于军事的行政,而非军政权原有的含义,也就是养兵、练兵。此时需要注意的是,尽管当时的学界和实务界在军政的具体内容的认识上存在一定差异,但一个通说是:军令权不受行政法之约束,而军政则受到法律之约束。

---

① 范扬:《战时军事/警察行政》,国民政府军事委员会政治部编印,第2页。(本书有两点需要说明:1.本书的内容为军事行政、警察行政并立,是关于军事和警察的行政,而非军事警察行政。2.本书刊印时间不详,作者范扬在该书封面署名为国民政府军事委员会政治部第三厅副厅长,第三厅设立于1938年,并于1940年被撤销,推测本书的印发时间应在1938—1940年。)

② 徐禄申:《法国军事行政概论》,载《黄埔月刊》1937年第4期,第58页。

③ 赵琛:《行政法各论》,会文堂新记书局1937年版,第301页。

④ 参见管欧著:《行政法各论》,商务印书馆1936年版,第293页。

第七章　军事行政原理

在这三种观点以外，我们还需要注意的是，明清两代亦有"军政"之说，但此时的"军政"，乃是一个甄别武职的制度，军政的目的在于黜陟将弁，整饬纲纪，而与军事行政的概念有很大差异。①而类似后世"军政"一词用法的词，实际是"兵政"。但在明代初期，亦有所谓军政军令分开的制度——明初的兵部掌握军(兵)政权，而五军都督府掌握军令权。当时的政书记载："兵部掌兵政，而军旅征伐则归之五军都督府。兵部有出兵之令而无统兵之权，五军都督府有统兵之权而无出兵之令。至将属于五府而兵又总于京营，合之则呼吸相通，分之则犬牙相制。"②虽然明代中后期的五军都督府逐渐丧失权力，但当时的这种军政军令分开的制度，也可算是相当先进的制度安排了。但这种概念并非我们今天论述的范围，不再详述。

而在中华人民共和国成立之后，我军一直没有对军政、军令进行划分。2015年国防和军队改革，设计了"军委管总、战区主战、军种主建"体制机制，包含了军政、军令相区别的含义，但实际上也没有直接使用"军政""军令"的概念。在这个大背景下，学界便直接结合行政的概念对军事行政进行界定。此时，军事行政也有两种含义：(1) 狭义的军事行政，也就是军事机关及其工作人员对武装力量内部进行的行政和组织管理活动；③ (2) 广义的军事行政，也就是包括国家行政机关和军事行政机关及其工作人员为完成国家赋予的国防和武装力量建设任务进行的行政活动。④一些学者也将国家行政机关进行的与军事有关的行政活动称为"国防行政"。⑤

二、"军事行政"概念的解析

中华人民共和国成立之前的军事行政概念，实际是基于军事制度而产生，而非基于法律制度的考虑。将军事上的概念用于行政领域，而没有充分考虑二者的

---

① 参见罗尔纲著：《绿营兵志》，中华书局1984年版，第318页。
② 《续文献通考·第122卷，兵志二》。
③ 参见陈学会著：《军事法学》，解放军出版社1995年版，第389页。
④ 参见方宁、许江瑞、姜秀元编著：《军事法制教程》，军事科学出版社1999年版，第74页。
⑤ 参见田思源、王凌著：《国防行政法与军事行政法》，清华大学出版社2008年版，第10~11页。

差异,从而产生显著的冲突。

一方面,中国共产党的军事制度,无论在哪个时期都并不严格区分军政权与军令权,所以,军事行政概念的出现,往往与政治工作概念相伴而生,其作用只是为了将军事工作区别于政治工作,所以在党的文献中缺乏对军事行政概念的定义。沿用这一概念,无疑存在过分宽泛的问题。

另一方面,国民党的军事制度借鉴自欧美国家和日本,从辛亥革命之后便对军政权与军令权进行明确划分,其目的和意义在于军事活动的优化,而不涉及此类行为是否受法律约束的问题,它在军事管理中有着极为重要的价值,但在军事行政中却明显缺乏意义。实际上,军令是用兵,军政是练兵,二者都是军事活动,并无运行规则上的截然区分。练兵无非是平时的用兵,用兵是战时的练兵,在练兵过程中亦应培养军人服从命令的习惯,自然不可能用法律规范对练兵中的一切行为进行约束,而在用兵过程中也不可能完全抛开法律任意行动。认为军政权必须依法运行、军令权难以受到法律控制的观点,缺乏现实依据。

由于我国长期没有对军政权和军令权进行划分,因此我国当前关于军事行政概念的界定,也没有受到军政权概念的影响。但遗憾的是,关于军事行政的研究,既没有脱离军事法学研究的通病(在一般法律概念上冠之以军事的简单套路),也没有脱离部门行政法的通病(在行政法上冠以该部门名称的简单套路),[1]可以说,这种做法既没有在军事领域体现行政的独特性,也没有在行政领域体现军事的独特性。可以说,我们目前所使用的军事行政概念,与其说是一个割裂了以往研究成果的新概念,不如说是一种水土不服的嫁接。

三、"军事行政"概念的重构

关于"军事行政"概念的定义已经纷繁复杂,但我们仍然可以继续从军事、行政各自概念出发对军事行政进行新的定义。然而,这种定义缺乏实际意义,它不过是在已有的各类提法中增加一个新说法罢了。笔者认为,重构这个概念,我们首先要考虑为什么需要这个概念。换言之,"军事行政"作为一个法学概念,

---

[1] 朱新力教授认为,当前学界"研究某一部门的行政法问题,无非是形式上冠以该部门的名称,如'工商行政法'、'卫生行政法'等,其实质内容仍然是照搬行政法学总论的基本框架,从而忽视了对不同行政领域独特法律问题的分析和论述"。参见朱新力、唐明良:《行政法总论与各论的"分"与"合"》,载《当代法学》2011年第1期,第51页。

应当满足何种要求？

笔者认为，作为一个法学概念，行政法意义上的"行政"，其意义应当主要在于规划行政法调整的社会关系的边界。正因如此，行政学意义上的行政可以是一种广义的行政，它是指组织的执行管理职能，既包括私行政（企业等主体进行的内部行政），也包括公行政（又可分为国家机关进行的国家行政和由公共组织实施的非国家行政）。但考虑到行政法调整对象的特殊性，行政法意义上的行政并不包括私行政，一般只涵盖国家行政机关执行国家法律，管理国家内政外交事务的行为。①之所以有这种区别，无非是基于学科建设的需要——如果行政概念过于宽泛，便将涵盖很多法律实际并不调整的活动，使这个概念在法学意义上缺乏意义，因此行政学意义的概念是宽泛的，而行政法意义上的概念却只包括法律所能调整的行政了。

然而，社会生活的复杂性，造就了行政范围的跃迁，使得细致的描述性语言难以有效勾勒出行政概念的准确外延。例如，原本的行政概念仅限于公权力行政，也就是国家运用权力实施的行政，但随着政府开始运用经济手段达到行政目的，私经济行政（又称国库行政）开始被纳入行政法调整范围。又如，原本的行政主体仅限于国家机关行政，但随着政府将大量管理任务授权、委托给其他机构完成，非国家行政也逐渐被纳入行政法调整范围。再如，原本的行政概念仅限于秩序行政，也就是以维护国家安全、社会秩序、排除危害为目的的行政，但随着政府开始负担起生存照顾的任务，福利行政开始被纳入行政法调整范围……种种变化，实际体现了行政自身的发展，并在此基础上引发行政法调整范围的变化。因此，我们可以得出一个简单结论——无论行政的概念如何复杂，行政法意义上的行政，是能够为法律所调整规范的行政。

基于同样的道理，在军事行政学的意义上，我们可以根据需要将"军事行政"的概念无限扩大化，但在军事行政法学视野下，无限扩大的"军事行政"的概念便没有任何价值了。作为军事法学概念的"军事行政"，必须是可以为法律所调整规范的管理活动，这也是我们厘清军事行政概念，锚定军事行政法研究范围的关键所在。

为法律所调整，是明确法学意义上的"军事行政"概念的重要理据。这里存

---

① 姜明安主编：《行政法与行政诉讼法》，北京大学出版社2011年版，第6页。

在的问题在于：军事活动与行政活动不同，它往往不能为法律所明确约束。这种认识在分权理论形成之初即有明确阐述——17世纪的英国学者洛克在撰写《政府论》时，就将"战争与和平、联合与联盟以及同国外的一切人士和社会进行一切事务的权力"称为"对外权"，其主要内容便是"军事权"与"外交权"。在洛克看来，这种权力与行政权相互联系，却又存在较为明显的区别，其中重要的一点区别，便是对外权"远不能为早先规定的、经常有效的明文法所指导，所以有必要由掌握这种权力的人们以他们的深谋远虑，为了公共福利来行使这种权力"。①

军事权难以为明文法所指导的判断，到现在仍然是准确的：一方面，所谓"兵者，诡道也"，战争形势瞬息万变，以打赢战争为目的的军事活动，自然不能为条条框框严格拘束；另一方面，军人以服从命令为天职，法律亦承认命令对于军人的极大拘束力。这就使军事行政的概念在法律上难以自洽——如果是法律意义上的"行政"，自应有所限制和拘束，但前置"军事"的定语，却使这种限制和拘束变得诡谲难明、难以措置。

军事行政概念的重构，其意图在于明确法律所能约束的军事活动。重构这类概念，需要对军事活动进行有效的类别区分。正因如此，笔者认为，所谓军事行政，是受到法律规范调整的、由军队机关实施的管理行为。

第二节　军事行政行为

行政行为的概念本就复杂，一旦纠缠到军事，更是强化了问题的复杂性。我们可以根据这类行为形成的原因不同，将其分为基于隶属关系的命令行为和基于职务关系的管理行为。

一、军事行政行为的类型

行政法意义上的行政行为，通说认为是行政主体运用行政权在实施行政管理活动中所作的具有法律意义和法律效果的行为。②军事行政行为自然不涉及行政意义上的行政权，却涉及管理活动。具体而言，在军队内部，这种行为可分为两

---

① ［英］洛克著：《政府论》（下），叶启芳、瞿菊农译，商务印书馆1996年版，第90页。
② 王周户著：《行政法与行政诉讼法教程》，中国政法大学出版社2013年版，第56页。

种类型：(1)基于隶属关系的命令行为，是上级对下级、领导对部属下达命令的行为。(2)基于职务关系的管理行为，是执法部门实施的管理行为，这种行为的依据不是隶属关系，而是基于特定职务所产生的职权职责，例如军队律师管理部门颁发军队律师证的行为，警备司令部进行警备纠察的行为等。

二者之间的主要差异在于：

第一，是否存在上下级隶属关系不同，第一种行为的发生，实际是基于上级对下级、领导对部属的命令关系；但是第二种行为则往往没有直接的上下级关系，如军队律师管理部门与某军队律师之间便可能没有直接上下级关系，警备司令部与其纠察的军人、军车之间更是没有隶属关系，警备纠察的军衔职级甚至可能低于被纠察的违法违纪人员。

第二，是否存在法律上的明确依据不同，第一种行为的发生，其依据是概括的指挥权，而没有法律上的直接依据；① 第二种行为则应当有其法律上的依据，如军队律师管理部门办理军队律师证，其依据是《律师法》和相关军事法规、军事规章，警备司令部进行警备纠察，其法律依据则是《中国人民解放军警备条令》。

二、基于隶属关系的命令行为的规制

基于隶属关系的命令行为，上级对下级、领导对部属下达命令的行为，很难受到法律的约束——只要我们将下级服从上级视作军队的铁律，军队内部发生的大量行为便不可能完全处于法律的控制之下。就我国当前法律来看，在军队里，上级对下级下达违法的命令，虽然会导致一定的法律后果，但下级在接收该命令后仍应服从该命令：一方面，《中国人民解放军内务条令》第 63 条给了我们明确

---

① 我们不能说这种行为完全没有法律依据，《中国人民解放军内务条令》第 61 条对此有明确规定："军官、士兵依行政职务和军衔，构成首长与部属、上级与下级或者同级的关系。在行政职务上构成隶属关系时，行政职务高的是首长又是上级，行政职务低的是部属又是下级，部属的上一级首长是直接首长；在行政职务上未构成隶属关系时，行政职务高的是上级，行政职务低的是下级，行政职务相当的是同级；在相互不知道行政职务时，军衔高的是上级，军衔低的是下级，军衔相同的是同级。文职干部与军官、士兵之间，文职干部之间依隶属关系和行政职务，构成首长与部属、上级与下级或者同级关系。部属、下级必须服从首长、上级。"同级之间应当互相尊重，密切配合，团结协作。但法律、军事法规只是概括地规定了上下级的命令服从关系，但对这种命令服从关系的内容未作规定。

的回答:"部属对命令必须坚决执行,并将执行情况及时报告首长。如果认为命令有不符合实际情况之处,可以提出建议,但在首长未改变命令时,仍须坚决执行。"但这并未对上级下达的违法命令如何处理进行规定。与之相对照的是《公务员法》,该法尽管也规定了下级要服从上级,却也禁止公务员执行明显违法的决定或者命令。①这种细微的差异表达了军事与行政的差异。另一方面,《刑法》第421条规定了"战时违抗命令罪",强调部属必须执行上级下达的命令,而在第427条规定了"指使部属违反职责罪",明确禁止领导通过命令指示部属违反职责,但没有规定部属此时应承担何种责任。显然,《刑法》只规定了不服从上级命令的部属应当承担责任,却没有规定服从命令但违反职责的军人应当承担什么责任,这实际说明了法律对军事命令效力的谦抑。

但值得我们注意的是,军事命令行为并非完全不受法律的约束。命令行为与法律之间存在两个层面关系:第一,命令行为的成立,命令的成立,要求确有首长与部属、上级与下级的关系,并符合命令行为的成立要件;第二,命令行为的有效,命令的有效,要求命令行为符合法律的规定。

关于这一问题,笔者试举一例:

在笔者所任职的院校,前几年在学员队里实行连队化管理,一个模拟连便自行规定了基层管理规定,其中一条为:宿舍内务不达标的班,记一颗"小黑星"。累计记两颗"小黑星"的班,周末不得安排外出。某班宿舍内务混乱,副指导员(由高年级学员骨干担任)在连务会上要求给该班记一颗"小黑星",并在周末不得安排人员外出。会后,该班班长查看连队的基层管理规定之后,找到副指导员理论,认为只记了一颗"小黑星"就不让安排人员外出的做法,不符合规定,要求撤销。副指导员认识到问题,于是私下对该班班长讲:你们可以安排人员外出。该班班长遂在周日安排了一名学员外出。

这个过程实际包括三个抽象的行为:

第一,副指导员在连务会上下达一项禁令,这一行为与基层管理规定不符;

第二,副指导员私下撤销之前的禁令;

---

① 《公务员法》第60条规定:"公务员执行公务时,认为上级的决定或者命令有错误的,可以向上级提出改正或者撤销该决定或者命令的意见;上级不改变该决定或者命令,或者要求立即执行的,公务员应当执行该决定或者命令,执行的后果由上级负责,公务员不承担责任;但是,公务员执行明显违法的决定或者命令的,应当依法承担相应的责任。"

第三，班长认为禁令已经撤销，所以没有遵守之前的禁令。

就第一个行为而言，副指导员无疑是可以下达禁令的，尽管该禁令与基层管理规定不相符合，但并不影响禁令的效力问题——至于他不按照基层管理规定下达禁令，是否可能产生干部考评等问题上的不利影响，则是另外一个问题。第二个行为却存在明显问题——私下撤销之前的禁令的行为，涉及的问题是该行为是否成立的问题，而非是否生效的问题。命令应当采取何种方式撤销，方为成立？就该事件而言，禁令在连务会上以公开方式下达，而不是私下传达的。对其他参加连务会的干部而言，他们并不知悉这个私下传达的撤销，因此在他们看来，班长安排人员外出的行为，与违抗命令并无差异。因此，命令的撤销，应当以与发布命令同样的方式作出。第三个行为则涉及下级如何服从命令的问题。即便下级认为命令违法，也应服从，这是《内务条令》和《刑法》所共同认可的逻辑，但下级不应服从一个不成立的命令，第一个行为并未被撤销，因此班长仍然应当遵守。

总之，我们说命令行为不受法律约束，是指法律并不十分关注命令行为的有效性问题，却不意味着命令行为是否成立也不受法律约束。

这个问题在古代也有相应安排——古代社会的军事，同样强调军事命令是否成立的问题。例如，在春秋战国时期，中央便发给地方官员、将领铜制的虎符作为调兵凭证。虎符的背面刻有铭文，分为两半，调兵遣将时需要两半勘合验真才能生效。显然，虎符制度并不关注命令是否合法，却涉及命令是否由适当的主体发出，也即命令是否成立的问题。当时的法律同样不禁止拥有虎符之人下达何种命令，所以才有"信陵君窃符救赵"的故事。然而，没有虎符之类文件勘合，军队能否调动，仍然是一个有法可依的问题，而非如我们所假想的那样，只要是上下级关系，就必然产生命令与服从的关系，并且能够任意发号施令。

三、基于职务关系的管理行为的规制

基于职务关系的管理行为，实际与地方政府的行政行为颇为类似。这种管理行为并不涉及上下级的命令关系，必然需要法律的明确规范。具体而言，应满足如下要求：

第一，主体合法。命令行为的产生基于上级与下级、领导与部属的关系，管

理行为却不以上下级关系为基础。这有两种情况：(1)管理主体与被管理者之间不存在上下级关系，甚至可能在级别上低于被管理者，如警备执勤人员基于《警备条令》实施纠察行为，即便涉及级别较高的军官，亦有权采取执法行为。(2)管理主体与被管理者之间存在上下级关系，但管理主体仍有法律上的明确安排和特定性，例如，根据《中国人民解放军纪律条令(试行)》(以下简称《纪律条令(试行)》)第149条之规定，行政看管由相应级别的上级军政主官批准，然而，并非任何一个上级军官就可以下达此项命令，这一规定虽然也体现了上下级关系，但实际并不以上下级关系为行为依据。①

第二，依据法定。基于职务关系的管理行为应有相应法律依据，这种依据并非基于隶属关系、上下级关系而产生的概括的命令服从关系，而是基于法律上较为直接、明确的依据而产生的具体的权利义务关系。它的权限、内容和适用条件等都有明确的限制和要求，不能超越范围实施。例如《警备条令》第八章规定了"警备临时看管"制度，就明确了看管的对象、审批权限、看管时间等具体内容，警备司令部不能违反该条令规定实施看管。②

第三，程序合法。基于职务关系的管理行为，不包括作战指挥行为，因此通常不存在紧迫性的问题，这便提供了程序合法运作的可能性。这类行为必须符合程序正当的要求，应当允许抗辩申诉。例如《中国人民解放军警备条令》第31条便明确规定："任何单位或者个人对警备工作人员在行使职权中的违法违纪行为，

---

① 《中国人民解放军纪律条令》第160条规定："实施行政看管的批准权限，按照下列规定执行：(一)营级单位正职首长批准对义务兵和中级以下军士实施行政看管；(二)团级单位正职首长批准对少尉军官实施行政看管；(三)师级单位正职首长批准对高级军士、中尉、上尉军官实施行政看管；(四)军级单位正职首长批准对少校、中校、上校军官实施行政看管；(五)战区级单位正职首长批准对大校军官实施行政看管；(六)中央军委主席批准对少将以上军官实施行政看管。战区级以下单位各级正职首长按照规定的权限批准实施行政看管，应当同时报上级备案。解除行政看管的批准权限，按照实施行政看管的批准权限执行。特殊情况下，上级单位正职首长可以越级批准或者解除下级单位正职首长批准实施的行政看管。"

② 《中国人民解放军警备条令》第75条规定："警备司令部应当设置警备临时看管场所，用于看管被扣留的军人、车辆和相关物品。警备临时看管场所应当具备基本的生活条件，符合卫生要求。"第76条规定："警备临时看管的管理工作由警备司令部指定的军官负责，管理人员由警备纠察分队派出。"第77条规定："看管被扣留的军人由警备司令部主管首长批准，看管时间一般不超过3日，需要延长的，应当报军区司令机关批准，但累计时间不得超过7日。看管被扣留的车辆和相关物品，由警备司令部主管首长批准。"

有权向其所在单位或者上级机关检举、控告；其所在单位或者上级机关应当及时调查处理。"

第三节 军事行政诉讼制度

近三十年来，行政诉讼制度在我国产生、发展，并得到了广大人民群众的信任，为依法治国、建设社会主义法治国家发挥了重要作用。将行政诉讼制度引入军事领域，是实现强军目标的重要一步，是政治建军、改革强军、科技强军、依法治军的关键一步。据《解放军报》报道，中央军委《军事司法体制改革实施方案》明确提出探索建立军事行政诉讼制度，先行试点、逐步推广。自2016年以来，解放军军事法院在深入调研论证、广泛征求意见基础上，制定了实施方案和指导意见。按照方案，广州军事法院、北京军事法院为试点基层法院，受理第一审军事行政案件。在新形势下，我们更加需要充分认识军事行政诉讼制度的重要性，妥善化解军事行政诉讼运行的制度风险，在确保战斗力的同时推进依法治军从严治军的深入发展。

一、军事行政诉讼制度的价值目标

军事行政诉讼是一项蕴含了丰富价值内涵的制度设计，必须以实现相应价值目标为基本出发点。军事行政诉讼制度价值，在内容上体现为军事行政诉讼制度确立的现实需要，在功能上则体现为军法实务工作者行动的路标和军法研究者解决相关基础问题的指针。科学的军事行政诉讼制度，应当有效实现相应价值目标，避免与之伴生的价值冲突。

(一) 确立军事行政诉讼制度的现实意义

军事行政诉讼制度的目标，应当与强军目标紧密结合，服务中央军委工作大局，深入推进政治建军、改革强军、科技强军、依法治军。具体而言，它包括如下三方面内容：

一是实现依法治权，高质量地推进依法治军。依法治军，关键是依法治权。在中央军委改革工作会议上，习近平总书记强调："要着眼于深入推进依法治军、从严治军，抓住治权这个关键，构建严密的权力运行制约和监督体系。"党的十八大以来，党中央、中央军委和习近平总书记狠抓正风肃纪，军队"四风"问题和腐败现象蔓延势头得到遏制，但一些领导和机关还存在用权随意任性、违法违纪办事的现象。要解决这些问题，关键还是要强化监督体系，特别是强化来自法院、检察院等外部机关的监督。军事行政诉讼制度是专门用于控制权力的制度。这一制度不仅通过赋予相对人诉权，使行政权的行使受到来自外部相对人的监督，而且通过事后救济的方式使滥用职权或违法渎职行为得到纠正，这就在客观上增强了对权力的约束。更重要的是，军事行政诉讼制度对官兵具有更为重要、直接的教育意义，能够有效地提升官兵的法治意识。毫不夸张地说，自行政诉讼制度实施近30年来，每一起行政诉讼案件，都是对行政机关的一次法制教育；每一起行政诉讼败诉，都是对行政机关的一次有力鞭策。将行政诉讼制度引入军内，同样将对官兵法治意识的提升产生重要而深远的影响。

二是妥善处理军地纠纷，保障军民融合顺利实施。2015年3月，习近平总书记在出席十二届全国人大三次会议解放军代表团全体会议时强调，把军民融合发展上升为国家战略，深入实施军民融合发展战略，努力开创强军兴军新局面。这是我们国家首次将军民融合上升到国家战略的高度予以强调。党的十八届五中全会更进一步提出，要推动经济建设和国防建设融合发展，坚持发展和安全兼顾、富国和强军统一，实施军民融合发展战略，形成全要素、多领域、高效益的军民深度融合发展格局。更加深入的军民融合，必然会带来大量的军地合作事务，也可能带来大量复杂的法律纠纷。然而，我军目前关于此类问题的程序规定仍然较为粗疏，且缺乏权威性。以武器装备采购为例，根据现行《装备采购合同管理规定》之规定，如因装备采购合同发生纠纷，装备合同采购双方可以通过协商解决，协商不成的，由总部分管有关装备的部门、军兵种装备部进行调解。装备承制单位对调解仍有异议时，可向总装备部申请复议。然而，装备承制单位的相对方，正是由装备部门授权的军代表机构或其他机构——这就违背了"自己不得为自己法官"的基本要求，很容易引起社会资本的疑虑，使他们不敢、不愿承揽装备制造业务，客观上妨碍了军民融合的推进。军事行政诉讼制度的确立，能够有效化解这一问题：一方面，对于社会公众而言，行政诉讼制度经过三十年实施，早已深入人心，相关司法规则非常熟悉，而不用担心在出现纠纷时要与有些"神秘"

的军事机关打交道,这就实现了纠纷解决的可预测性;另一方面,在此次军队改革中,设立军委政法委,军事法院、检察院不再隶属政治部门,也不再隶属军兵种,而采取按战区设立的做法,极大地增强了军事法院、检察院的中立性,由其处理军事行政诉讼,较为容易获得当事人的信任。

三是维护官兵合法权利,构建风清气正的军内环境。党的十八大以来,党中央和中央军委围绕加强作风建设举措频出,动作之快、力度之大、态度之坚决、影响之广泛、效果之明显,令人耳目一新。然而,侵犯官兵合法权利的事件在部队仍然时有发生。从长远角度出发,必须建立相应体制机制,巩固已有的作风建设成果,将其制度化、法规化。军事行政诉讼则能够有效维护官兵合法权利,形成风清气正的军内环境。行政诉讼不仅通过赋予行政管理相对人的诉权,使权力的行使受到监督,而且通过事后救济的方式使滥用职权或违法渎职行为得到了纠正,这就在客观上增强了行政主体的自我约束机制。所以,实行行政诉讼制度是部队作风建设的一个重要措施。

(二)军事行政诉讼制度体现的价值冲突

法的价值往往存在冲突,这种冲突具有对立统一性,如秩序与自由、公正与效率,经常出现冲突之处,但归根结底又具有统一性和一致性。军事行政诉讼制度更是集中体现了这种冲突。具体而言,包括如下两个方面问题:

一是军事指挥权、军队建设权与军事司法权的冲突。"军种主建,战区主战"格局的产生,赋予了各机关在领导上的权限。二者因专业而各自具备相关领域的权威。军事行政诉讼制度的建设,不可避免地触及法院对军事指挥权、军队建设权的干涉。美国南北战争时期的著名将领谢尔曼将军(General Sherman)曾在参议院中表示:"军队是服从于某一个人统一指挥的武装集团,违背这一原则的任何法律、规则都有可能削弱军队,损害其价值,降低其存在的必要性。"①我国台湾学者对此亦有类似认识,军事审判设置目的,"系以贯彻军令、维持军纪为主要目的",适用于"效命疆场,以服从军令,恪遵军纪为天职"之现役军人,

---

① General William Tecumseh Sherman, Hearings on H. R. 2498 Before the Subcommittee of the House Committee on Armed Services(81 st Congress, 1949) at 789 (reprinted in Index of Legislative History Uni/brm Code of Military Justice(Hein, 2000)).

"以争取战争之胜利"。①军事行政诉讼,实际使军事指挥权、军队建设权处于一种可审查的场景中。

二是官兵权利保障与指挥官纪律权威的冲突。对地方而言,行政诉讼制度的目的就是维护公民合法权利,监督行政机关依法行政,二者之间没有任何冲突。然而,军队是执行战争和非战争军事行动任务的武装集团,官兵合法权利和指挥官权威都是需要重点考虑的价值。军队的纪律性,强调上下级的服从关系,这是军队打胜仗的前提。董必武就曾于1957年指出,"军队里面需要法制,法制的作用在于巩固军队纪律"。②这种价值取向的差异,从根本上决定了军事司法制度的特殊性。因此,在行政诉讼制度的建设过程中,必须兼顾官兵权利保障与指挥官权威的维护。

(三)军事行政诉讼制度价值冲突的解决

军事行政诉讼制度的建设,需要考虑军事行政诉讼制度的价值目标,审慎解决军事行政诉讼制度的价值冲突。

一是充分认识到军事行政诉讼价值冲突的内在统一性。应当认识到,军事正义与军队建设并没有本质冲突,它们是矛盾的一体两面,单纯强调军事正义,或单纯强调战斗力都是片面偏颇的。前述两种对立关系虽然存在,但也能够最终统一于强军实践当中:第一,就军事指挥权、军队建设权与军事司法权的冲突这一问题,应当认识到,根据《中央军委关于新形势下深入推进依法治军从严治军的决定》,军事权力应当遵循"党委依法决策、机关依法指导、部队依法行动、官兵依法履职"的基本要求,军队建设和军事指挥必须依法进行,当军队建设、军事指挥的相关权力超越法律限制之时,即应当受到限制,相关机构也应当承担相应责任。第二,就官兵权利保障与指挥官纪律权威的冲突这一问题,应当认识到,在新形势下,只有在"办事依法、遇事找法、解决问题用法、化解矛盾靠法"的新环境中,指挥官权威才能真正树立起来。科学合理的军事行政诉讼制度,能够促进科学的军事制度的形成,为政治建军、改革强军、科技强军、依法治军

---

① 林纪东著:《"中华民国""宪法"逐条释义》,台湾三民书局1998年版,第132页。
② 《董必武法学文集》,法律出版社2001年版,第380页。

提供强大助力。

二是要充分尊重军事活动的专业性和司法活动的权威性。军事司法制度的建设，不可避免地造成军事法院对军事指挥官权限的干涉。解决这一冲突，应当充分尊重军事、司法两方面的专业性：第一，从军事活动的特点出发，法官应当对军事指挥权保持相当程度的尊重。现代军事科学高度发达，相比军事法官，一线指挥官在军队管理方面更具有专业性。同时，一线指挥官在军队管理中处于更有利的位置，他们在相关纠纷中更加靠前，对相关情况更加了解，更容易理解其所采取的某些措施在部队管理运行过程中所可能产生的复杂效果，法官则可能难以了解这些问题。这就需要法院对军事指挥官权力应当予以相当程度的尊重。第二，军事机关亦应尊重司法活动的权威性，和军事一样，司法同样是一项专业的工作，法官需要精通整套诉讼程序和全部实体法律，并经过长时间的训练和实践，方能对具体个案作出公正、合法的判断。因此，在审理案件的过程中，司法机关的权威性理应得到充分尊重，作为独立的第三方，司法机关不应受到外界力量的不当干涉，应该独立自主地认定事实、裁断纠纷、适用法律。

三是要科学确立军事行政诉讼基本制度安排，稳步推进制度落实。军事行政诉讼制度集中体现了军事权与司法权的制度冲突，要科学确立军事行政诉讼基本制度，必须着眼军队实际情况与军事行动客观要求进行相关制度安排：第一，要科学设定军事行政诉讼受案范围、原告资格等相关制度。军事行政诉讼受案范围，是指军事审判机关与其他机关在解决军事行政纠纷，受理行政诉讼案件上的分工和权限范围，它涉及两个基本问题：哪些涉军纠纷应被纳入行政诉讼？哪些涉军行政纠纷应由军事法院进行最终解决？军事行政诉讼原告资格，则关系到相关当事人提起行政诉讼的条件与资格。这些问题的解决，应当以军事需要为基本依循，立足军事社会关系和军事制度的特征，对于那些具有高度的技术性和内部性的行为，不被纳入行政诉讼受案范围。同时，还要考虑到法院的实际情况，逐步扩大受案范围与原告资格，确保制度稳步落实。第二，要针对军事行动需要采取相关制度安排。在战时状态下，国家安全、主权和领土完整很可能遭到极大威胁，社会秩序动摇，人民生命财产安全难以保证。在这一状态下，军事目的及全方位的军事支援成为国家一切活动的重心。此时，包括司法活动在内的一切活动，都应首先服从于军事需要，不能对军事行动产生任何形式的延误与掣肘，否则会造成不可挽回的损失，甚至危及政权的巩固。作为一种军事法制度，军事行政诉讼制度必须考虑到保持战斗力、维护军心士气的价值目标，禁止相对人在战时提起军事行政诉讼。

二、军事行政诉讼的当事人制度

根据《解放军报》公开报道，军事行政诉讼试点方案规定，在试点基层法院管辖范围内，军人或军队单位认为军级以下军事机关及其工作人员的军事行政行为侵犯其合法权益的，可以依法提起诉讼。当事人不服一审裁判的，可以分别向南部战区军事法院、中部战区军事法院提出上诉。从公开的规范来看，军事行政诉讼的原告基本确定为军人或军事单位，被告确定为军事机关及其工作人员。

（一）关于原告资格的问题

根据现有方案，军事行政诉讼的原告资格被确定为军人、相对人。这必然带来几个问题：

第一，与行政诉讼法规定的利害关系人主义相冲突。根据《行政诉讼法》第25条之规定，"行政行为的相对人以及其他与行政行为有利害关系的公民、法人或者其他组织，有权提起诉讼"。[①] 而在军事行政诉讼当事人的规定上，采取的却是更加保守的相对人主义，也就是只有行政诉讼相对人才能提起诉讼。然而，大量行为并非只是对作为相对人的军人才产生影响的，例如，根据《军队贯彻实施〈中华人民共和国婚姻法〉若干问题的规定》，现役军人申请结婚由部队团级以上单位政治机关负责审批。倘若政治机关不允许某军人结婚，则其影响的显然不止是该军人本人，如果该军人并不愿意起诉，那么该军人的未婚妻（未婚夫）作为

---

① 2018年《最高人民法院关于适用〈中华人民共和国行政诉讼法〉的解释》第12条规定："有下列情形之一的，属于行政诉讼法第二十五条第一款规定的"与行政行为有利害关系"：（一）被诉的行政行为涉及其相邻权或者公平竞争权的；（二）在行政复议等行政程序中被追加为第三人的；（三）要求行政机关依法追究加害人法律责任的；（四）撤销或者变更行政行为涉及其合法权益的；（五）为维护自身合法权益向行政机关投诉，具有处理投诉职责的行政机关作出或者未作出处理的；（六）其他与行政行为有利害关系的情形。"

利害关系人,自然也应当可以起诉。但以身份为依据阻止了地方当事人的诉权,不利于维护受行政行为影响的相对人权利。

第二,不利于军民融合大背景下的纠纷解决。军民融合意味着军地合作的全面展开,这势必涉及一些针对地方当事人的军事行政行为。对于地方当事人而言,不允许其提起行政诉讼是不妥当的,这使得地方当事人难以有效维护其自身权益,也不利于促进军民融合的深度发展,此问题在受案范围中详述,此处不赘。

(二)关于被告确定的问题

根据当前方案,被告是军事机关作出的决定,但排除了军队党委的决定。但我军的性质决定了,大量行为由党委名义作出。排除了军队党委作为被告,便必然引起实践中的困难。此问题有两个解决途径——一是将军队党委纳入行政诉讼被告范围,但此项做法显然不合逻辑;二是学习地方的做法,实行军队党委和军事机关的分工,也就是所谓"党政分开",但这也必然有一些现实困难,特别是在党对人民军队绝对领导的背景下,根本无从实现。

在这个问题上如何解决,笔者认为需要结合对军事行政行为的认识,明确区分基于隶属关系的命令行为和基于职务关系的管理行为——基于隶属关系的命令行为,可以军队党委名义作出,也可以军事机关名义作出;基于职务关系的管理行为,则不宜以军队党委名义作出。例如,军队律师证的许可、警备临时看管等行为,完全没有必要由党委以自身名义对外作出决定。这样一来,有必要纳入军事行政诉讼的行为,实际上主要都是以军事机关名义作出,这在实践中也有操作的空间与可能。当然,这并不排除党委的领导,一些内部重大决策活动同样应当由军队党委进行,只是在发文之时进行了相应的调整和安排,在一定程度上实现内外有别。

三、军事行政诉讼的受案范围

军事行政诉讼制度必须以我国现行法律为依据创设。2014年修改后的《行政诉讼法》是军事行政诉讼制度建设的基础。受案范围问题的解决,必须严格遵守《行政诉讼法》的规定,贯彻相关条款的立法意图。

（一）明确军事行政诉讼受案范围的方式

受案范围的明确，有概括式和列举式两种方式。概括式意味着，只要法律没有规定不能受理，法院都应当受理；列举式则意味着，只有法律规定可以受理，法院才能受理。前者能够更好地实现权利保障，后者则更加有利于维护行政机关的权威。考虑到军事行政诉讼的特殊性，必须对不同的纠纷类型进行区别对待。其中，国家行政机关作出的涉军行政行为，原则上应由地方法院处理。

军事法院则主要受理针对军地当事人对军事机关行为提起的行政诉讼案件：(1)对军事机关针对地方相对人作出的行政行为，应采用概括法进行受案范围规定，军事机关侵害相对人合法权利的案件，原则上都应当纳入军事行政诉讼受案范围，即便不纳入受案范围的国防行为，只要造成了公民损失，仍应进行补偿或赔偿。(2)对军事机关针对军内相对人作出的行政行为，应采用列举法进行受案范围规定，原则上不受理军事机关对军内相对人的行政诉讼，纳入受案范围的案件类型则应进行列举。

（二）军事行政诉讼受案范围的现行法依据

第一，《行政诉讼法》第 13 条第 1 款规定的"国防、外交等国家行为"。《行政诉讼法》第 13 条规定："人民法院不受理公民、法人或者其他组织对下列事项提起的诉讼：（一）国防、外交等国家行为……"一般认为，国家行为是与国家的重要政策有联系的行为，是关系到国家存亡与国家统治之根本，具有高度政治性、主权性、整体性的国家最高机关的行为。法律排除国防行为的可诉性，是我国军事行政诉讼制度建设的一个较大障碍。实际上，并非军队的所有行为都是国家行为。最高人民法院江必新副院长组织编写的《中华人民共和国行政诉讼法理解适用与实务指南》指出："国防、外交行为等国家行为不可诉，主要是指发布军事演习、实行战争总动员等行为本身不可诉……但是，军事演习结束后，如果因军事演习涉及征用土地补偿的，根据修订后的行政诉讼法第 12 条第 1 款第 5 项规定，对地方政府为配合军演作出的征用土地补偿决定不服的，依然属于行政诉讼受案范围。"①应当注意到，法律之所以将国防、外交行为排除在行政诉讼受

---

① 江必新主编：《中华人民共和国行政诉讼法理解适用与实务指南》，中国法制出版社 2015 年版，第 79 页。

案范围之外,主要考虑的是这些行为的高度政治性和专业性。然而,正如并非所有涉外行为都是外交行为(如颁发护照的行为等)一样,也不是所有涉及军事的行为都能算作国防行为。在划定行政诉讼受案范围时,应当考察这一条文背后的立法意图。

第二,第13条第3款"内部行政行为"。《行政诉讼法》第13条第3款规定:"人民法院不受理公民、法人或者其他组织对下列事项提起的诉讼:……行政机关对行政机关工作人员的奖惩、任免等决定……"这一条文排除了人民法院对行政机关内部行政行为的主管。所谓内部行政行为,是指行政主体在内部行政组织管理过程中所作的只对行政组织内部产生法律效力的行政行为。由于内部行政行为涉及对个人能力素质、尽职尽责问题的评价,法院对此难以作出有效判断,因此,《行政诉讼法》将相关争议排除出受案范围。前已述及,军事行政诉讼制度应能有效应对军内社会关系的处理,而军队管理过程中的行为基本都是"内部"的,若以此为由将这些行为排除出受案范围,军事行政诉讼制度难以实现其应有的价值目标。如何理解这一问题,在遵守《行政诉讼法》的同时,又能有效实现军事行政诉讼的价值目标?笔者认为,应作如下理解:(1)应当将不纳入受案范围的"奖惩任免"严格限定为《纪律条令(试行)》第二章"奖励"、第三章"处分"规定的情形。《纪律条令(试行)》规定了嘉奖、三等功、二等功、一等功和荣誉称号的奖励,并规定了士兵的八种处分[警告、严重警告、记过、记大过、降职或者降衔(衔级工资档次)、撤职或者取消士官资格、除名、开除军籍]和军官的七种处分[警告、严重警告、记过、记大过、降职(级)或者降衔(级)、撤职、开除军籍]。对这些奖励和处分,涉及对个人业绩、履职情况和守纪情况的评判,法院不应审查。(2)行政看管等特殊措施不属于"奖惩任免",应被纳入受案范围。《纪律条令(试行)》在第四章"特殊措施"中规定了行政看管和紧急措施等,这些措施应当被纳入行政诉讼受案范围。理由有二:从效果来看,行政看管等措施类似于行政处罚、行政强制措施等外部行政行为。公务员的奖惩任免最严重的是开除,而不涉及对工作人员人身自由的限制。从适用情形和目的看,行政看管等措施,是维护秩序、制止严重违纪行为、预防事故和案件发生的措施,公务员的奖惩任免,则是对公务员业绩进行的评价。(3)打骂体罚等事实行为与"奖惩任免"没有任何关系,应被纳入受案范围。对地方行政机关而言,一般较少出现打骂、体罚或者变相体罚下属的情形。但在军队内部，这种现象仍在一定范围内存在。由于打骂体罚和变相体罚没有任何法律上的依据，只能引发一定的法律后果（如赔偿等），不能直接产生、变更或者消灭行政法律关系，是行政主体基于职权实施的一种事实行为。这类事实行为虽然发生在"内部"，看似是一种"惩罚"，却没有内部行政行为所应有的法律效果，仍应被纳入行政诉讼受案范围。总之，发生在军队内部的行为，不应完全理解为"奖惩、任免等决定"，并以此为由排除出行政诉讼受案范围，这不仅不利于官兵合法权益的维护，也不符合军事行政诉讼制度设立的目标。《行政诉讼法》第13条第3款规定的"奖惩、任免等决定"应仅限于根据纪律条令所进行的对士兵的八种处分和对军官的七种处分。至于行政看管等行为、打骂体罚等事实行为，则应被纳入行政诉讼受案范围。

第三，第12条第1款第11项"行政合同"。《行政诉讼法》第12条第1款规定："人民法院受理公民、法人或者其他组织提起的下列诉讼：……（十一）认为行政机关不依法履行、未按照约定履行或者违法变更、解除政府特许经营协议、土地房屋征收补偿协议的……"这一规定将行政合同纳入行政诉讼受案范围，是《行政诉讼法》在2014年作出的一项重大修改。不同于其他行政行为，行政合同是一种双方行政行为，具有合意性。在军民融合大背景下，军地之间也存在大量协议，但没有就此规定向对方可以就此类协议提起行政诉讼或民事诉讼。以武器装备采购为例，根据现行《装备采购合同管理规定》之规定，如因装备采购合同发生纠纷，装备合同采购双方可以通过协商解决，协商不成的，由总部分管有关装备的部门、军兵种装备部进行调解。装备承制单位对调解仍有异议时，可向总装备部申请复议。然而，装备承制单位的相对方，正是由装备部门授权的军代表机构或其他机构——这就违背了"自己不得为自己法官"的基本要求，很容易引起社会资本的疑虑，使他们不敢、不愿承揽装备制造业务，客观上妨碍了军民融合的推进。还要注意到的是，2015年11月中央军委改革工作会议上，习近平总书记指明了停止有偿服务的改革目标。作为改革的一项重要内容，全面停止对外有偿服务，有利于纯洁部队风气，有利于保持人民军队性质和本色，有利于专注练兵备战这个中心任务，具有正本清源的重大意义。然而，这场在探索中的实践，也不可避免地会产生一些新的问题。其中，大量行政合同的解除，需要确立相应的纠纷解决机制予以有效应对。

第四，第 12 条第 2 款规定的"其他行政案件"。《行政诉讼法》第 12 条第 2 款规定："除前款规定外，人民法院受理法律、法规规定可以提起诉讼的其他行政案件……"这一规定有两层含义：第一，承认以往已经根据法律、法规纳入受案范围的行政纠纷；第二，授权法律、法规对行政诉讼受案范围进行扩充。这就为中央军委制定军事法规明确军事行政诉讼受案范围奠定了法律基础。还应注意的是，以往的一些地方性法规也规定，可以对一些涉军争议提起行政诉讼，此类案件由谁处理，应在接下来的制度设计中予以明确。

（三）军事行政诉讼受案范围的具体建构

军事行政诉讼受案范围问题，涉及两个问题：第一，哪些涉军纠纷应该被纳入行政诉讼？第二，哪些涉军纠纷应该被纳入军事行政诉讼，由军事法院管辖？笔者认为，此问题应条分缕析，分类处理。

第一，国家行政机关作出的涉军行政行为。基于军事行政诉讼制度效能的考虑，应当将一些应由地方法院主管的公共行政纠纷剔除出军事行政的诉讼的范畴：(1)国家行政机关针对普通公民的涉军行政。这些行为主要是一些与军事有关的普通行政行为，如行政机关因部队演习而发布实施的土地征收征用、海域禁渔禁航等。此类涉军行政行为以国家行政机关名义作出，相对人也是普通公民，由地方法院处置似乎更为妥当。(2)国家行政机关对部队、军人的行政。此类行为较为宽泛，如规划部门查处军队单位违规建设、交通警察查处军车违章、公安机关查获军人违法，等等。在此类行政行为中，部队、军人处于行政相对人地位，如果不服行政机关的处理，自应向地方法院提起行政复议或行政诉讼。(3)国家行政机关与军事机关共同作出的针对普通公民的涉军行政。此类行为包括一些涉及身份的行为，如兵役、动员等，针对此类行为，应当以作出该行为的行政机关和军事机关作为共同被告，并由当事人选择在军事法院或地方法院起诉更为妥当。实践中，一些地方行政机关应军事机关要求作出行政行为，如根据《警备条令》的规定，针对假冒军人证件的行为，警备司令部只能采取制止措施，并协调地方行政机关处理。此类行为，不属于这里所说的"共同作出"的行为，应以作出该行为的国家机关为被告。(4)军事机关以国家行政机关名义作出的针对普通公民的行政行为。最典型的例子是，武警消防、边防等部队，有相当宽泛的行政职权,能够进行大量行政执法活动,其中,消防机关就经常以公安机关的名义对外作出行政行为。这种情况,一般应视作地方行政机关作出的行政行为,由普通法院管辖。

第二,军事机关对地方相对人的行政行为。军事机关对地方相对人的行政行为,主要是基于维持军队秩序、便利军事行动的需要。我军素有严格的群众纪律,对群众造成的损失应当充分承担责任:(1)军事机关对地方相对人的行政行为原则上都应被纳入军事行政诉讼受案范围。对军队而言,此类行为主要有三种:一是针对涉军违法违纪行为的处罚。关于此类处罚,主要规定在《警备条令》中,如该条令第六章第一节就对假冒军人、军车、军事单位的行为规定了相应措施。二是因退役军人待遇而产生的纠纷。此类纠纷一般发生在退役军人与地方政府之间,主要涉及退役军人的待遇和安置问题,但也有少量纠纷发生在退役军人与部队之间。三是涉军行政合同。前已述及,部分涉军合同纠纷只能在复议程序中解决,极不利于军民融合战略的深度发展。(2)国防行为不应纳入军事行政诉讼受案范围。一些行为不属于军事行政行为,而属于《行政诉讼法》第13条第1款的"国防行为"。主要是部队在军事训练、战备勤务、防卫作战等活动中,为了实际需要,要求公民或组织提供便利条件或者其他协助的,不应纳入行政诉讼受案范围。此类行为具有明显的主权特性,法院也难以判断此类行为的恰当性。(3)对国防行为造成的损失,应当进行补偿,并可能引起相关诉讼。如果公民或组织因部队行动而造成损失的,在实践中也往往进行了相应补偿,《国防动员法》对此作出了明确规定,其中第41条第2款规定,"国家对因承担转产、扩大生产军品任务造成直接经济损失的单位给予补偿"。第58条规定:"被征用的民用资源使用完毕,县级以上地方人民政府应当及时组织返还;经过改造的,应当恢复原使用功能后返还;不能修复或者灭失的,以及因征用造成直接经济损失的,按照国家有关规定给予补偿。"如果因此产生纠纷,也可以通过行政诉讼加以解决。

第三,军事机关对军内人员的行政行为。军事机关对军内人员的行政行为,是一种针对内部相对人的行为。由于这些行为往往具有高度的技术性和内部性,不应被纳入行政诉讼受案范围。但考虑到军事社会关系和军事制度的特征,应当将如下几类行为纳入行政诉讼受案范围:(1)行政看管等"特别措施"。行政看管等措施，在行为性质上已经极为类似于行政处罚和行政强制措施，已经不是一般的内部行政行为所能涵盖。应当将《纪律条令(试行)》中规定的这些"特别措施"纳入行政诉讼受案范围。(2)违法要求履行义务。由于军队系统的特殊形态，违法要求部属履行义务的现象比较普遍。所谓违法要求履行义务，不是基于军队建设、军事行动的需要，而是基于个人私利的考虑。这不仅助长了不正之风，给基层官兵增添了很大的负担，也侵害了军队内部的公平公正。对于此类行为，本身不是行政法律行为，但借用了职权，因此可理解为行政事实行为，并被纳入行政诉讼受案范围。(3)侵害军人合法权利案件。军人的合法权益应当得到保障，军人的相当部分权利不涉及人事考虑，而仅仅涉及权利问题。例如，《军人保险法》第45条规定，"军队后勤(联勤)机关财务部门、社会保险经办机构，有下列情形之一的……造成损失的，依法承担赔偿责任……"这里的赔偿是什么？显然，这应当是属于国家赔偿的一种。

最后，需要说明的是，受案范围是军事行政诉讼制度的基础；受案范围的明确是军事行政诉讼制度建设的第一步。在明确这一制度具体内容之前，极有必要展开更加深入的调研和试点工作。当前的工作，虽然已经卓有成效，仍然不足以支持一套行之有效、科学管用的军事行政诉讼制度的形成与完善。

第四节　军人惩戒制度

军队对军人进行惩戒，其目的在于维护军纪的权威，是军事行政过程中非常特殊的一种制度——这种特殊性，不仅体现在该制度与一般的行政处罚、行政处分的差异性，也体现在它与其他类型军事行政制度的差异性。关于执纪制度的研究，应首先对我军纪律进行细致划分。具体而言，应包括政务处分和特殊处分两个基本类型。二者存在显著差异，应在不同层面进行设计。

一、我军军人惩戒机制的基本内容

军人的惩戒总体可以分为行政惩戒和司法惩戒，对于军队中的党员而言还有党内惩戒。这里所阐述的，仅仅是行政惩戒。

《中国人民解放军纪律条令(试行)》(以下简称《纪律条令(试行)》)明确规定

了两种类型处分：第一，《纪律条令（试行）》第六章"处分"中分别对义务兵、士官、军官（文职干部）规定的处分，以及在第七章"特殊措施"中规定的"士官留用察看"，同样属于此种类型。此类处分，与《公务员法》所规定的处分较为类似。第二，《纪律条令（试行）》第七章"特殊措施"中规定的"行政看管""暂时予以扣留""先行照管或者治疗"，以及在发生临阵脱逃、投敌叛变以及严重暴力犯罪行为且来不及报告时，采取的"紧急措施"。实际上，这类措施主要涉及处分，但也同时包括部分强制措施，即不具有惩戒性，只具有预防性的行为。此外，对于军队中的党员，还可以对其执行《中国共产党纪律处分条例》中的惩戒措施。

军纪中的这两种类型处分，差异极大。我们可以把前者称为"一般处分"，把后者称为"特殊处分"，详见表7-1的区分。

表7-1

	一般处分	特殊处分
适用对象	区分义务兵、士官、军官（文职干部）设置不同处分	不区分军人身份，对任何军人都适用
适用情形	不具有现实危险性的违纪违法行为	具有现实危险性和暴力性的行为
适用效果	评价其表现、影响其荣誉、晋升、待遇	直接针对人身自由甚至生命
有无影响期	有	无

总体而言，《纪律条令（试行）》基本是按照这个逻辑进行章节设计的。但也有个别问题——"士官查看留用"显然应该是一种一般处分，其适用对象是对拒不履行职责、不起骨干作用、经批评教育不改的士官，其适用效果等也不直接针对其人身，却被放到第七章"特殊措施"当中，显然不符合"特殊措施"的制度逻辑。

二、纪律处分机制的完善

完善纪律处分机制，可以参考借鉴地方方案和境外方案。具体而言，有如下两个可能的方向。

（一）处分机制的地方方案

一般处分机制的主要参照，是地方政府和监察机关对公务员的处分制度。当前，除党员干部的党纪处分以外，地方公务员的处分还有两种：（1）根据《公务员法》实施的处分；（2）根据《监察法》实施的政务处分。这两种处分都包括警告、记过、记大过、降级、撤职、开除。两种处分效力等同，互相补充。根据《公务员法》第61条第2款之规定："对同一违纪违法行为，监察机关已经作出政务处分决定的，公务员所在机关不再给予处分。"同时，中央纪委和国家监委在2018年发布的《公职人员政务处分暂行规定》第19条第2款规定："对公职人员的同一违法行为，监察机关已经给予政务处分的，任免机关、单位不再给予处分；任免机关、单位已经给予处分的，监察机关不再给予政务处分。"

然而，2018年3月通过的《监察法》仍然对公职人员的处置机制进行了重塑。根据《监察法》第45条之规定，处置措施包括：（1）针对轻违纪，采取谈话提醒、批评教育、责令检查，或者予以诫勉；（2）针对一般职务违法，采取警告、记过、记大过、降级、撤职、开除等政务处分决定；（3）针对领导责任，直接作出问责决定，或者向有权作出问责决定的机关提出问责建议；（4）涉嫌犯罪，移送人民检察院依法审查、提起公诉。这里需要注意的是，尽管《监察法》扩充了处置机制，但没有对处分的内涵和外延进行变更。该条文第2项的措施与之前的政务处分、处分完全一致，其他项目则不能被称为处分。由此，《监察法》在一般称为处分的以外，新创"处置"一说，将针对轻违纪的措施、针对负领导责任的人的问责、针对犯罪行为的移送，都纳入了监察机关处置的范围。

这就有两层体制：一方面，可以由公务员所在单位对违法人员进行处分；另一方面，如果公务员所在单位不及时处分，则由监察机关进行政务处分，如果有必要，监察机关还可以对负有领导责任的干部问责或建议问责。

（二）纪律处分的域外方案

总体而言，域外军队纪律处分有两项特征。

第一，轻重有别、相互衔接的纪律处分措施。美军的《统一军法典》由轻到重规定了五种主要的纪律措施：（1）行政处分（administrative action）。行政处分包括两类，一种是任何上级都能作出的轻处分，包括行政劝导（administrative counseling）、警告（admonition）或申斥（reprimand），对于这些轻处分，军人的救济权受到很大限制；另一种是非自愿退役（involuntary discharge），这种处分必须由涉事军人的指挥官提出，并经上级指挥官核准，军人可以申请听证，相应听证程序非常类似于民事法院的审理程序，例如当事人有权请求证人出庭并进行交叉询问。（2）指挥官不经军事审判的惩罚（commanding officer's nonjudicial punishment），此类惩戒由军人的指挥官或相关主管官员实施，所针对的是轻微的违法行为，最重的惩罚是降级、不超过三十天的矫正监护（correctional custody）、两个月的工资减半。这类惩罚应当遵守基本的正当程序原则，涉事军人有权知悉所受惩戒，了解相关证据，进行陈述辩解、提供有利证据，并有权将相关程序公之于众。（3）简易军事法庭（summary court-martial）的审判，简易军事法庭是级别最低的军事法庭，在军内的角色类似于地方上的治安法官或市政法院法官，处理的是即决的轻微犯罪，法庭的主持者可以不是军法官或律师，最高的惩罚与指挥官不经军事审判的惩罚类似，甚至权限更低，包括降级、不超过三十天的矫正监护（correctional custody），以及不超过一个月的工资减少三分之一。（4）特别军事法庭（special court-martial）的审判，特别军事法庭相当于地方的轻罪法庭，其处罚最高可以是降为士兵的最低阶、一年的监禁、不超过一个月的工资减少三分之一，以及勒令退伍（bad conduct discharge）。（5）最高军事法庭（general court-martial）的审判，最高军事法庭相当于地方的重罪法庭，其处罚措施最高可以是勒令退伍、不名誉退役（dishonorable discharge）、不得假释的终身监禁，以及死刑。①

第二，相对独立的纪律处分实施机制。纪律处分的实施，在域外主要是宪兵制度。宪兵是一支军队或某一级军事指挥机构内的组成部分，是很多国家在军队中设立的一个特殊部队或军种，该部队通常的任务不是与敌人作战，其职能主要是维系军纪，约束其他军人行为举止，处理军队中的各种刑事案件。在大部分国家，地方警察无权管辖军人犯罪事务，处理这些事务就是宪兵的职责。有时，对于平民的犯罪行为（通常是涉及政治或军事的犯罪行为），也属于宪兵的管理权

---

① Rodger A. Jr. Drew, "An Introduction to the U. S. Military Justice System", 45 JUDGES J. 7 (2006), pp. 8-9.

限。需要注意的是，有些学者将我国的人民武装警察理解为宪兵，这个观点无疑是错误的。宪兵的首要职责是军事警察，只在特殊情况下才处理民事事务。武警具备宪兵的民事警察职能，但其军事警察职能却没有任何体现。特殊处分的执纪机关，实际是纠察和安全管理部门。设立宪兵可能有如下好处：（1）宪兵部队较为独立，与军事指挥体制有效隔离，能够更好地维持纪律。（2）相比安全管理部门，宪兵有一定的武力，在战时能够更好地处理好违纪案件。但对于我军而言，成立宪兵部队也有一定困难：第一，与我国对宪兵的传统认知不符，由于日军宪兵和国民党宪兵的种种恶行，我国军民已有固有观念，认为宪兵是邪恶的化身，这也可能是我军始终不设置宪兵的理由，但实际上，改用军事警察（英文中的宪兵就是 military police）可以多多少少缓解这种情绪。第二，与我军传统不符。我军素无分权的传统，宪兵制度实际是将军队的执纪执法权单独剥离，是否适应军队实际，仍需进一步考虑。第三，如何既确保指挥官权威，又维护纪律尊严、形成平衡，是宪兵制度设立所需要解决的关键问题，而这个问题恰恰难以解决。

三、纪律处分的救济

对官兵而言，当受到纪律处分时，何种情况下可以得到救济？得到何种救济？笔者提出如下建议：

（一）一般处分的救济：控告申诉

《监察法》和《公务员法》都规定了一般处分的救济手段，主要是控告申诉。军队内部的救济，也不宜脱离这一基本框架。此种行为也不宜提起行政诉讼。要注意到，《行政诉讼法》第13条第3款明确规定："人民法院不受理公民、法人或者其他组织对下列事项提起的诉讼：……行政机关对行政机关工作人员的奖惩、任免等决定……"这一条文排除了人民法院对行政机关内部行政行为的主管。所谓内部行政行为，是行政主体在内部行政组织管理过程中所作的只对行政组织内部产生法律效力的行政行为。由于内部行政行为涉及对个人能力素质、尽职尽责问题的评价，法院对此难以作出有效判断，因此，《行政诉讼法》将相关争议排除出受案范围。

(二)特殊处分的救济：行政诉讼

行政看管等特殊措施不属于"奖惩任免"，应被纳入受案范围。理由有二：第一，从效果来看，行政看管等措施类似于行政处罚、行政强制措施等外部行政行为。而公务员的奖惩任免最严重的是开除，而不涉及对工作人员人身自由的限制。第二，从适用情形和目的看，行政看管等措施，是维护秩序、制止严重违纪行为、预防事故和案件发生的措施，公务员的奖惩任免，则是对公务员业绩进行的评价。对于前者，采取外部监督是主要方式；对于后者，则应参考公务员的保障。

第五节 本章小结

军事行政是一个糅合了不同价值诉求的概念，尽管军事活动与行政行为之间存在密不可分的关系，在一些国家，行政首脑也是军事统帅(如美国等奉行总统制的国家)，但军事活动本身与行政行为始终存在着较大差异。必须认识到，战场是立尸之地，战争关乎国家气运，这种你死我活的斗争，要求军事机关必须更加高效、权威、并且具有灵活性，军事活动的法律控制必须充分尊重军事活动的专业性，避免破坏军队所应有的灵活机变，绝不能妨害军事目标的有效达成。同时，大量军事行政行为发生在军队内部，法律若不能有效制约，就可能导致军事权力行使过分任意，产生滥权之虞，也会干扰和影响部队战斗力的生成。正是在这个意义上，我们在对军事行政相关问题进行分析的时候，面临着两方面的冲突与纠结，必须更加谨慎小心地对军事活动进行法律限制。正是在这个意义上，对军事行政制度进行完善，需要进行更为谨慎科学的制度设计与安排，从而为实现军事法治、发挥军事效能提供更为可靠可行的制度方案。

第八章　军事司法原理

前已述及,"军—法"关系问题,居于军事法学研究的核心。而在军事司法制度的运行过程中,军事与法律之间的价值冲突表现得极为清晰,这也使军事司法制度呈现出有别于普通司法的复杂样貌。具体而言,军事司法所具有的军事性和法律性,形成了军事司法制度研究的基本问题——军事性强调军事司法制度作为纪律手段的价值,法律性则强调军事司法制度在实现公平正义方面的价值。化解这种价值冲突,是军事司法制度得以科学构建的关键。军事司法制度集中体现了这一内在矛盾,将两个看似矛盾的问题糅合到一起,并直接反映了军事与法律的差异性与一致性。此处关键在于,军事司法权到底源自国家司法权,还是军事统帅权?选择的不同,理所当然地产生了不同的价值取向与制度选择,并产生截然不同的效果:(1)价值取向不同:如果军事司法权源自国家司法权,则必然以公正为首要考虑;如果军事司法权源自军事统帅权,则必然以纪律维持为主要目标。(2)制度重心不同:如果军事司法权源自国家司法权,则军事领域中运行的司法制度,司法独立、程序正义等司法公正的基本要求应当得到首先考虑;如果军事司法权源自军事统帅权,那么军事司法就必然体现为以司法为手段的军事活动,制度设计必须首先考虑军事目标的有效实现。(3)权威基础不同:如果军事司法权源自国家司法权,其权威则来源于法官;如果军事司法权源自军事统帅权,其权威则来源于军事指挥官。具体而言,传统视域下的军事司法,更多体现为一种纪律手段和军事制度,但随着司法文明的进一步发展,军事司法制度的定位发生了一定偏移,更多地开始强调正义保障的价值,并在制度建设过程中逐渐向民事法院靠拢。

第一节 军事司法制度的发展变迁

就军事司法制度的总体发展而言,"二战"之前军事司法制度主要被视为一种军事手段和纪律手段。但在"二战"之后,在新的人权观念、司法观念的影响下,军事司法制度正在经历一个从军事制度向司法制度的转移。这个历史变迁是我们论述军事司法制度的基本背景。

一、作为纪律手段和军事制度的传统军事司法

军队极端重视纪律性,上级命令的坚决贯彻执行是军队打胜仗的前提。正因如此,在第二次世界大战之前,在传统军事司法理论中,有效维持军队的纪律,被视为军事司法制度第一位的考虑,甚至优先于对正义价值的追求。

(一)价值取向:维护军队的士气与纪律

基于打胜仗的考虑,指挥官必须在军事行动中享有无上权威,美国南北战争时期的著名将领谢尔曼将军(General Sherman)曾在参议院中表示:"军队是服从于某一个人统一指挥的武装集团,违背这一原则的任何法律、规则都有可能削弱军队,损害其价值,降低其存在的必要性。"[1]美国军事法院上诉法官 Walter T. Cox 也在 1987 年纪念美国宪法 200 周年的演讲中提出:"什么样的军事司法体系能够有效维持部队的士气和纪律?"[2]我国台湾学者对此亦有类似认识,军事审判设置目的,"系以贯彻军令、维持军纪为主要目的",适用于"效命疆场,以服从军令,恪遵军纪为天职"之现役军人,"以争取战争之胜利"。[3]"军队需要战力,需要团结,又要机动,需要上命下达,迅速果决,无可怀疑。显然一般适用于民间的刑法法规及刑事诉讼制度,并不足以因应亟待战斗力、团结力、服从心

---

[1] General William Tecumseh Sherman, Hearings on H. R. 2498 Before the Subcommittee of the House Committee on Armed Services(81 st Congress, 1949) at 789 (reprinted in Index of Legislative History Uni/brm Code of Military Justice(Hein, 2000)).

[2] Walter T. Cox, "The Army, the Courts, and the Constitution: The Evolution of Military Justice", 118 Mil. L. Rev. 2 (1987).

[3] 林纪东:《"中华民国""宪法"逐条释义》,台湾三民书局 1998 年版,第 132 页。

需求的此一特殊团体，因此各种军法法令即以特别法的地位分别于普通刑法法令之外加以制定，并于平时各种教育训练及生活中落实实施，以养成其服从纪律及规律生活、团结一致的习惯，俾便战时紧急状况自然反应。"①这种价值取向从根本上决定了军事司法制度的特殊性。

(二) 制度安排：指挥官维护纪律的工具

既然军事审判的主要目的是维护军队内部的纪律，那么维护军事指挥官的权威便不可避免地成为军事司法制度的一项重要任务。基于这项考虑，指挥官也就无可避免地成为军事司法制度中的核心成员，并对这一制度产生极为重大的影响。早在1279年，英格兰国王爱德华一世即颁布法令，规定国王享有统率国家军事力量的特权，同时也享有制定和实施军事纪律的特权。根据后一项特权，国王对军人的军事犯罪享有排他性管辖权，但对军人所犯普通犯罪则与平民法院共享司法管辖权。这一规范明确了一个事实，即国王基于对军队的统帅权而产生对军人进行审判的权力。代表国王掌管军事法的机构是治安长官和纹章院长法庭(Court of the High Constable and Earl Marshal)，这是英国最早的专门军事审判机构。②这个法庭由治安长官(Constable)和纹章院长(Earl Marshal)共同主持，而这两个官员最初的主要职责就是管理国王马匹和马厩，以及与之相关的军事事务。③ 在1521年，当时的国王亨利八世处决了当时的治安长官(High Constable)，这个法庭便只剩下了纹章院长(Earl Marshal)。此后，又设立了由军官组成的特别委员会，也就是所谓的军事法庭，英语最早称之为"Marshal Courts"，后又改称"Courts Marshal"，法庭开始采用固定的审判程序。实际上，Marshal 在军事领域亦有元帅之意，军事司法权基于统帅权而产生的法理逻辑，在这个专门词语中可见一斑。

1689年《兵变法》(*Mutiny Act*)的颁布则标志着新时代的开始，它将军事犯罪编入成文法律，并提供了一个较为原始的军事法庭程序。此后，军法署长(Judge

---

① 林贤宗：《军事审判与军队的建立》，载《军法专刊》2018年第5期，第42页。
② 也有学者将其称为保安长官和最高军务官法庭。参见田友方：《外国军事法评介》，海潮出版社2007年版，第60页。
③ 有趣的是，在中国古代官制当中，管理军政和军法事务的高级官员也被称为"司马"，由此可知战马在中西方战争当中所共同具有的突出重要性。

Advocate General)被赋予监督陆军的临时军事法庭(courts-martial)的任务,而在 1661 年,随舰军法官(Judge Advocate of the Fleet)就已经开始执行了类似的任务。①从 1689 年到 1881 年,为了配合《兵变法》的实施,国王颁布了一系列的军事法令。而 1881 年的《陆军法》(Army Act)和 1866 年的《海军纪律法》(Naval Discipline Act)则成为审理相关犯罪行为的法律依据。而到了第二次世界大战之后,又分别制定了 1957 年《海军纪律法》(Naval Discipline Act 1957)、1955 年《陆军法》(Army Act 1955)和 1955 年《空军纪律法》(Air Force Act 1955)。其中,根据 1955 年《陆军法》(Army Act 1955)之规定,指挥官有权召集法庭,并任命法庭审判员和其他人员,对军人犯罪进行审判。同时,按照 1972 年《诉讼法(军事)》(Rules of Procedure(Army)1972)第 22 条的规定,召集人的职责包括下达法庭的召集令,并决定被告人应受何种指控,等等。甚至根据 1955 年《陆军法》之规定,召集人可以最终核准法庭的事实认定和判决。②

美国沿袭了英国的传统,将军法系统直接视为纪律维持的手段,并强化了指挥官在司法制度中的作用。美国最高法院很早就对此进行了细致分析。美国宪法第 1 条第 8 款规定了美国国会的诸多军事权,包括招募陆军、装备海军并供应给养等。而在美国宪法第 3 条则规定了司法权的适用范围。如果军事法院是根据第 1 条设置,则显然是军事权的延伸,如果根据第 3 条设置,则属于国家司法权在军事领域的运用。在 1857 年的 Dynes v. Hoover 案中,联邦最高法院指出:(宪法第 1 条)"表明,美国国会有权授予自行规定对军人进行审判和惩罚的方式……这与宪法第 3 条毫无关系;事实上,它们根本就是两种独立的权力。"③此后的若干案例中,也贯彻了这一认识。正因如此,Cox 法官形象地将军事法院称为"第一条法院"(article I court),而将普通法院称为"第三条法院"(Article III Court)。正是在这个意义上,有美国学者明确指出,"军法系统是指挥官维持纪律的基本手段之一",④ 它直接来源于总统对军队的统帅权。

---

① Stephen S. Stricke, "'Anglo-American' Military Justice Systems and the Wave of Civilianization: Will Discipline Survive?", 2 Cambridge J. Int'l & Comp. L. 763(2013), 766.
② Simon P. Rowlinson, "The British System of Military Justice", 52 A. F. L. Rev. 19(2002).
③ Dynes v. Hoover, 61 U. S. 20 How. 79(1857).
④ V Hansen, "Changes in Modern Military Codes and the Role of the Military Commander: What Should the United States Learn from this Revolution?", 16 Tul. J. Int'l & Comp. L. 419(2008), 423.

第八章 军事司法原理

在这一理念影响之下,军事法院出于维护军队纪律的考虑,在诉讼中采取更加严格的制度安排,甚至在某些情况下突破了一般法律制度所应恪守的原则:

第一,处罚残酷,甚至大量保留肉刑、死刑。(1)关于肉刑——对现代文明国家而言,肉刑早已不存在于其他领域的处罚,仅在军事司法领域长期存在。早期的美国军队,针对逃兵的处置,是在逃兵所在团的所有官兵面前,将其吊死或以排枪处决。除此以外,美军此时还保留了39~100九尾鞭的鞭刑。① 美国的陆军直到1812年才废止鞭刑,海军则到1850年才废止鞭刑。此外,当时的美军还保留了墨刑、刵刑(割耳)等肉刑。②(2)关于死刑——一些已经在普遍意义上废止了死刑的国家,也保留了军事犯罪中的死刑,例如,意大利是19世纪末最早废除非军事犯罪死刑的三个国家之一,但在其军事刑法典中仍保留了死刑,并且在平时和战时都能适用。③

第二,存在大量细密繁琐的权利限制。纪律与军事审判直接对应,违背纪律的行为可能直接带来军事审判的后果。对现代军队而言,纪律事无巨细,因此军事审判的内容同样事无巨细。在 E. Coffman 的著作里记载了1805年的一件趣事:巴特勒上校是参加过独立战争的老兵,上级命令他剪去自己的小辫子,但巴特勒上校拒绝了,1803年,他便受到军事审判,责令其悔改;但他仍然坚决不剪掉头发,于是在1805年,他被判停薪停职1年。然而,在判决生效之前,他就因黄热病死掉了,至死还保留着他的小辫子。④ 军人的这种权利克减,在相当长的时间内始终存在,并未发生根本转变。

第三,在一定程度上突破了正当程序、罪刑法定等原则。这些原则原本是近现代宪法制度、刑事法律制度所应恪守的基本原则,但在军事法的地盘上,这些原则的适用也出现了例外。特别是一些关于军事犯罪的法律,就直接突破了罪刑法定原则的要求,在美国《统一军事司法典》第十章"罚则"第77条至第134条规

---

① Walter T. Cox, "The Army, the Courts, and the Constitution: The Evolution of Military Justice", 118 Mil. L. Rev. 6 (1987).

② Id., p. 8.

③ 参见《意大利军事刑法典》,黄风译,中国政法大学出版社1998年版,第11、157页。

④ Edward M. Coffman, *The Old Army, a Portrait of the American Army in Peacetime*, 1784-1898, New York: Oxford University Press, 1986 ed., p. 33.

定了军事犯罪的相关问题，其中，第 77 条至第 132 条是有明文规定的犯罪，而第 133 条、第 134 条则规定的是无明文规定的犯罪，即"虽然军法没有明文规定，但是受军法管辖的人员，所有违反或因过失而妨害武装力量优良秩序和纪律，或者行为粗野败坏武装力量声誉，而不构成极刑的犯罪，应当由高级、特别或者简易军事法庭审理，并且按照犯罪的性质和程序酌情惩处"。① 显然，这类规定与罪刑法定、正当程序这两个原则之间出现了极大冲突，让军事法官能够在法律未做明文规定的情况下对军人定罪量刑。这种冲突在宪法中亦有体现，如美国宪法第五修正案即明确规定："非经大陪审团提出报告或起诉，任何人不受死罪和其他重罪的惩罚，惟发生在陆、海军中或在战时或国家危急时期时服役的民兵中的案件不在此限。"② 这就将军事法院的规则与普通法院的规则相区分，对军人在审判中的权利进行了克减。

第四，审判组织、审判程序受制于被告人、犯罪嫌疑人的军阶级别。常见的一种现象，是级别越高的军人，其审判机关级别越高。例如我国台湾地区"军事审判法"在修改之前，规定将官、校官的第一审法院为高等军事法院，尉官、士官、士兵的第一审法院为地方军事法院。这就容易导致同案不同判的问题。例如，在台湾地区发生的洪仲丘案中，涉案的 542 旅旅长沈某志"少将"，便由高等军事法院管辖，相关士官则由地方军事法院管辖，这可能会导致判决出现不一致的问题。同时，由于一审法院的不同，最终的救济也会有所差异。③

第五，区分平战，在战时采取更为严格的规定和惩罚。这种规定的严格性包含多个层面含义，它不仅意味着对战时违反法律的军人施以更加严厉的惩戒和处罚，还意味着扩大军事管辖权范围，将伴随军队行动的平民纳入军事审判的范围。同时，一些平时并不违反刑法的行为，在战时则可能涉嫌犯罪。至于在战时各类刑事强制措施的随意性和严苛性，更是众所周知，无须赘述。

---

① 田友方著：《外国军事法评介》，海潮出版社 2007 年版，第 38 页。
② 关于此条文，有些译文将"战时或国家紧急状态"当做普遍的限定条件，但从原文看，"战时或国家紧急状态"的条件应仅限于服役的民兵，对军人的惩戒无论是平时还是战时，都不受第五修正案的约束。
③ 陈佳诠：《军人人权座谈会"'军事审判法'之修正与人权保障之展望——从正当法律程序原则谈起"会议记录》，载《人权会讯》2013 年 10 月，第 15 页。

二、作为正义保障与司法制度的新型军事司法

受"二战"之后人权思想的影响,特别是在"军人是穿着军装的公民"的观念直接影响下,军事司法制度开始发生深刻变化。新的观念认为,对军事秩序的过度要求有可能损害公平正义的实现。从域外情况而言,军事司法制度已逐渐从一种军事制度转变为国家制度。

(一)价值取向:实现军队的公正

司法的首要价值在于它是正义的最后一道防线,其存在的意义就在于实现和维护全社会的公平正义。军事司法的司法性,要求军事司法活动必须保持其公正性。可以说,公正是司法制度确立的目的,如果实现不了公正,司法是毫无价值的。这种公正性有非常具体的要求,其主要内容包括司法制度合理、司法程序正当、裁判结论确定、法官形象端正、司法环境良好等。①公正,对司法制度提出了一些基本要求,法官应当具有与其职责相匹配的中立性和权威性,并且具有法律上的职业保障,以使其不受法律以外任何权威的干扰,只服从于法律。

这种观念的产生,与"二战"之后人权思想滥觞不无关系。军队并非法外之地,"军人是穿着军装的公民",因此必然享有公民权利。军人权利受限,只是基于职务的要求,并不影响其基本权利。一些国家的宪法对此作出了明确规定,譬如:《以色列国基本法》第9条明确规定:"服务于以色列国国防军队、警察、监狱以及其他国家安全机关的人员享有本基本法赋予的权利,不得被限制或者以其作为工作的交换条件,除非法律规定并且以不超过所服务的工作性质的程度为限。"②又如,《印度共和国宪法》第33条规定:"议会得以法律决定在何种范围内,本编赋予的权利在其适用于以下人员时:(1)武装部队成员;或者(2)负责维护公共秩序之部队的成员……应受限制或者与该系统有关的人,应受限制或者克减,以确保他们妥善履行其职责并维持他们之间的纪律。"③显然,在这种理念

---

① 参见王晨:《司法公正的内涵及其实现路径选择》,载《中国法学》2013年第3期。
② 孙谦、韩大元主编:《公民权利与义务——世界各国宪法的规定》,中国检察出版社2013年版,第49页。
③ 孙谦、韩大元主编:《公民权利与义务——世界各国宪法的规定》,中国检察出版社2013年版,第61页。

指引下，接近正义(access to justice)的权利并不应因其军人身份而受到限制与过分克减。

(二)制度变迁：向民事法院靠拢

从战后的情况来看，这个世界上的一些主要国家和地区，都对军事司法制度进行了较大的改革：一方面，军事法院的管辖范围进一步限缩；另一方面，军事法院的程序机制开始向民事法院靠拢，军法官独立行使职权得到法律和程序的更进一步保障。

1. 英国军事司法的改革

实际上，早在20世纪60年代中期，英国就已经开始了对军事司法制度的改革。这主要是受到了压力集团、议会激进主义、司法审查扩大等各种因素的影响，甚至军事当局在这一时期也对法律现代化形成了有限的共识。在这个过程中，地方刑事司法的一些措施、制度被引入军事司法。[①] 然而，这种改革仍不足以让军事法院的审判活动达到与地方法院一样的公正性和独立性。真正让英国对军事司法制度进行彻底审视和改革的，是《欧洲人权公约》和欧洲人权法院的相关判决——作为曾经的欧盟成员国，英国曾经负有尊重《欧洲人权公约》的义务，而英国公民在穷尽了一切国内救济途径的情况下，可以向欧洲人权法院起诉。在这个过程中，英国的军事司法制度饱受质疑，主要反对意见在于，根据《欧洲人权公约》第6条第1款之规定："在决定某人的民事权利与义务或在决定对某人的任何刑事罪名时，任何人有权在合理的时间内受到依法设立的独立与公正的法庭之公平公开的审判。"具体从制度建设来看，尤以1997年的芬德莱案(Findlay)和2006年的马丁案(Martin)影响深远。

芬德莱案。亚历山大·芬德莱(Alexander Findlay)是一位英国公民，他于1980年加入英国军队，并于1982年参加了英国与阿根廷之间的马岛战争。芬德莱所在部队在一次战斗中遭遇炮击，多名战友伤亡，而芬德莱腕部受伤，这也导致芬德莱患上创伤后精神失调。1987年，芬德莱在北爱尔兰执行任务期间严重受伤。1990年，芬德莱在一次酒会上烂醉，拔出手枪威胁杀死同事后自杀，他

---

① G. R. Rubin. "United Kingdom Military Law: Autonomy, Civilianisation, Juridification", 65 Mod. L. Rev. 36 2002, p. 37.

开了两枪,没有击中任何人,只是损坏了一台电视机,芬德莱因此被捕。1991年10月31日,军事法庭召集官(convening officer)召集了军事法庭并指定了法庭组成人员,这些人员都是法庭召集官的下属,且没有法律专业知识。11月11日,芬德莱在伦敦的一个军营内出庭受审,并最终被判两年有期徒刑,降低军阶。根据1955年《武装力量行动法》的规定,判决随后被确认有效。芬德莱随后向法院申请司法审查,但遭到驳回。在穷尽了本国内的一切救济途径后,芬德莱向欧洲人权法院请求审查。芬德莱主张,军事法庭并不能满足《欧洲人权公约》第6条第1款的要求,军事法庭无法保持中立,也无法保持公开透明,其所依据的法律框架也过于模糊和不精确。

此后欧洲人权法院受理了这一案件,并在1997年的判决指出,《欧洲人权公约》第6条第1款明确规定了公民享有公正审判权,公民应得到一个独立、不偏私的法庭审判。但在芬德莱案中,法庭召集官在案件中的作用过分强大:在起诉阶段,法庭召集官发挥了核心作用;在审判阶段,其所召集的法庭成员在军衔上都从属于他,并服从其全面指挥,从而很容易受到个人偏见的影响,难以确保客观公正;在确认阶段,法庭召集官还充当了确认官的作用,未经其确认的判决不产生任何效力。同时,审判芬德利的军事法庭没有适格的司法官,也没有平民,法庭召集官临时设立这个法庭,并可以在审判前或审判期间解散它。这不免使外界产生对英国军事司法体系公正性和独立性的高度怀疑。①芬德莱案的审理,迫使英国对其军事司法制度进行改革。在芬德莱案的审理过程中,英国政府认识到败诉在所难免,因此在判决生效之前,就已经制定了《武装力量法》(1996年),"对英国的军事法系统进行了颠覆性改革"。②该法对《海军纪律法》(1957年)、《陆军法》(1955年)、《空军法》(1955年)进行了修订,③按照欧洲人权法院的要求从法庭组织运行、法庭的工作程序两个方面进行处理,④具体包括:(1)废除军

---

① Findlay v. The United Kingdom, No. 22107/93, 25 February 1997, ECHR.

② H McCoubrey, "Due Process and British Courts Martial: A Commentary Upon the Findlay Case" (1997) 2J Armed Conflict L. 83, 86-87.

③ Wing Commander Simon P. Rowlinson. "The British System of Military Justice", 18 the Air Force Law Review 18, p. 20.

④ Wing Commander Simon P. Rowlinson. "The British System of Military Justice", 18 the Air Force Law Review 18, p. 32.

事指挥官认可或撤销判决的权力;(2)强调军法官作为军事法庭成员的地位,并使其法律地位与法庭联系在一起;(3)指挥官选择公诉人的权力转移给"公诉当局"(Prosecuting Authority),该当局由一名高级军官担任,由其决定起诉和审理机关;(4)指挥官召集合议庭成员的权力转移给了一个"法庭行政官员"(court administration officer)。然而,这一改革并不充分。在 1997 年大选之后,工党接替保守党执政,新的工党政府提出制定《人权法》(1998 年)的提案,并在议会得到通过。该法于 2000 年 10 月 2 日实施,要求把欧洲人权法纳入英国国内法予以实施。英国的立法机关必须按照这一要求对英国军事审判系统进行全面审视,按照该法的要求,修订了相关法律,如《武装力量纪律法》(2000 年)和《武装力量法》(2001 年)。然而,欧洲人权法院仍嫌不够,这一制度在马丁案中继续遭遇挑战。

马丁案。马丁(Martin)出生于 1976 年,其父是一名驻扎在德国的英国陆军士兵,马丁遂作为军人家属住在德国。1994 年 2 月 8 日,马丁被控谋杀一名曾在部队工作的年轻平民妇女。由于马丁是一名军人家属,根据 1951 年的《北约部队地位协定》(NATO *Status of Forces Agreement*),德国当局放弃了对本案的管辖权。案件最终由指挥官召集的初级军事法庭审理。1995 年 4 月 21 日,马丁在德国接受军事审判。法庭召集官召集了一个"七人法庭",包括:一名临时庭长、四名高级军官、两名文职人员。其中两名文职人员是为了开庭特意从英国赶来的,但在开庭期间仍然接受法庭召集官的指挥。1995 年 5 月,马丁被判有罪,该判决被迅速确认有效。此后,马丁上诉至军事上诉法院,1996 年 7 月,军事上诉法院作出判决,驳回马丁的上诉,并认为案件审理程序不存在违规。1997 年 7 月 9 日,上议院接受了 Martin 的上诉,并于 1997 年 12 月 16 日一致决定驳回上诉。由于案件已经由最高审判机关终审定谳,国内救济至此已告穷尽,马丁上诉至欧洲人权法院。

该案有两个主要争议焦点:

第一,军事法院能否对平民进行审判。英国政府主张:(1)《欧洲人权公约》第 6 条的本意并不是要求平民接受民事法院审判,而是说要受到一个独立公正的法院的审判。在本案中,Martin 被指控的是一项普通的谋杀罪,而不是专门针对政府的犯罪,也不是一件对军队有特殊影响的案件,合议庭中的军事人员也不会在审理该案过程中考虑不相关因素。(2)Martin 在德国领土上接受审判有充分的理由。首先，大部分证人都是德国人，如果案件在英国进行审判，很难保证能够出庭作证。其次，如果不通过军事法庭审判，被告人就需要在德国的国内法院接受审判，这势必使其面临语言不通、制度陌生的现实问题，而且一旦定罪，他还可能需要在外国监狱里服刑。军事审判完全可以避免这些问题。此外，由于上诉人在军队中已经生活了很长时间，对军事系统的结构和术语是熟悉的，并不会使其产生陌生感和恐惧感。欧洲人权法院并没有接受英国政府的主张，法院强调，虽然欧洲人权法院并不完全排除军事法庭对平民的管辖，但需要对这种管辖权进行仔细审查，因为只有在非常特殊的情况下，军事法庭对平民的刑事指控才能符合《欧洲人权公约》第 6 条第 1 款的规定。尽管如此，欧洲人权法院经过审查之后，还是否定了军事法庭进行审判的必要性，认为军事法庭的组成、结构和程序足以使被告人在其缺乏独立性和公正性方面产生合理的恐惧。

第二，军事司法程序是否公正。英国政府认为：（1）在军事法庭的程序和人员组成方面，本案明显区别于芬德莱案。法庭成员中有两人是从英国被派往德国的平民，与法庭召集官没有任何联系，只有一个在国外的军事人员直接接受法庭召集官的指挥。（2）当局也已经采取了措施，确保法庭召集官不进行判决的确认；尽管在这起案件中，法庭召集官还是有权解散军事法庭，但也只能在法定的情况下这么做。（3）上诉人在申诉中并未质疑法庭召集官、军事法庭组织的公正性。然而，欧洲人权法院却再次运用芬德莱案的理论，认定英国的军事法院体系仍然缺乏独立性，不能体现充分的公正性。法院认为，军事法庭的组成、结构和程序，足以引起人们对它缺乏独立性和公正性的合理担忧。具体而言，法庭的所有六名法官在级别上都从属于召集官员；虽然军事法庭有两名文职法官，这有利于增加军事法庭的独立性和公正性，但这两名法官对整个军事法庭，包括对军事法官，都没有产生足够的影响力来确保《欧洲人权公约》第 6 条第 1 款要求的独立性和公正性。①正因如此，欧洲人权法院认为，相较于芬德莱案件，马丁案中的军事法庭并没有产生足够的改变，并认定本案中的军事法庭审判程序违反了《欧洲人权公约》第 6 条，英国政府败诉。

英国议会惟有再次修改其军事司法体系。2006 年，《武装力量法案》(2006 年)得到了女王御准，并于 2009 年 10 月实施。这部法律是在《陆军法》《空军法》

---

① Martin v. United Kingdom, No. 40426/98, 24 October 2006, ECHR.

《海军纪律法》的基础上进行的法典化——该法改变了传统的由特设军事法院审理的模式,对指挥官即决审判和军事法庭审判进行了调整和统一,设立了三军统一的军事法庭行政管理机构和常设军事法庭,消除了原先存在的三军司法不一致的情况。根据该法,军事法院的审判机构包括:(1)一名具有平民身份的军法官;(2)与被告人共同隶属于一个军事单位的 3 名、5 名或 7 名军人组成陪审团,陪审团投票决定是否有罪,军法官决定量刑。法庭最多可以作出终身监禁的判决。同时,这次改革还设立了一个军事检察主任(Director of Service Prosecutions,简称 DSP),他隶属于军法署,不承担法律监督的职能,但对英国总检察长负责。在人员构成上并没有明确要求检察人员为军人,所以平民也能担任这一职务。① 同时,这次改革还废除了英军相关机构对判决进行复核的权力——改革之前,无论是即决审判结果还是军事法庭判决结果,作为军事行政机关的复核机关,都有权力推翻并授权重新审判。这就形成了行政对司法的干预,造成了不公正的程序。2006 年的改革则废除了这一制度。可以看出,此时的军事法院系统产生了一个系统性的变革,对英国传统的军事司法制度进行了较为彻底的重构。

2. 美国军事司法的改革

美国复刻了英国的军事司法制度,在第二次世界大战之前,始终贯彻军事司法隶属于统帅权的理念,也因此出现了大量问题。特别是在"一战"之后,军事司法制度在战争时期的滥用,使时任军法署长 Samuel T. Ansell 准将异常愤怒,并将其斥责为"非美国式的""违宪的""无法无天"的体制。② 在他们的呼吁下,1920 年《战争法》(*Article of War* 1920)为军法署增设了一个上诉委员会,该委员会享有有限的审查权,它仅能审理涉及总统批准的上诉案件、开除军籍案件、被判处在联邦监狱服刑的案件,以及其他军法署长认为法律上站不住脚的案件。③ 但总体而言,这一问题并未引起太大关注,这很大程度上是因为,美国只是在"一

---

① Stephen S. Stricke, "'Anglo-American' Military Justice Systems and the Wave of Civilianization: Will Discipline Survive?", 2 Cambridge J. Int'l & Comp. L. 763(2013), 769.

② Ansell, *Military Justice*, 5 Cornell L. Q. 1 (1919); *Quoted form* Walter T. Cox, "The Army, the Courts, and the Constitution: The Evolution of Military Justice", 118 Mil. L. Rev. 10 (1987).

③ John T. Willis, "The United States Court of Military Appeals: Its Origin, Operation and Future", 55 Mil. L. Rev. 39 (1972), p.52.

战"快结束时才参战,从而摘取了胜利果实,军队规模并不大,且与平民社会隔绝,军事司法不公的问题才不会产生过于激烈的反应。直到美军因珍珠港事件卷入第二次世界大战,国家累计动员了1600多万人参军,而在这个过程中,美国军队召集了约两百万次军事审判,平均8个人就有1个遭到军事审判,而在陆军,军事法院的定罪率高达97%。最终,在"二战"中,美军有4.5万名军人遭到监禁以上刑罚,而其他官兵总能或多或少地接触到这些过程,当战争结束,他们返回家乡之后,人们总是能从这些老兵口中听到关于军事审判各种版本的描述。公众改变对军事审判漠不关心的态度,认为它过分苛刻不公,是"一群美国人以'军事必要、良好秩序和纪律'为由对另一群美国人施加的不公正对待"。①在这一时期,很多军事法律顾问为了获得升迁的机会,出卖了自己的良心与专业素养,②严重破坏了军事法官的权威性与专业性。

实际上,在"二战"期间进行的军事审判中,无罪之人被错误定罪的现象很少,但指挥官滥用权限干涉司法,轻罪重判的问题仍然非常突出。军队的指挥官经常要求军法官按照他们的意思对被告人定罪量刑,并以撤换军法官、修改军法官年资评定为要挟。甚至一些军队律师也遭到此类厄运。例如,在"二战"期间,Sidney Shapiro 少尉根据上级指定,为一名涉嫌伤害和强奸未遂的士兵辩护,在辩护中,他相信公诉方的证人并不能认出他的当事人。因此,他采取了一种创造性的防守策略——他换了一个人坐在被告席上,此后,这个冒充者在军事法庭上被定罪,Shapiro 说明了实际情况,从而获得案件的胜诉。然而,军事指挥官很快指控 Shapiro"拖延军事法院正常秩序"。Shapiro 于当天12:40接到通知,被告知将于当天下午2点开庭,而在下午5:30,他被定罪免职。很快,他就从少尉降职为一名士兵。③

这种情况引起了民众和国会的普遍不满,很多人认为军事审判系统固然应当与平民的审判相区别,但也不应当过分偏离公正轨道。时任战争部长(Secretary of War)的詹姆斯·福里斯特尔(James Forrestal)在1948年8月18日给统一军事

---

① See John T. Willis, "The United States Court of Military Appeals: Its Origin, Operation and Future", 55 Mil. L. Rev. 39 (1972), pp. 39-40.

② Generally Uniform Code of Military Justice: Hearings on H. 2498 Before a Subcomm. of the House Comm. on Armed Services, 81 st Cong. (1949).

③ Michael S. Bryant, "American Military Justice from the Revolution to the UCMJ: the Hard Journey from Command Authority to Due Process", 4 Creighton Int'l & Comp. L. J. 1(2013).

司法典起草小组的一封信中提出了美国军事司法改革的三项目标:"第一,必须让三个部门(陆军、海军、海岸警卫队)的军事司法得以统一起来,该法应尽可能地统一适用于三个部门;第二,现有制度应当现代化,从而有效保护该法涉及人群的合法权益,从而建构起公众对军事司法的信心,但也不能削弱军队的战斗力;第三,相比《战争法》和《海军管理法》(Articles for the Government of the Navy),该法在制度安排、条文起草上都应当有所进步。"①显然,它表达了美国军队试图将军事司法现代化的意图,以及在两种价值(正义与军队战斗力)之间纠结徘徊的态度。

1950年,美国国会通过了《统一军事司法典》(Uniform Code of Military Justice,UCMJ),取代原有的军事司法制度,该法于1951年5月31日生效。这部法律目前被包含在《美国法典》(United States Code)第10编第47章第801至940节当中。其中最重要的一项改革,是增设了一个军事上诉法院(Court of Military Appeals),后改名为武装部队上诉法院(Court of Appeals for the Armed Forces),这一法院是军事系统内最高级别的上诉审查,最初由三名文职法官组成,而到了1991年12月1日,该法院又增加了两名文职法官。1968年和1983年,美国又通过了两部《军事司法法》(The Military Justice Act),对军事司法制度进行调整。

根据这一套体系,联邦法院系统有权对军事法庭所做的判决进行审查。同时,这一制度还对军事审判的程序进行了重塑,包括禁止自证其罪、律师参与、陪审团审理等制度,都与民事法院的案件审理非常类似。甚至有些规定非常超前,如根据该法第31条之规定,不得强迫他人自证其罪,或强迫他人回答任何可能使其自证其罪的问题;如不事先通知被告或犯罪嫌疑人受指控的性质,并通知他不必进行陈述的情况下,不得对其进行讯问。而在地方法院系统,直到16年之后才出现"米兰达警告"的经典案例。②

---

① John T. Willis,"The United States Court of Military Appeals: Its Origin, Operation and Fure", 55 Mil. L. Rev. 39 (1972), p. 54.

② 米兰达案是一起关于沉默权的案件。米兰达(Ernesto Arturo Miranda)于1963年因涉嫌抢劫、绑架和强奸而被警察逮捕。此后,他接受了两个小时的讯问,并在一份自白书上签名,法庭根据这一供词而判其有罪。米兰达以被讯问前未知晓其享有不被强迫自证其罪的权利、警察也未进行告知为由提起诉讼。1966年,联邦最高法院以一个5:4的微弱多数作出裁决,确认米兰达在接受讯问以前有权知道自己享有的宪法权利,特别是保持沉默的权利、会见律师的权利等。这一规则成为英美法系国家在拘捕过程中的常见规则,并广为人知,与之相应的警告,被称作"米兰达警告"。

第八章 军事司法原理

朝鲜成为《统一军事司法典》适用的第一个战场,在战争过程中,这部法典得到了检验,美军的指挥官对其给予高度评价:"我相信,在《统一军事司法法典》指导下,军事法律在实施和适用方面取得了杰出成就,美国的军队和人民可以为此感到自豪。今天的军队在纪律和秩序方面处于历史上最好的状态。"而在1960年,当时的陆军参谋长乔治·H. 德克尔则指出:"今天,我们的军队在纪律和操守方面处于历史上最好的状态。军队从未像今天这样富有德性(morale)。"①

但这并不意味着军事权在军事司法中没有作用。

第一,作为军队的最高统帅,总统有权依据宪法和法律之规定,颁布管理武装部队的行政命令(Executive Orders)和工作条例(Service Regulations)。《统一军事司法法典》第36条授权总统规定各种军事法庭应遵循的程序(包括证据规则)。总统也据此制定了军事法庭手册(the Manual for Courts-Martial, MCM)来实施《统一军事司法法典》。

第二,军事司法维护了司法权的权威性。其中最关键的是维护了上级军官制定规则、下达命令的权威性,进而巩固了军队中也已存在并行之有效的上下级之间的服从关系。《统一军事司法法典》第90条、第91条禁止了违抗上级命令的行为,第92条则禁止了违反一般命令和规定的行为。

第三,联邦法院系统仍然对军事活动保持了相当程度的尊重。比方说,在1976年的Greer v. Spock案中,美国最高法院指出,美国陆海军的首要职责是打仗或准备打仗。而基于这一认识,法院在此案中以6∶2的多数判决军事基地长官有权在军事基地禁止一切政治活动,包括散发传单、发表政治演说等。② 而在此前的Parker v. Levy案中,美国最高法院则指出,Levy上尉反对越战,并煽动黑人拒服兵役,经军事法庭根据《统一军法典》判处刑罚,《统一军法典》并无违宪之处——军人虽享有言论自由,但其程度应与平民不同。③

---

① Cabell F. Cobbs, "The Uniform Code of Military Justice in Wartime-Another View", 48 A. B. A. J. 1127(1962).
② Greer v. Spock 424 US 828, 838 (1976).
③ Parker v. Levy, 417 US 733, 759 (1974).

三、关于军事司法制度改革的审视

实际上,在军事司法这个领域,非此即彼的思路是绝不可取的——既不能为了胜利放弃正义,也绝不可为了正义放弃胜利。一套科学可靠的军事司法制度,必须能够适应军事需求,并同时满足人民对正义的期待。

第一,追求司法正义与夺取战争胜利之间并无根本冲突。军事安全在总体国家安全中发挥后盾性作用,司法正义对整个社会的正义而言是最后一道防线,军事司法的地位和重要性是不言而喻的。在这个意义上,良好的军事司法制度,应当能够有效维护军队内部的正义,并在维护正义的基础上建立起有效的秩序,从而赢得官兵和社会公众的广泛认可。这种广泛认可,正是军队打胜仗所应具备的坚实政治基础。通过对军事司法正义的追求,让违纪者遭到不利对待,让守法者得到恰当安排,不让违纪者得利,不让老实人吃亏,才能形成良好的内部氛围;通过对军事司法正义的追求,让正义在营区内外以看得见的方式实现,增进社会公众对军队的信任,塑造公众对军队的向往和良好期待,才能实现民众对军队作风的充分信赖,进而凝聚起全社会对军队最终能够取得战争胜利的基本共识和信心。正是在这个意义上,军队只有维护了自身内部的正义,才能最终有效实现外部的安全。

第二,追求司法正义与夺取战争胜利之间可能出现时空上的冲突。战争具有紧迫性、危险性的特征,要夺取战争胜利,要求整个军事组织号令如一、令行禁止。特别是在某些特定情况下,指挥官可能会下达一些对部属极为不利的命令,如死守某地,不得退后一步,又如不惜一切代价攻占某地等。这就要求指挥官具有高度的权威性,否则难以确保军事上的胜利。正因如此,在特定情形之下,当指挥官的行为可能违背法律要求之时,法律仍然可能让位于军事需求,为了维护指挥官的意志,而削弱法律规范自身的拘束力。实际上,这就反映出我们在前文多次提及的"军事—法律"关系问题的复杂性。正是在这个意义上,军事司法在维护司法正义的同时,还必须考虑到对指挥官权威的维护,并在这个基础上对军事司法制度进行相应调整,更好地维护战场上的纪律和秩序。

第二节　不同类型军事司法制度比较研究

对于世界各国而言，军事司法制度早已形成了复杂的模型，值得我们关注。这里要注意的是，军事司法制度的类型化，关键在于"人""事"两个方面问题：第一，何人由军事法庭审判？军人？平民？敌人？第二，何事由军事法庭审判？涉及军事？军民事兼有？纯粹民事？这两方面问题的排列组合，构成我们考察不同类型军事审判制度的关键所在。

一、纯粹的军事审判模式

纯粹的军事法庭审判模式（Purely Military Model），是指设立一个军事法庭，由其专属管辖军队成员所犯所有罪行（普通罪行、军事罪行和违纪行为），这种军事法庭审判模式，排除了其他法庭对军人的管辖，也排除了军事法庭对平民的管辖，其管辖依据纯粹基于"人"的身份差异。

（一）临时军事法庭方案

常设军事法庭方案，是指根据法律的明确规定，在军队内部设立一个军事法庭，军事法官与指挥官之间没有明确的命令服从关系，从而确保常设军事法庭的独立性；临时军事法庭的方案，是指在某个法庭召集人的召集下，设立军事法庭，并由该军事法庭就案件进行案件审理的模式。在常设军事法庭和临时军事法庭方案的基础上，又可能产生一种二者相结合的混合方案，也就是一审的机构为临时军事法庭，但设立一个常设的上诉军事法院，由其处理针对临时军事法庭判决的上诉。

早期的军事法庭多为临时军事法庭，在这个方案中，军事司法审查难以在外观上保持其公正性。这主要是因为：第一，召集人在诉讼中地位过分重要，甚至兼具多种角色，公诉人、法庭成员往往在军队体系中隶属于召集人，从而使其能够全面把控整个诉讼过程；第二，此种审判往往缺乏公开性，特别是召集人与法庭成员之间是否存在某些特定指示、命令，当事人一概不知，对于维护司法公正而言殊为不利；第三，此类判决最终需要经过指挥官确认方才生效，而召集人往往就是最终确认判决生效的指挥官,这也难以维护司法活动的权威性。

(二)常设军事法庭方案

临时军事法庭方案显然将军事司法视为军队纪律手段的当然延续,相关制度最初产生于英国,并广泛适用于英美法系国家和英国的传统殖民地。但在"二战"之后,这种制度广受批评,不仅英国、美国都对此进行了改变,一些传统上移植了英国法的国家也进行了相关改革,具体而言,就是以常设军事法庭代替临时军事法庭。例如,作为前英国殖民地,南非联邦(the Union of South Africa)在1912年至1957年间实施英国军事法。1957年,南非联邦议会通过了《南非国防法44号》(South African Defence Act 44)和《军事纪律法典》(Military Discipline Code),建立了南非自己的军事司法制度。这两部军事司法法律允许基于个案考虑召集临时军事法庭。1961年,南非共和国成立,而此前的军事法律制度仍然得以保留。此后,南非共和国的种族隔离制度结束,该国于1996年通过新宪法,军事法庭面临着越来越大的压力。1999年,最高法院宣布1957年《军事纪律法典》的若干条款违宪。议会考虑到最高法院的意见,于1999年通过了《军纪补充措施法第16号》(Military Discipline Supplementary Measures Act 16),从而对南非的军事司法制度进行了一个根本性的改变。根据这一法案,一个常设的军事法庭取代了临时军事法庭。但这并不意味着常设军事法庭就能确保司法的独立性,因为尽管《军纪补充措施法第16号》第19条正式确认了司法独立的原则。但军事法官在确保独立性和公正性上仍然存在风险。这主要是因为,军事法官的工作任期没有得到充分保障,军事法官由国防部长任命,需要定期重新任命。部长有权基于行为不当、失能或无能力而罢免法官。为了不危及今后的任命,法官可能会倾向于服从负责其任命的指挥官的意愿。[1]

二、军民混合司法模式

军民混合司法模式,是一种以管辖权划分为基础的司法模式。通常而言,这

---

[1] Geneva Centre for the Democratic Control of Armed Forces (DCAF), The South African Military Justice System, https://www.dcaf.ch/sites/default/files/publications/documents/MJ_SouthAfrica_ENG.pdf., visited in 2020. 2. 21.

种模式可能采取如下方式加以设置,或者将多种混合方式进行再次叠加运用。

(一)以身份为基础进行的混合模式

这种混合模式的设置方法为:(1)同时设置军事法庭和民事法庭,其中军事审判的被告人仅限于军人,不得对平民实施军事审判。(2)军事审判管辖权受到限制,具体而言,当案件所涉及的平民为受害人时,或者当案件不涉及军事职务之时,由民事法庭进行审判。这里实际包含两个标准:一是被害人的身份为平民,二是职务联系的标准。关于前一标准,主要是因为当被害人为平民时,要求民事法院进行审判,能够防止军事法院对军人被告的偏袒;至于后一标准,则是为了避免对军人权利的过分克减,当军人的犯罪行为与职务无关时,自然不至于引发军事利益的减损,因此应当采取由地方法院审理的模式。对于一些英美法系国家而言,被害人为平民且无职务上的联系,交地方法院审判;被害人为平民但有职务上的联系,交军事法院审理。我国在香港、澳门特别行政区的驻地部队中也采取这种以身份为基础的司法制度,根据《中华人民共和国香港特别行政区驻军法》和《中华人民共和国澳门特别行政区驻军法》之规定,驻军人员犯罪的案件由军事司法机关管辖;但是,驻军人员非执行职务的行为,侵犯驻地居民、驻军以外的其他人的人身权、财产权以及其他违反特别行政区法律构成犯罪的案件,由特别行政区司法机关管辖。这里值得注意的是,职务标准说在一些国家遭遇质疑,并产生了一定争议,在一定程度上已经被废止。

美国联邦最高法院在1969年的O'Callahan v. Parker案中确立了这一标准,[①]该案判决指出,军事审判意在维护军事纪律,因此民事审判有利于保护个人权利,而军事审判则以报应性正义为标志。上诉人在其犯罪和接受军事法庭审判时是武装部队的一员,这一事实并不一定意味着他就应当接受军事法庭的审判。在

---

① O'Callahan是一名在夏威夷服役的美国陆军中士,他在当地穿着平民服装闯入一间旅馆房间,袭击并企图强奸一名女孩。他被逮捕之后,地方警察得知其在武装部队服役,便把他交给宪兵。经过审讯,他对相关事实供认不讳。此后,他被指控有强奸未遂、入室行窃和强奸未遂袭击罪,违反了《统一军法典》第80、130、134条之规定,后经军事法庭审判,认定罪名成立,并被判刑。该判决得到陆军审查委员会的确认,随后又得到美国军事上诉法院的确认。后来,O'Callahan向地方法院提交了一份请求人身保护令的请愿书,声称军事法庭没有管辖权来审判他在晚间休假时犯下的非军事罪行。地方法院拒绝给予救济,上诉法院维持原判。

军事管辖下，犯罪必须与军事有关，以免剥夺所有武装部队成员享受大陪审团起诉和陪审团审判的权利。法院进一步指出，案件必须具有"职务联系"（service connection），并基于这种职务联系，适用《统一军法典》对军人进行审判，而所谓职务标准，包括犯罪行为发生地、犯罪行为与职务的关系、受害人是否具有军籍等。正因如此，法院认为，请愿人的罪行与他的军事职责之间甚至没有任何联系，这些罪行是和平时期的罪行，发生在美国领土上，且不涉及军事权力、安全或财产，因此推翻了之前的判决。①在此后的一起类似案件中，法院也采取了同样立场。②

但在1987年的一起案件中，法院却更改了原先的立场，可以说是放弃了所谓"职务联系"标准。这起案件的上诉人Solorio服役于美国海岸警卫队，他涉嫌在休假期间，在自己家中对自己同事的两个未成年女儿进行性虐待，根据《统一军法典》的规定，军事法庭审理了这一案件。地方法院则以O'Callahan为依据，肯定了Solorio的申请，认定军事法院没有管辖权。而海岸警卫队复审军事法庭（The Coast Guard Court of Military Review）则认为该案涉及军队内部关系，军事法庭如不处理，有可能损害军队的士气，因此坚持作出定罪判决，军事上诉法院也支持了该法庭的认定。此案最终上诉至联邦最高法院。

经过审理后，美国联邦最高法院指出，在O'Callahan案和Relford案之后，军事法院界定了无数种需要进行细致分析的"职务联系"的类型。例如，军事法院为了确定管辖，区分了在军事基地所犯的罪行、在基地外所犯的罪行、在基地内外所发生的事件所引起的罪行以及在基地内或基地附近所犯的罪行之间的细微差别。许多时间和精力也花费在其他的管辖权问题上，如犯罪受害者的地位等，但结果很难保持一致。这种混乱在很多案件中得到体现，例如，军事上诉法院就裁定基地外的毒品犯罪具有"特殊的军事意义"，军事法庭有权对这类案件进行审判。③正是基于这些考虑，联邦最高法院指出，处理军事法庭管辖权的新方法必须"向经验和理性低头"（to the lessons of experience and the force of better reasoning），据此认定，召开军事法庭审判一名犯罪时是军人的公民，并不违反

---

① O'Callahan v. Parker, 395 U.S. 258 (1969).
② Relford v. Commandant, 401 U.S. 355 (1971).
③ United States v. Beeker, 18 U.S.C.M.A. 563.

宪法的要求。①至此，所谓职务标准的说法，在美国联邦最高法院得到了最终否定。

无独有偶，2015年，加拿大最高法院在一起判决书中强调，国会创设军事司法系统的目的，在于提供一套程序制度去确保军纪、效率和军心士气的维持；哪怕所违犯之事件，仅仅是单纯的刑事或诈欺行为，或者无涉军事职务行为，其仍会对军中的纪律规范、效率和士气产生冲击影响。②可见，职务联系标准存在的问题，主要是标准模糊不易判断，从而造成了实践中很大的困扰，不能成为军事法庭与地方法院之间划分权限的依据。

(二) 以地域为基础进行的混合模式

这种混合模式的设置方法为：(1)同时设置军事法庭和民事法庭。(2)国土之内的军人犯罪，由地方法院管辖，位于国土之外的军人犯罪，由军事法院管辖。(3)军事法庭也可能对国土之外涉及特定犯罪的平民实施管辖。以地域为基础进行的混合模式，其制度目的在于解决海外驻军的管辖问题——尽管司法管辖权一般受限于国家领土范围之内，但在其他国家同意的情况下，司法管辖权可能延伸到他国领土，这就是所谓境外管辖(extraterritorial jurisdiction)问题。③这一问题的产生，实际是"平等者之间没有管辖权"这一古老原则在军事审判过程中的体现——当一个国家在外国驻扎军队之时，这些军队作为国家主权的象征，其所属成员的犯罪问题，也因为国际法的介入而成为一个异常复杂的问题。早在1812年的The Schooner Exchange v. McFaddon案中，这个问题就已经出现。美国联邦最高法院在这个案件中就认为，当一个国家允许外国军队过境之时，它就实际放弃了对这些军队的司法管辖权。④然而时过境迁，这种逻辑显然已经不能适用于当今国际社会。

在现代国家，解决这一问题的方式，主要是通过国与国之间签订的部队地位

---

① Solorio v. United States, 483 U.S. 435 (1987).
② 张玮心：《加拿大军事司法的建构与防卫联盟的启发》，载《军法专刊》2018年第1期，第31页。
③ Joop Voetelink, *Status of Forces: Criminal Jurisdiction over Military Personnel Abroad*, Asser Press, 2015 ed., p. 115.
④ The Schooner Exch. v. McFaddon, 11 U.S. 116.

协定(Status of Forces Agreement, SOFA)。而在第二次世界大战之后,部队地位协定发展极为迅速,其内容和形式都发生了重大变化。① 由于驻外军队主要存在于北约各国特别是美国,目前重要的部队地位协定也发生在这些国家。这类协定可能包含许多条款,可能包括制服的穿着、纳税、携带武器、使用无线电频率、海关规定等,但其中最常见的问题是驻在国对派驻国军人行使刑事管辖权的问题——有时也可能包括民事管辖权的行使问题。部队地位协定可以分为双边部队地位协定和多边部队地位协定两种。

所谓多边部队地位协定,是多个国家共同签署的部队地位协定。在"一战"和"二战"之间,国联(League of Nations)就采纳了一个适用于国联参加国之间的协定。而目前仍然存在的多边部队地位协定,主要是1951年的《北约部队地位协定》(NATO *Status of Forces Agreement*)以及与之相关的1995年《和平伙伴计划部队地位协定》(*The Partnership for Peace Status of Forces Agreement*)。《北约部队地位协定》于1951年6月19日签订于伦敦,适用于北约成员国之间。而在1994年,美国推动了和平伙伴计划,根据这一计划,一些原华约国家和欧洲中立国家,成为北约的和平伙伴,这是北约成立45年来首次东扩举措。当时共有30个国家签署加入这一计划。此后,1995年6月19日,《和平伙伴计划部队地位协定》签订于布鲁塞尔,该协议涵盖了1951年6月19日《北约部队地位协定》的大部分条款,但作了必要的修改。《北约部队地位协定》和与之相关的《和平伙伴计划部队地位协定》涉及世界上大约60个国家,因此它已经成为世界上最重要的一套多边部队地位协定系统。

所谓双边部队地位协定,则是由派驻国与驻在国签署的部队地位协定,它又可以包含多种类型,我们可以根据其内容,区分为平等的部队地位协定和不平等的部队地位协定;也可以根据其时限,区分为短期部队地位协定和长期部队地位协定。例如,在阿富汗问题上,2003年生效的《驻阿美军地位公约》规定,美国国防部军事和文职人员的地位应相当于1961年《维也纳外交关系公约》规定的美国大使馆行政和技术人员的地位。因此,美国人员不受阿富汗当局的刑事起诉,也不受民事和行政管辖,除非是在其职责范围之外的行为。阿富汗政府也进一步

---

① Joop Voetelink, *Status of Forces: Criminal Jurisdiction over Military Personnel Abroad*, Asser Press, 2015 ed., p.7.

明确授权美国政府对美国人员行使刑事管辖权。这种部队地位协定总体来看就是一种不平等的部队地位协定，也是一种长期部队地位协定。又如我国与俄罗斯联邦为开展联合军事演习，为了明确我国军队到境外可能出现的若干法律问题，国防部部长代表中华人民共和国于2005年8月6日在北京签署《中华人民共和国和俄罗斯联邦关于举行联合军事演习期间其部队临时处于对方领土的地位的协定》，并经第十届全国人民代表大会常务委员会第二十八次会议批准。该协定对司法管辖问题进行了符合对等原则的规定。①从条文内容来看，这就是一种平等的部队地位协定，也是一种短期部队地位协定，随着演习的结束和部队的撤回，将不再继续实施。

需要注意的是，在一些国家，由于长期存在驻外军队，其境外司法管辖权不仅涉及军人，还可能涉及与之共同生活的军人家属，也可能涉及某些特定情况下

---

① 《中华人民共和国和俄罗斯联邦关于举行联合军事演习期间其部队临时处于对方领土的地位的协定》第20条规定：一、双方在司法管辖问题上遵循以下原则：（一）派遣方部队的人员违反派遣方法律时，由派遣方行使管辖权；（二）派遣方部队的人员违反接受方法律时，由接受方行使管辖权。二、当双方均有管辖权时，采用以下原则：（一）对下列犯罪行为，派遣方优先行使管辖权：侵犯派遣方财产或者安全的犯罪行为（叛国、破坏行为、间谍行为、危害国家秘密或者国防秘密情报及其他侵害宪法制度基础的犯罪行为），侵犯派遣方人员的人身或者财产的犯罪行为，以及派遣方部队人员执行公务时发生的犯罪行为；（二）前项规定以外的犯罪行为，接受方优先行使管辖权；（三）如有优先管辖权的一方决定不行使管辖权，应当在尽可能短的期限内通知另一方主管部门。三、在派遣方部队驻地发生的针对派遣方或者其部队人员的、未查明犯罪人的犯罪行为，派遣方可以行使管辖权。查明犯罪人后，按照本协定规定执行。四、在提供司法协助时，由双方主管部门直接协作，双方部队指挥员也可以直接进行联系。五、双方主管部门在调查违法行为、收集和提供与违法行为相关的证据，以及将犯罪嫌疑人移交有管辖权一方时，彼此予以协助。六、接受方应当立即通知派遣方关于派遣方部队人员被拘留的情况。七、派遣方应当立即通知接受方关于接受方部队人员被拘留的情况。八、在发生拘留、逮捕（羁押）及其他诉讼行为，以及移交部队人员或者提供司法协助时，双方遵循本国法律和共同参加的国际条约。九、属派遣方部队人员的犯罪嫌疑人处于接受方管辖，但处于派遣方控制时，在接受方提起诉讼之前由派遣方对其实施羁押。十、所有双方管辖权竞合的刑事案件的侦查和审判结果，双方主管部门应当互相通报。十一、派遣方在接受方领土不执行死刑判决。十二、接受方行使管辖权，追究派遣方部队人员刑事责任时，被追究人有权要求：（一）及时、迅速的侦查和审判；（二）在审判前通知其被控告的具体罪状；（三）与控方证人见面；（四）使用吸收辩方证人参加的程序（如辩方证人受接受方管辖）；（五）自己选择律师援助或者无偿律师援助；（六）翻译服务（如被追究人认为有此必要）；（七）与派遣方代表交谈并让其出席诉讼程序。十三、双方主管部门就各自部队人员的个别犯罪案件可以请求对方移交或者接受管辖，此类请求应当予以迅速友善地处理。

的随军平民、敌方平民等。前述英国的马丁案，就是此种情形，马丁本人并非军人，其之所以接受军事审判，是因为马丁的父亲是英国驻德国的军人，因此才会根据《北约部队地位协定》的要求，并经德国方面同意放弃管辖，由英国的军事法庭对其进行了审判。这种模式是否科学必要，仍有待进一步思考。但从欧洲人权法院的立场来看，其反对对马丁实施军事审判，只是忧心英国军事法庭的公正性与中立性，而非一概地反对对平民进行军事审判。又如美国，亦有对平民加以军事审判的例子。这种审判有三种情形：一是戒严期间的平民；二是随军的家属；三是伴随军队一起行动的军事承包商(Military Contractor)。可以说，对平民进行军事审判的问题，对海外驻军而言，是一个具有一定普遍性的问题，在我军已在吉布提建立海外保障基地的情况下，部分官兵也在该基地长期生活，随军家属的司法管辖权问题，最好加强研判，与驻在国友好协商，明确相关制度加以妥善解决。

三、纯粹的民事审判模式

纯粹的民事法庭审判模式，是指平时不设置军事法院，所有军人违法均采取民事法院管辖的做法。采取这种方式进行审判，通常原因在于对军事审判的不信任。例如，联邦国防军(德国武装部队)任何分支的成员均受普通民事司法管辖，除非另有规定，所有民事法律也适用于士兵。而根据《德国基本法》第96条第2款之规定，联邦可以设置管辖武装部队的军事法院，该法院归属联邦法院系统，其管辖仅限于发生防卫事件之时，或适用于派驻国外或在战舰上服役之武装部队成员。虽然从实践情形来看，德国始终没有设立相关法院，在境外犯罪的军人及军属的案件交由波茨坦市地方法院处理。

但学界对此亦有不同意见。德国学界一般认为平时未实施军事审判的理由为：(1)传承《魏玛宪法》平时军、司法审判一元化的设计制度。(2)纳粹德国的寒蝉效应与反思。(3)基本法制定当时的时空环境与妥协。(4)隔绝军队对于司法权的不当干涉。(5)"穿着军服的公民"的新时代思维。此外对于主张反对常设军事审判之论点则包括：(1)军事审判易沦为独裁专制下的工具。(2)基本法并未强制国会立法。(3)设置军事法院不经济。(4)普通法院现况运作情形良好，无另设军事法院之必要性。(5)普通法院法官的专业能力不容置疑。(6)基本法联邦司法权一元化之要求。(7)军人不得同时担任法官。(8)军事审判违反宪法平等原则。主张平时常设军事审判之论点则有：基本法委托立法要求、维护军纪与保持部队战力、军队现况已符合实施军事审判的要件、普通法院法官对军事案件欠缺专业判断能力、冗长诉讼程序难收整饬军纪实效、平时设置军事法院以备战时所需、普通法院对军事案件难形成一致见解、众多民主国家实施军事审判。① 显然，军事审判制度本身所造成的历史印象，是军事法院虽规定于基本法，但却始终未能有效设立起来的基本原因。

第三节 我国军事司法：军事制度与司法制度的统一

从宪法来看，我国军事司法制度无疑是一种司法制度。但就实践而言，军事司法制度同时也体现了军事性。

一、我国军事司法的国家司法属性

我国的法律制度承认军事司法的国家属性，得出这一结论并不困难，主要有如下三点依据：

第一，从宪法角度来看，军事司法的国家属性，体现在《宪法》第129条("中华人民共和国设立最高人民法院、地方各级人民法院和军事法院等专门人民法院")和第135条("中华人民共和国设立最高人民检察院、地方各级人民检察院和军事检察院等专门人民检察院")。从体系解释而言，这些制度直接规定于宪法第三章"国家机构"的第八节"人民法院和人民检察院"，它本身就意味着军事司法相关制度基于司法权产生，而非军事权的产物。

第二，从军事法规的角度来看，我军军事审判和军事检察工作的制定法依据体现为《中国人民解放军政治工作条例》，该条例明确规定(原)总政治部、(原)军区级单位政治部、(原)省军区政治部"指导"相应级别的军事审判工作，"领导"军事检察工作。之所以对审判工作和检察工作区别对待，实际体现了宪法对

---

① 参见范圣孟：《德国军事审判制度之研究》，载《刑事法杂志》2011年第3期，第146~156页。

审判权和检察权的不同认识。根据我国《宪法》第 132 条第 2 款①、第 137 条第 2 款②之规定，上下级法院之间存在监督关系，上下级检察院之间存在领导关系，"监督"与"领导"的不同措辞，显然是《中国人民解放军政治工作条例》对二者进行不同规定的依据，也体现了军队对国家司法制度的尊重。

第三，从制度运行的角度出发，军事法院也与国家法院体系相衔接。军事法院按照高级人民法院、中级人民法院和基层人民法院进行级别安排和设置；军事法院的法官职称也与地方法院相一致，并无实质差异。一般情况下，解放军军事法院院长的法官级别为一级大法官，并由全国人大常委会任命，体现了很强的共通性。

二、我国军事司法的军事制度属性

《人民法院组织法》第 29 条规定了专门法院的组织问题，但其内容只是一种原则性、概括性的授权式规定，即"专门人民法院的组织和职权由全国人民代表大会常务委员会另行规定"。但实际上，这一"另行规定"始终难以出台，《军事法院组织法》和《军事检察院组织法》曾经被列入第八届和第十届两届全国人大常委会的立法规划，后来则杳无音信。③ 这就为军事法院和军事检察院的军事性创造了可能。

第一，将军事法院和军事检察院纳入军队的体制编制。在此次军改之前，"尽管军队还是强调军事法院和军事检察院独立行使军事司法职能，但由于军事司法机关在组织体制上和职能上都归属于军队政治机关，存在着事实上的领导关系和工作联系，故在人员编制和安排、工作职责和范围、工作方式和程序等方面均不可避免地带有一些军队政治工作色彩，军事司法活动容易受到行政权力和其他因素的影响"。④ 军事法院和军事检察院按照部队序列进行设置。而在军改之

---

① "最高人民检察院监督地方各级人民法院和专门人民法院的审判工作，上级人民法院监督下级人民法院的审判工作。"
② "最高人民检察院领导地方各级人民检察院和专门人民检察院的工作，上级人民检察院领导下级人民检察院的工作。"
③ 李佑标：《试论军事刑事司法改革的路径》，载《河北法学》2015 年第 8 期，第 101~107 页。
④ 夏勇：《论军地间的法制协调》，载《法商研究》2000 年第 3 期，第 71~81 页。

后，除位于北京的总直属军事法院(相当于中级人民法院，对应总直属军事检察院)和直属军事法院(相当于基层人民法院，对应直属军事检察院)之外，解放军军事法院、军事检察院系统也以战区为基础进行建制，名称为"南部战区军事法院""南部战区长沙军事检察院"等，实际并没有完全脱离军队体制进行区域设立。在人事任免上，仅解放军军事法院院长和解放军军事检察院检察长由全国人大常委会任免，其他各级军事法官、军事检察官由军队政治机关按照干部任免权限任免。

第二，军事法院和军事检察院主要涉及军内问题。就刑事诉讼而言，对军人、军队文职人员、非现役公勤人员、在编职工、由军队管理的离退休人员，以及执行军事任务的预备役人员和其他人员，由军事检察院、军事法院管辖。① 而在港澳特别行政区，刑事司法管辖稍有差异，驻军人员犯罪的案件由军事司法机关管辖；但因非执行职务的行为，侵犯港澳居民、驻军以外的其他人的人身权、财产权以及其他违反特别行政区法律构成犯罪的案件，由特别行政区人民法院以及有关的执法机关管辖。就民事诉讼而言，根据2012年《最高人民法院关于军事法院管辖民事案件若干问题的规定》，军事法院主要管辖军内民事案件和涉密民事案件。

第三，我军同样强调法律在维护纪律方面的极端重要性。军事司法制度在维持军队纪律方面的作用历来受到重视，早在1957年董必武就指出，(军队中的司法工作)"是军队工作的一个组成部分，有助于军队纪律的巩固。没有它，军队的建设就是不完备的"。"军队里面需要法制，法制的作用在于巩固军队纪律。军队中的审判机关(法院)是惩罚机关，惩罚机关必须与教育机关(政治部)互相

---

① 1998年7月出台的中央军委《关于军队执行〈中华人民共和国刑事诉讼法〉若干问题的暂行规定》第2条第1款规定，军事法院对军内人员犯罪的案件行使审判权，法律另有规定的除外；军队和地方互涉的刑事案件依照有关规定办理。而最高人民法院、最高人民检察院、公安部、国家安全部、司法部和总政治部2009年8月1日联合出台的《办理军队和地方互涉刑事案件规定》第4条规定，对军人的起诉、审判，由军事检察院、军事法院管辖；军队文职人员、非现役公勤人员、在编职工、由军队管理的离退休人员，以及执行军事任务的预备役人员和其他人员，按照军人确定管辖。对地方人员的起诉、审判，由地方人民检察院、人民法院管辖。列入中国人民武装警察部队序列的公安边防、消防、警卫部队人员，按照地方人员确定管辖。

配合起来做工作。在公开审判的同时,可以配合进行法律的宣传教育。"①这实际是对军事法院纪律维持的作用进行了明确。而在我军军事司法制度发展的过程中,关于纪律与法律之间的衔接问题,一直是学界关注的重点。

三、实现军事制度与国家制度的协调统一

应当认识到,对西方国家而言,军事制度与国家制度之间存在差异,这种差异性的前提,在于分权理论。英国的统帅权、司法权名义上都属于君主享有,但在实际操作时又有划分;美国的统帅权则属于总统、国会,司法权属于法院。这种权力分立的结构,是军事制度与国家制度相区别的重要基础。对我国而言,党同时领导军队和国家,军事制度与国家制度并无明显差异,这也是二者得以协调统一的关键所在。然而,军事制度的具体要求与司法制度的具体要求存在些微区别,需要在制度的具体设计中予以充分考虑。而对具体问题的思考,却需要进行如下两个层面的思考:

第一,尊重司法活动的权威性。没有权威的司法,必然形同虚设。对军事而言,亦应尊重司法活动的权威性,这具体包括如下几点要求:(1)尊重司法人员的专业性,司法是一项专业的工作,法官需要精通整套诉讼程序和全部实体法律,方能对具体个案作出公正、合法的判断。这种专业性与军事专业性一样,需要长时间的训练和实践方能达致。(2)保障司法机关的中立性,司法机关的中立性意味着,在审理案件的过程中,司法机关是独立的第三方,不受外界力量不当干涉,独立自主地认定事实、裁断纠纷、适用法律。(3)保证司法判决的终局性,司法判决的终局性意味着,司法机关对纳入司法程序的纠纷享有最终裁判权,司法判决一旦生效,纠纷就终局性地解决了。

第二,尊重军事活动的专业性。军事司法制度的建设,不可避免地造成军事法院对军事指挥官权限的干涉。从军事活动的特点出发,法官应当对军事指挥权保持相当程度的尊重,这主要出于两方面原因:(1)军事活动的专业性。现代军事科学高度发达,相比军事法官,一线指挥官在军队管理方面更具有专业性,法院对军事指挥官权力应当予以相当程度的尊重。(2)军事活动的实践性。相比军

---

① 《董必武政治法律文集》,法律出版社1986年版,第516~524页。

事法官，一线指挥官在军队管理中处于更有利的位置，他们在相关纠纷中更加靠前，对相关情况更加了解，更容易理解其所采取的某些措施在部队管理运行过程中所可能产生的复杂效果，法官则可能难以了解这些问题。需要注意的是，这种尊重，并不改变军事司法本身应有的司法性，而是司法谦抑(judicial deference)在军事司法领域的具体体现。

第四节 本章小结

通过前文论述，我们大致了解到，我国的军事司法制度原则上还是以国家司法制度为蓝本建立起来的，它对军事指挥体系的嵌入存在一定隔阂。在军委政法委成立之后，这种隔阂并没有真正消除。在平时状态下，这种体制有助于法律在军队内部更好地实施，因为它更能够确保军法体系的相对独立性，从而让军队内部的监督变得更加科学公正，然而，战时的军事司法体制如何建设？这仍是我们需要在进一步研究过程中加以考量的问题。

第九章　军事法律顾问制度原理

"普遍建立法律顾问制度"是党的十八届三中全会确立的改革任务。党的十八届四中全会进一步明确："积极推行政府法律顾问制度，建立政府法制机构人员为主体、吸收专家和律师参加的法律顾问队伍，保证法律顾问在制定重大行政决策、推进依法行政中发挥积极作用。"同时还明确指出，"建立军事法律顾问制度，在各级领导机关设立军事法律顾问，完善重大决策和军事行动法律咨询保障制度"。这是党中央对军事法律顾问制度的总体部署和顶层设计。2016年6月，中共中央办公厅、国务院办公厅印发了《关于推行法律顾问制度和公职律师公司律师制度的意见》，要求各地区各部门结合实际认真贯彻执行，这一意见虽然没有对军队律师、军事法律顾问制度进行专门规定，但仍然体现了相关具体要求。但要注意的是，军事法律顾问制度与其他类型的法律顾问制度有相似之处，但也有明显的不同，这种不同，便体现在"军事"二字上。

第一节　军事法律顾问的体制建设

军事法律顾问制度的建设，与地方政府的法律顾问制度有明显区别。其中，军事法律顾问的体制定位问题，是二者之间区别的关键所在，也是我们谋划军事法律顾问制度的重要出发点。

一、军事法律顾问机关的体制定位

在军事法律顾问设立初期，军队的司令机关和政治机关分别设立了军事法律顾问或军队律师制度，军事法律顾问的定位问题可以归纳为：军事法律顾问到底是司令机关的法律顾问，还是政治机关的法律顾问？

第一，司令机关的"军事法律顾问"制度。我军的军事法律顾问最初产生于司令机关。1985年2月，海军在司令机关设立了一名专职军事法律顾问；1986

年年初，海军直属机关法律顾问处成立；1988年3月，原总参谋部军务部批准海军法律顾问处正式列为海军司令部的编制序列。1989年2月1日，原总参谋部在本部设立解放军军事法律顾问办公室，领导全军军事法律顾问工作。1989年2月28日，司法部与原总参谋部共同发布《关于军事法律顾问工作有关问题的通知》，明确"军事法律顾问是以法律管理军队行政工作和维护军队及军人合法权益的法律工作者，其职责是：1. 为军事机关和首长提供法律咨询；2. 接受军事机关和首长的委托，处理军事行政工作领域的民事、经济、行政等法律事务；3. 为军队内部人员提供法律服务。"同年8月1日《司法部关于各大军事单位设立军事法律顾问处的复函》和同年10月21日《司法部关于军事法律顾问资格认定事项的复函》都明确了解放军军事法律顾问办公室对法律顾问处设立、军事法律顾问资格的管理权。

第二，政治机关的军内律师制度。在司令机关编列军事法律顾问处的同时，政治机关也开始设立法律顾问机构，如兰州军区在1987年5月在政治部机关率先设立法律顾问处，而在1988年8月15日，司法部复函解放军总政治部，同意军内离退休人员到军内政治机关法律顾问处工作，并由总政治部负责审批，发给军内律师（特邀）工作证。①

自此，军队内部便出现了两套法律顾问机构和两套法律工作者体系。而到了20世纪90年代，军事法律顾问制度开始统一归口于政治工作机关。1991年，中央军委修订颁发《中国人民解放军政治工作条例》，把军队司法行政工作规定为军队政治工作的主要内容之一。根据该条例第19条之规定，"司法行政工作的具体任务和内容是：依照国家法律和军队的有关规定，领导和管理军内律师、法律顾问和法律咨询工作，为部队提供法律服务……"为了保证该条例的贯彻和实施，经过一年多的充分酝酿和准备，1992年9月，中央军委批准设立总政治部司法局，作为管理全军司法行政工作的职能部门，原来设在司令机关的军事法律顾问机构完成了它的历史使命，向政治机关实行移交，使军内律师、法律顾问和法律咨询工作归口政治机关统一领导和管理，从而进一步理顺了体制。紧接着，总政治部办公厅印发了《关于当前军队司法行政工作的几点意见》，要求各单位尽快完善军队律师工作机构，健全工作队伍。1993年，总政治部制定《军队法律服务工作暂行规定》，对军队法律服务工作进行规范。

---

① 参见王明勇著：《中国军事法律顾问制度研究》，清华大学出版社2016年版，第37页；郭向军著：《中国军队律师研究》，国防大学出版社2014年版，第4~6页。

第一节 军事法律顾问的体制建设

关于这一变化，有学者认为，最初的军队律师之所以被称为"军事法律顾问"，乃是因为其设立初衷是为了使领导从一些行政纠纷、民事纠纷、经济纠纷等涉法事务中解脱出来，将精力更多地用于抓主要工作，其工作性质就是军队机关和首长的"法律顾问"和"法律参谋"。但军事法律顾问的业务范围很快突破了当法律参谋顾问的限制，扩大到为军队企业、军队人员的涉法事务提供全方位的法律服务。因此，中央军委根据军队保卫、检察、法院等政法工作都由政治部门领导、指导和管理的体制要求，将同属于政治工作的军队司法行政工作归口到政治机关领导和管理。① 这种认识应当较为符合当时较为普遍的认识。

但抛开当时的时代背景，我们再思考军队律师和军事法律顾问的隶属关系问题，就会发现，军事法律顾问到底归属于哪个机关，实际反映了这一制度的体制机制定位问题，具体而言，就是：法律顾问处到底是军事机关的一部分，还是军队内部的司法行政机构？这可以分为两种情况：（1）隶属于司令机关，则强调军事法律顾问应在部队行政管理中发挥作用。例如，司法部与总参谋部共同发布的《关于军事法律顾问工作有关问题的通知》就强调建立军事法律顾问制度是加强军队法制建设和行政管理的一项重要措施。它是国家法律服务工作和部队行政管理的重要组成部分。（2）隶属于政治机关，则强调军事法律顾问的主要任务是律师工作。例如，根据1993年总政治部的《军队法律服务工作暂行规定》之规定，军队律师的业务范围，主要是各类诉讼和非诉讼法律业务，而基本不涉及他们在部队行政管理、作战行动中的作用发挥。② 显然，认为军事法律顾问制度是一项司法行政工作的观点占据了上风，这也是我们在党的十八届四中全会之前关于军事法律顾问制度定位的通行意见。

但在党的十八届四中全会召开之后，军事法律顾问的定位发生了明显变化，

---

① 参见刘昌松：《军队律师成长过程的历史》，载《军事历史研究》1998年第5期，第44页。
② 《军队法律服务工作暂行规定》第6条规定：军队法律顾问处，是军队律师执行职务的工作机构，其主要任务是：领导律师开展业务工作，组织律师学习政治和法律业务知识，总结交流律师工作经验。法律顾问处的具体业务范围包括：（一）担任首长和机关的法律顾问，为领导决策提供法律服务；（二）接受军内单位和人员委托担任代理人，参加民事、经济、行政案件的诉讼、调解、仲裁等活动；（三）接受委托担任辩护人或代理人，依法参加刑事诉讼活动；（四）接受领导委派及军内单位和人员委托，办理非诉讼法律事务；（五）接受聘请担任军队企业、事业单位以及个人的常年法律顾问或者专项顾问；（六）为军内单位和人员提供法律帮助，解答法律咨询，代写法律文书；（七）接受军内单位或个人委托，代理、代办公证申请、工商登记、合同谈判、财产租赁、商标注册等事务；（八）通过开展法律服务活动，对部队进行经常性的法制教育。

它实际更多地体现为一种军事机构，而非单纯的在军队内部工作的律师。党的十八届四中全会通过的《中共中央关于全面推进依法治国若干重大问题的决定》明确要求，建立军事法律顾问制度，在各级领导机关设立军事法律顾问，完善重大决策和军事行动法律咨询保障制度。这显然体现了军事法律顾问任务的变化，也就是不再将其视为单纯的法律顾问，而是军事管理、指挥体制的重要组成部分，是重大决策和军事行动法律咨询保障的重要内容。

二、军事法律顾问人员的身份定位

理顺军队法律顾问与指挥官的关系，是军事法律顾问身份制度建设所必须解决的关键问题。军事法律顾问兼具军人和法律人的身份，其在制度构建之时，便出现了军人身份与法律人身份的冲突问题——作为法律人，军事法律顾问应尽可能考虑当事人的利益，其主要工作是提供恰当、准确的法律意见；但作为军人，军事法律顾问却必须服从上级的命令，即便这一命令可能违法，也应坚决执行。这种冲突的客观存在使军事法律顾问面临一种两难选择，他们要么违抗命令，从而影响自己的职业生涯，要么不顾法律，从而损害自己的职业操守。我军第一位军事法律顾问刘峰军同志就曾说过："有的下级与上级谈话时，尽量去揣摩领导的意图，然后顺着领导的思路讲话……军事法律顾问千万不能效仿上述做法，而应真诚地为首长负责。为首长负责，就不能对首长投其所好，而应如实地反映事实，准确地引用法律，以法理客观地分析事物，拿出能经得起历史检验的方案供首长决断。这才是军事法律顾问应具有的品质。"①

事实上，凡在编配有军队律师的国家，往往都存在类似问题，例如，曾任美国陆军副参谋长的 Barksdale Hamlett 将军就曾坦言："不得不承认，军法官②经

---

① 刘峰军：《中国军事法律顾问》，海军出版社1989年版，第26页。
② 需要注意的是，在美国的军事法体系中，Judge Advocate 既可翻译为军法官，也可翻译为军队律师、军事法律顾问，"是指具备律师资格、在军法官岗位工作的现役军官。在爆发独立战争、建立大陆军初期，美军就设立军法官，担负军纪管理、违纪处理等工作。随着时代发展，特别是经过两次世界大战、越南战争、海湾战争、阿富汗战争等历次战争检验，其军法官制度更趋成熟，主要职能由当初的军纪管理扩展到调查、起诉、辩护、审判，以及为各级机构的官兵提供法律咨询、法律支持、法律教育等服务"。这种体制与我国是极为不同的，实际涵盖了军事法院、军事检察院、军事法律顾问处的职能。笔者认为，这一概念本身非常复杂，具有多重属性。如果简单对标我国体制，将其翻译为军事法律顾问，不利于我们掌握美军这项制度的精神实质，因此将其翻译为"军法官"，而不迁就目前的翻译方法。参见张启军：《中美军队律师制度比较及启示》，载《政工学刊》2014年第8期，第58页。

常会站在不受指挥官待见的立场上。然而，对军法官而言，为了讨人喜欢而隐瞒自己的实际想法，是对指挥官和军队的最大伤害。而任何一个配得上'指挥官'头衔的人，都应当能够感受到军法官提供的建议是否含有水分，并基于此对军法官的价值进行判断。"①显然，要让军事法律顾问有效发挥作用，绝不能单纯将希望寄托于领导和法律顾问的素质——只要军事法律顾问与其他军官一样，在其身份、隶属关系上均受制于他所服务的首长，寄望于军事法律顾问毫无顾忌地去做"强项令"就是不现实的。

为解决这一问题，美军军法系统实行垂直领导体制，军法系统内部实行行政权、人事权、财政权的统一。国防部法律总顾问和军种军法署长直接任命本军法系统内的军法官，他们与被派驻的部队没有领导与被领导关系，只有服务与被服务的关系，其工作评估、晋升、待遇等级等都由所属军法署评定和管理。②这就使军法官在处理法律事务时可以心无旁骛，给出科学的意见。特别是在2004年，美国国会修改了《统一军法典》，进一步强化了军法官独立行使职权。基于此次修改，国防部隶属的任何官员和雇员，都不得干扰军法官向他的指挥官独立提供意见。③军法官更加可能向指挥官提供关于某一特定问题的法律意见，而无须担心一个正确的意见可能影响到其职业生涯。军法官承担帮助指挥官通过合法的手段达成目标的道德责任。如果法律允许指挥官采取此类措施达成目标，那么军法官应该帮助指挥官实现这一目标；如果法律不允许此类行动，那么军法官的职责是将这一问题如实告诉指挥官。如果军法官出于自身利益的考虑扭曲对法律的解释，将会对指挥官、军队以及受该行为影响的人造成损害。此时，他可能会让指挥官犯了错误，甚至是严重的错误，这就是失职。④

显然，对美军而言，军法官虽然同样需要服从命令，但基于法律的特殊规定，他们与所属部队之间并无隶属关系，他们能够相对独立地提供法律意见，当

---

① Barksdale Hamlett, "A Commander's View of the Army Judge Advocate", 50 A. B. A. J. (1964), 535.

② 宋云霞、尹丹阳：《美军联合军事行动法律保障体系建设》，载《军队政工理论研究》2015年第3期，第126页。

③ 10 U. S. C. § 8037.

④ John C. Johnson, "The Air Force Judge Advocate: An Independent Legal Advisor", 34 Reporter (2007).

军法官与指挥官在军事行动的法律问题上出现不同意见时，军法官可以保留意见，通过制作备忘录附于军事行动方案之后的方式，详细记述争议内容和处理意见，同时将备忘录另制一份上报所属军法署。一旦军事行动因违法而失败或虽然在军事上成功，但引起法律上极大争议时，他们可以以备忘录作为自己已经履职的证明。正是由于军法官的这种超然地位，才使其在军事行动决策中拥有重要的地位。但这绝不意味着军法官可以毫不介意指挥官的需求——对于军法官来说，不应在决策完成之后才指出军事行动存在的法律问题，他们应当深入介入决策过程，如果指挥官的决策存在可能的法律风险，军法官应当尝试寻找替代方案，而不是当成一个医生一样的角色。军法官应该是整个参谋团队的一员，为部队更好地实施军事行动创造条件，而不能把自己当成纯粹的专业人士。①

三、问题的再思考

科学化的军事法律顾问体制的建设，关键在于对如下问题的考问：什么样的体制有利于军事法律顾问发挥作用？笔者拟提出如下命题：

问题一：军事法律顾问的主要任务是什么？

军事法律顾问的职责，是为军事行动提供法律支撑，而非律师业务。提供律师服务的职责，在全面依法治国的大背景下，由地方政府承担更多的军人军属法律援助职责，显然是更加现实可行的做法。根据《国务院中央军委关于进一步加强军人军属法律援助工作的意见》（国发〔2014〕37号）的要求："各级人民政府要把军人军属法律援助工作纳入地方经济社会发展总体规划，纳入双拥共建活动范畴，纳入社会治理和平安建设考评体系，统筹安排，整体推进。"又如，根据2016年《军人军属法律援助工作实施办法》第3条之规定："县级以上司法行政机关和军队团级以上单位负责司法行政工作的部门应当密切协作、相互配合，建立健全军地联席会议、法律援助人员培训、工作考评通报等机制，共同做好军人军属法律援助工作。"可见，在向个人提供法律服务和法律援助的问题上，我国法律制度已有较为清晰的策略，也就是将其纳入法律援助范畴，采取由地方保障的模式。这种模式早已有非常成功的经验。据统计，截至2015年年底，各地法律援

---

① Laura A. Dickinson, "Military Lawyers on the Battlefield: An Empirical Account of International Law Compliance", The American Journal of International Law, 104(2010), p. 18.

助机依托省军区(卫戍区、警备区)、军分区、人民武装部建立军人军属法律援助工作站 2914 个。①

显然,法律援助的业务完全可以通过由地方政府提供相关服务的方式进行,军事法律顾问或曰军队律师不应以此为主业。而与之相应的,他们的核心任务,应是解决地方律师所不能处理的法律问题。那么哪些工作是地方律师难以涉足处理的?笔者认为,应包括如下两个方面内容:(1)领导决策的合法性审查。当前,治军理念、治军方式正在发生深刻转变,各项建设被纳入法治轨道,各项活动严守法治标准。在践行法治问题上,领导干部始终是"关键少数",要实现依法治军,必须首先确保领导决策的合法性审查落到实处。(2)军事行动的合法性审查,军事行动亦须依法进行,既不能违背国内法之规定,也不能违反国际法之要求。地方律师难以介入这两项工作,其主要原因在于,军事决策和军事行动,以及它们所涉及的军事法规、军事规章和军事规范性文件都存在一定的保密性,地方律师难以有效介入其中。同时,与军事行动有关的法律保障业务具有非营利性和独特的专业性,往往为地方律师所忽视。

问题二:军事法律顾问工作的性质是什么?

设立军事法律顾问的目的,在于确保重大决策和军事行动的合法性。这决定了,军事法律顾问虽然服务于指挥官,但绝不能直接事事顺从其意志。应当认识到,设计这一制度的目的,就是因为指挥官虽是军事的行家,却不见得对法律精通,设置军事法律顾问,便是要用军事法律顾问的专业知识弥补指挥官知识体系的短板。如果军事法律顾问不能独立发表意见,而只能按指挥官的意见提供意见,那么,这一职位的设置又有何益?军事法律顾问职位之设立,就如参谋人员一般,倘若参谋人员不能独立表达意愿,而只是听命于长官意志,要参谋又有何用?因此,军事法律顾问应本着中立的态度,向指挥官提供法律意见,并非基于上下级的隶属关系,而是基于职权职责关系。基于这一关系,军事法律顾问在对重大决策、军事行动提出法律意见之时,绝不能受他人(包括要求他提出意见的上级领导)意志的干扰。同时,提出意见与执行命令并不冲突,如果军事法律顾

---

① 葛晓阳:《加强军人军属法律援助制度化规范化建设,助推强国兴军伟大事业——司法部和中央军委政法委员会有关负责人就〈军人军属法律援助工作实施办法〉答记者问》,载《法制日报》2016 年 9 月 29 日。

问的意见不被采纳，他也必须执行命令，不能以法律为由违抗命令。

第二节 军事法律顾问的作用发挥

明确军事法律顾问体制机制建设的基本原理后，我们再来思考军事法律顾问如何发挥作用的问题。这一问题牵涉甚广，不仅涉及军事法律顾问的能力素质要求，也涉及军事法律顾问与地方律师之间的分工问题。

一、军事法律顾问的职责任务

军事法律顾问要执行哪些任务？从目前情况来看，我军军事法律顾问所执行的任务，主要体现为担任刑事诉讼案件的辩护人和民事案件的代理人，也就是一般的律师业务，这固然是军事法律顾问工作的重要内容，但从根本上来看，却不是军事法律顾问工作的核心内容。结合《中央军委关于新形势下深入推进依法治军从严治军的决定》等的规定，军事法律顾问应有如下几个方面重要职责：

第一，重大决策咨询保障。重大决策咨询保障任务，是军事法律顾问的本职任务。军队是这样，地方上同样如此。早在1989年，根据《司法部关于律师担任政府法律顾问的若干规定》第3条之规定："律师担任政府法律顾问，受政府委托办理下列法律事务：（一）就政府的重大决策提供法律方面的意见，或者应政府要求，对决策进行法律论证……"而根据2016年中共中央办公厅、国务院办公厅印发《关于推行法律顾问制度和公职律师公司律师制度的意见》之规定，法律顾问的第一职责就是"为重大决策、重大行政行为提供法律意见"。国务院一些部门、委员会、部属局也就此做了类似规定。①对企业也是如此，早在1987年，《航空工业部企业法律顾问工作暂行规定》第8条即有明确规定："法律顾问室（含法律顾问或专职法律顾问助理，下同）的职责：1. 为厂长的经营决策及各业务部门的经营活动提供法律咨询和建议，保障企业的经营活动符合国家法律、法规和有关规定……"此后的诸多立法文件和规范性文件也延续了这一规定。而根

---

① 例如：《国家铁路局关于推行法律顾问制度的实施意见》（国铁科法〔2016〕37号）；《中国气象局办公室关于印发〈中国气象局法律顾问管理办法〉的通知》（气办发〔2017〕26号）；《国家中医药管理局关于印发〈国家中医药管理局法律顾问工作规则〉的通知》（国中医药法监发〔2016〕32号）等文件都对此作出了类似规定。

据 2004 年《国有企业法律顾问管理办法》之规定，国有企业法律事务机构的重要职责，就是对企业重大经营决策提出法律意见。可见，认为法律顾问的首要职责是决策咨询的观点，早已在地方政府和国有企业的建设过程中形成了有效共识。政府如此，企业如此，军队同样如此，法律顾问的首要职责，便是重大决策咨询。正是在这个意义上，2015 年，中央军委印发的《中央军委关于新形势下深入推进依法治军从严治军的决定》提出："建立军事法律顾问制度，完善重大决策和军事行动法律咨询保障制度；在各级领导机关建立以法制工作机构人员为主体、吸收专家和法律工作者参加的军事法律顾问队伍，为党委首长决策和部队行动提供法律咨询保障。"

第二，军事行动法治保障。军事行动需要依据国内法进行，同时还需要遵守国际法。1977 年 6 月 8 日签订的《日内瓦公约第一附加议定书》第 82 条规定："缔约各方无论何时，以及冲突各方在武装冲突时，应保证于必要时有法律顾问，对各个公约和本议定书的适用以及就此问题发给武装部队适当指示，向相当等级的军事司令官提供意见。"这是国际公约关于在军队中设置法律顾问的规定。1983 年 9 月，我国批准参加了该条约，自然就承担了遵守和履行该条约的法律义务。美军是较早赋予军法官审核军事行动职责的军队——美军的军事院校从 1863 年就开始提供军事法律课程，但这并未阻止美军在越南战争中的暴行。特别是在 1968 年美莱村屠杀事件[1]之后，国防部赋予军法队审核作战计划并确保其行动遵守战争法的职责，军法官也因此能够深入作战行动的方方面面，部队的指挥官也开始与军法官一起工作。在一些具有特殊性的海外作战行动中，军法官的作用更是得到了充分发挥。例如，在第一次海湾战争中，美军 200 多名军法官（Judge Advocates）深入战场参与战斗，他们的任务包括起草交战规则、建立军事法庭、组织起诉、选择打击目标、提供士兵法律援助、签订战地契约等，并且担当美军与埃及陆军运输营之间的联络官。而在 2003 年伊拉克战争中，美军派出了 103 位军法官和 62 位法律助理深入战场，此次任务包括拘押审讯战犯、发表对外声明，以及与英军建立联合军事司法系统和提供交战规则，另教育训练官兵遵守武

---

[1] 美莱村惨案发生于 1968 年的越南战争中，美军在越南广义省美莱村制造了"美莱村大屠杀"，对当地村民（包括老弱妇孺）进行屠杀，美方和越方对遇难人数并无共识，越方认为有 500 多人，而美方则主张有 100 多人。本案最后被曝光出来，只有一名中尉被判处刑罚，并屡获减刑，最终只是被软禁了三年。

装冲突法(Law of Armed Conflict)及军事行动法手册(Operational Law Handbook)。而基于工作地点和工作类型的不同，军法官的职责也有所差异：例如一名被分派到驻扎在巴格达的旅级作战部队的军法官，这个旅的任务是巡逻、安抚、控制某个区域，军法官也要配合这项任务，对这个区域进行管理；至于派驻到军事拘留机构的军法官则变成了指挥官的顾问，而充任伊拉克某个地区高级辩护律师(senior defense counsel)的军法官，则忙于审理案件、询问证人、与罪案调查机构谈话。①作为101空降师的法律顾问，Whitaker上校在一篇文章中介绍他在伊拉克的工作情况，具体包括：(1)恢复伊拉克的法律系统。到2004年2月第101空降师返回美国时，伊拉克奥北地区的40多家民事、刑事法庭已经开始发挥作用，每天共审理50起案件。(2)传统的军法审判工作。运行军法审判，对有不端行为的官兵进行惩戒，同时还进行战争赔偿，处理伊拉克公民针对军事行动造成的损害提出的赔偿请求，支付和解费用。②美军军事法律顾问在战场上的作用非常巨大，以至于美国战争学院的学生就开玩笑说："101空降师的新呼号应该是：'律师支援、基奥瓦直升机支援，还有金钱支援！'"③在9·11事件之后，军队处于应对恐怖主义的前沿，而在伊拉克和阿富汗战争中，陆军的旅级作战部队(Brigade Combat Team，BCT)替代师级作战单位成为主要作战单位。陆军的军法队也随之变化，将重心从师级单位转移到旅级单位。④军法机关的编制随作战单位编制变化，显然说明了这一机构对作战的重要意义。对我军而言，军事行动中的法律保障问题同样愈发引起重视，例如，在汶川大地震发生后，成都军区11名军队律师主动要求随行任务，为部队提供了大量法律帮助，解决了许多棘手难题。我海军舰队首次赴亚丁湾执行护航任务，海军律师及时编印了《执行护航任务法律咨询手册》，发给执行任务的官兵，对护航中可能遇到的法律问题进行解

---

① Laura A. Dickinson, "Military Lawyers on the Battlefield: an Empirical Account of International Law Compliance", The American Journal of International Law, 104(2010), p. 16.

② Richard M. Whitaker, "Legal Operations in Northern Iraq: The 101st Airborne Division, Office of the Staff Judge Advocate", 13 Pub. Law. (2005), p. 13.

③ Richard M. Whitaker, "Legal Operations in Northern Iraq: The 101st Airborne Division, Office of the Staff Judge Advocate", 13 Pub. Law. (2005), p. 15.

④ Christopher M. Ford, "The Practice of Law at the Brigade Combat Team (BCT): Boneyards, Hitting the Cycle, and All Aspects of a Full-Spectrum Practice", Army Law., Dec. (2004), p. 22.

答。作为法律顾问的随舰律师傅晓东成了编队指挥员法律上的"主心骨"。①

第三,军人军属权益保障。军人权益是军人依照宪法享有公民基本权利的同时,因履行军人职责而享有的权利和利益,包括作为公民应享有的共同利益,以及因履行普通公民不履行的特殊义务——军事职责时享有的特有权益。②对军人权益的有效保障,是军队法律工作中的一项重要内容,也是军事法律顾问义不容辞的责任。例如,俄罗斯国防部办公厅设有法律司,首席法律顾问兼任司长,集团军、舰队、军事院校等成立法律顾问处或法律小组,并配备受过高等法律专业教育的专职人员,无偿为军人提供法律服务。美军同样如此,由于美军在许多国家地区均有军事基地,根据统计,10%首次部署在海外的官兵、30%第二次部署在海外的官兵,都面临家庭分居和离婚问题,对于这些部署单位的军事法律顾问而言,最常见复杂的法律事务,就在于家庭法领域。③ 2014年《国务院、中央军委关于进一步加强军人军属法律援助工作的意见》(国发〔2014〕37号)就明确指出,要把军队律师培养工作摆在突出位置,通过组织军人参加国家司法考试、加强业务培训、开展军队法律顾问处与地方法律援助机构或律师事务所共建活动等措施,努力建设一支素质优良、业务熟练的军队法律援助队伍。同时,这一规定还对军队法律援助队伍的工作内容、具体任务提出了更为明确的要求。

第四,军队的法治训练教育。军队的法治训练教育,是军事法律顾问一项非常重要的工作内容,它绝不仅仅是有关法律普及的公民教育,更强调军人遵守战争规则的教育。美军在越战之后,面对军队内部不遵守战争规则的种种情形,加强了军内的法治教育训练,这项任务自然就落到了军法官身上。根据相关要求,在部署之前,所有部队都要接受军法官的培训,包括关于使用武力的法律限制的培训。这些课程可根据部队的具体职能类型加以调整,并包括对具体行动中的交战规则的训练。一位军法官这么说:(在他们部署之前)"我们花了很多工夫来培训这些孩子们……他们在一开始就要把这些作战规则印到自己的大脑当中。""在进入科威特之后,(在进入战场之前),他们要接受更多的训练。"而在战场当中,

---

① 要文须:《一切为了国家的军事利益》,载《中国律师》2009年第8期,第1页。
② 田胜利、丁汝坚著:《军人权益论》,陕西科学技术出版社2006年版,第16页。
③ Darrell Baughn, Divorce & Deployment—Representing the Military Servicemember, 28 Fam. Advoc. 8(2005), p.9.

他们还要接受如何有效限制使用武力的训练。在不同阶段,训练不只包括熟记规则,还包括一些具体的讨论(有时候还包括一些角色扮演),这些讨论可能会涉及战场中出现的一些特定情境。所以这种训练并非单纯的课堂学习,还包括一些具体的实践问题。而在战场当中,军法官还会及时对课程内容进行更新,一位在巴格达部署的军法官指出:"巴格达有3万名士兵。每时每刻都在发生一些需要报告的事件。我们会找出一些真实事件用来进行培训,每月进行更新——每天大约都会发生30起这样的事件。"①就我军而言,军队的法治训练教育往往重点强调军队的法纪教育,对武装冲突法的培训工作并未得到充分重视,这也是需要在以后的军事法律顾问作用发挥过程中重点加强的事项。

二、军事法律顾问与地方律师的分工

军事法律顾问往往也是军队律师,他们与地方律师之间存在明显的分工。在实践中,也有一些部队将法律事务委托给地方律师进行处理,很多军人、职工遇到法律问题,也会聘请地方律师代为处理。这实际涉及军事法律顾问与地方律师的分工问题。然而,到底哪些事务能够委托给地方律师,并无一定之规,这对于相关工作的顺利开展产生了障碍。笔者认为,确定军事法律顾问与地方律师的分工,有两方面基本考虑:一是确保军队事务有效处理,二是维持军事法律顾问的法律素养和水平。

第一,涉及军事行动的法律问题处理。军事行动相关法律问题,具有明显的专业性,应由军事法律顾问处理。这种专业性,一方面体现为法律的专业性,军事行动中的法律问题具有特殊性,涉及军事法、国际公法等相关内容,但地方律师更多地集中于民商、刑事、行政案件的处理,对于军事法规、军事规章、战争法等都不熟悉,对于军事社会关系缺乏有效充分的认知,由他们来处理军事行动中的法律问题,殊为不便。另一方面还体现为军事领域的专业性,军事法律顾问应当熟悉指挥流程、军事行动一般规律,才能在伴随法律保障的过程中提供既合法又切合军事实际的意见建议,因此必须由具有法律、军事两重专业性的军事法律顾问进行处理。

---

① Laura A. Dickinson, "Military Lawyers on the Battlefield: An Empirical Account of International Law Compliance", The American Journal of International Law, 104(2010), p. 11, 17.

第二，涉及军内管理的法律事务。军队内部的管理，实际是军队内部的日常行政事务，应由军事法律顾问处理。军内管理事务，更多体现为军事法规、军事规章和军事规范性文件的适用。对于地方律师而言，相关军事法规范非常庞杂，且在其他执业活动中难以运用，因此没有了解、熟悉、掌握的意愿。同时，这些军事法规、军事规章和军事规范性文件往往具有保密性，依赖地方律师处理此类事务，显然有较大的保密风险。

第三，涉及军事权力运用的军地关系、军民关系法律事务。此类法律事务不同于纯粹的地方法律事务，涉及军事权力的运用，如近些年军队对外停止有偿服务涉及的大量法律问题，表面上看起来是合同纠纷，但实际体现为军队改革所带来的法律问题，原则上应由军事法律顾问和地方律师共同办理，或由军事法律顾问独立办理。此类事务涉及许多复杂的政治、法律问题，处置人员不仅要对军队充分了解，也要对法律充分了解，不仅要有较高的法律素养，也要有较强的政治素养。如果工作量超出了军事法律顾问的能力范围，或者军事法律顾问对部分地方法律事务不能充分掌握，则需要地方律师的帮助。

第四，涉及军队、军人的地方法律事务。此类事务不同于前述涉及军事权力运用的军地关系、军民关系等法律事务，它实际体现为纯粹的地方法律事务，如军队在采购过程中产生的合同纠纷，军人的婚姻家庭纠纷等。此类问题，归根结底是地方事务，与国家法律关系更为密切，却与军队事务无甚关联。此类事务是否应交给地方律师处理，应一分为二来看——一方面，这些事务与军事法律顾问的主要职务关系不大，完全可以外包给地方律师，如将此类业务分配给军队律师，很容易分散其工作精力，更容易使其偏离主业，从而难以有效履行作为军事法律顾问的职责使命。但从另一方面来看，法律本身是一个实践的学问，军事法律顾问如不能涉足此类业务，将很可能缺乏相应的实践锻炼。这就需要通过制度设计在二者之间形成一个平衡，让军事法律顾问承担部分此类业务，但也不至于干扰其主责主业的完成。

第三节　军事法律人才队伍建设

建立军事法律顾问制度，是加强军事法治建设的创新之举，是完善军事法制工作体制的重要内容,是转变治军方式、构建依法运转工作机制的重要保障。强化军事法律人才队伍建设,是这一制度能否发挥作用的关键所在。

一、当前军事法律人才的素质要求

早在20世纪90年代,就有学者对军事法律顾问的素质进行了论证,认为军事法律顾问应有较高的文化素质(包括高等法学知识,一定的文学知识、心理学知识和哲学知识),良好的心理素质和筹划、决断、语言表达、文字表达能力。① 这一阐述很有见地,但这些能力放到一般律师身上,同样奏效。我们对军事法律人才素质要求的判断,必须立足于解决这么一个基本问题:军事法律顾问要执行哪些任务?从目前情况来看,我军军事法律顾问所执行的军事法律顾问业务,仍然主要集中于各类涉军法律事务,其军事色彩虽重,但与地方法律顾问没有本质差异。根据党的十八届四中全会决议,在各级领导机关设立军事法律顾问,完善重大决策和军事行动法律咨询保障制度。这里所称的军事法律顾问,不是专门从事军队司法、检察、保卫工作的人员,而是能够保障军事行动的专业人才,与地方的法官、检察官、律师在素质要求上有较大差别。这也为军事法律人才培养提出了明确、基本的要求。

第一,军事法律人才应当是精通军事行动相关法律的法律人才。军事行动包括战争和非战争军事行动。军事法律人才首先应当充分理解武装冲突法相关规定。战争关系到一个国家的国防利益、宪法秩序,而且往往具有涉外因素,是几个国家之间的综合实力抗衡,需要依据国内法和武装冲突法。同时,军事法律人才也应当适应非军事行动的法律需求。随着我军军力不断增强,我军从事的军事行动种类也日趋增多,诸如反恐维稳、抢险救灾、国际维和、联合军演、护航撤侨等,不同种类的军事行动都有其自身的目标、任务及特性,同时会对法律服务提出不同的要求,所需的法律知识更加专业。例如,在"和平使命—2005"中俄联合军事演习和"和平使命—2007"上海合作组织成员国联合反恐军事演习中,参演国家的国防部都各自成立了法律专家组。在法律专家和军队法律顾问的共同参与下,制定了《中华人民共和国和俄罗斯联邦关于举行联合军事演习期间其部队临时处于对方领土的地位的协定》(2005年8月)和《上海合作组织成员国关于举行

---

① 刘峰军著:《中国军事法律顾问》,海军出版社1989年版,第13~24页。

联合军事演习的协定》(2007年7月），对所可能出现的法律问题进行预先约定。① 显然，各类非战争军事行动需求的变化，对军事法律人才的素质提出了相当复杂的要求。

第二，军事法律人才应当是能够参加军事行动的战斗员。军事法律人才在未来战场上的使用，绝不是坐在办公室发号施令的角色，大量军事法律顾问必须深入战场，与一线指挥官并肩作战，保证军事行动法律咨询的顺利开展。实际上，一些国家已经深刻认识到了法律在军事行动中的重要地位，并纷纷以明确的形式将其地位予以固定。例如《美军作战手册》规定："每次执行此类特种任务前，行动指挥官都必须将有关作战计划与实施的所有敏感问题交专门的法律顾问审查。"②我军也是如此，譬如，在2008年12月26日，中国海军护航编队从海南三亚起航，赴亚丁湾、索马里海域执行护航任务。这是我国首次使用军事力量赴海外维护国家战略利益，是我军首次组织海上作战力量赴海外履行国际人道主义义务，也是我海军首次在远海保护重要运输线安全。军事法院、学术研究所和部队政法机关派出随舰法律顾问，在编指临时党委和各舰指挥领导下，为护航行动顺利实施提供法律保障和法律支持：一是从法律角度认真研究和审查护航行动方案、预案，并积极提出法律建议；二是及时为现场指挥员决策提供参谋意见，协助部队依法妥善处置各类特情；三是指导并亲身参与涉法行动演练和实施，提高执行任务官兵的履职能力。③ 军事法律顾问所需解决问题的军事性，决定了军队的法律工作者必须有良好的军事素质，才能同步保障军事行动。同时，我们还要特别注意的是：军事法律顾问在军队中需要与官兵产生充分信任，而不应给官兵指手画脚的印象。从美军的经验来看，一个有过战斗员经历的军法官，更加有可能获得官兵的信任，也更能适应军队的文化。美军的一名军法官表示，在成为军法官之前，他曾就读于海军军官学院和西点军校，因此"立刻获得了人们的信

---

① 朱建业：《论中外联合军事演习中的法律问题》，载《西安政治学院学报》2010年第1期。

② 温健鸣、张卫敏：《我军执行非战争军事任务法律实施问题探讨》，载《中国军法》2008年第6期。

③ 孙利：《随舰法律顾问评价中国海军首次护航行动》，载中广网：http://www.cnr.cn/military/tebie/smlhd/ywsd/200904/t20090413_505301264.html，2015年10月15日访问。

任"，"我和他们一起做体能训练、格斗、遂行任务，同军士、职员一起摔跤，我保持了身材，并且表现出毫不介意他们打破我的鼻子……这都表明，我就是他们的一员"。同时，军队律师必须与部队同时行动，和他们一起身处危险当中，"如果有必要，我将与敌人交战，与火力支援部队、野战炮兵密切协同……我会在战场上……哪怕实际并不需要，我们也应该在那里"。① 显然，军事法律顾问不能是纯粹的办公室人员，同时也应该是一名战斗员。

第三，军事法律人才应当是能够处理军民融合相关问题的法律人才。2015年3月，习近平总书记在出席十二届全国人大三次会议解放军代表团全体会议时强调，把军民融合发展上升为国家战略，深入实施军民融合发展战略，努力开创强军兴军新局面。这是我们国家首次将军民融合上升到国家战略的高度予以强调。党的十八届五中全会更进一步提出，要推动经济建设和国防建设融合发展，坚持发展和安全兼顾、富国和强军统一，实施军民融合发展战略，形成全要素、多领域、高效益的军民深度融合发展格局。更加深入的军民融合，必然会带来大量的军地合作事务，也可能带来大量复杂的法律纠纷，军队在处理这些事务、解决相关纠纷方面也将有大量法律需求。这就要求军事法律人才更加熟悉相关领域的法律，如知识产权转让、技术合作合同等。

第四，军事法律人才应当是能够进行军队政法工作的法律人才。习近平总书记在中央军委改革工作会议上的讲话中指出，"要着眼于深入推进依法治军、从严治军，抓住治权这个关键，构建严密的权力运行制约和监督体系。按照决策、执行、监督既相互制约又相互协调的原则区分和配置权力，重点解决军队纪检、巡视、审计、司法监督独立性和权威性不够的问题，以编密扎紧制度的笼子，努力铲除腐败现象滋生蔓延的土壤"。"组建新的军委政法委，调整军事司法体制，按区域设置军事法院、军事检察院，确保它们依法独立公正行使职权。"② 这就对军事法律人才从事军队政法工作的水平提出了更高的要求，他们应当有高尚的道德情操、崇高的法律信仰和高超的法律技巧。

---

① Laura A. Dickinson, "Military Lawyers on the Battlefield: An Empirical Account of International Law Compliance", The American Journal of International Law, 104(2010), p.19.

② 王士彬、曹智、李宣良：《习近平出席中央军委改革工作会议》，载中国军网：http://www.81.cn/sydbt/2015-11-26/content_6787613_2.htm，2015年11月26日访问。

二、军事法律人才的队伍建设

通常而言,军事法律顾问应当具备良好的判断力、专业技能、表达能力(包括书面表达和口头表达)、领导能力、人际交往能力、忠诚和奉献精神,还要适应军人的团结,并具备基本的军容风纪和生活方式。①根据军事法律人才需求,应当对军事法学教育进行调整。

第一,军事法律人才的本科教育应以军事院校为主,研究生教育以军事院校和地方院校合办为主。本科阶段是学生人生观、世界观形成的最关键时期,也是军人作风、素质乃至于性格养成的关键期。军事法律人才应在本科阶段接受军校教育,从而形成良好的军人素养,打好从军的基础。在研究生阶段,则应以法学知识的进阶培养为主,强化能力,优化知识结构。就目前来看,军事院校的法学教育水平、师资力量仍然难以与地方法学强校相提并论,有必要进行军地合作,开拓学员视野,也加强地方法学界对军事法学的了解。同时,军事法律人才应当同时具备较强的军事技能和较好的法律素质。未来战争形态复杂,敌对双方已不再是单一或少数军兵种之间的对抗,更不会是单一武器系统的对抗,而是体系与体系的对抗。如何融合这种体系,并且将其效能尽可能发挥起来,将是军事法律人才的重要任务,倘若军事法律人才不能具备相应技能,将难以有效适应未来战争的需求。

第二,军事法律人才培养的课程体系应更加贴近军队的现实需求。军事法律人才培养的目标,归根结底是为了服务于军队需求。从当前改革来看,这就要求我们在强化法学基础课程教学,使学员系统掌握法律知识的同时,还应当加强与军队建设密切相关的武装冲突法、紧急状态法、知识产权法等课程建设;就目前来看,这些方面的研究仍以地方大学和研究机构为主,有必要引入相关人才或者展开相关合作,以更好地建设相应课程体系。

第三,军事法律人才培养应当强化军事法律职业培训教育。法律职业教育,是针对现实职业需求开展的教育,军事法律人才在素质能力方面有极为特殊的要求,必须通过学历教育和职业教育相结合的方式进行培养,使其能够有效应对工

---

① George G. Kundahl, "What A Commander Looks for in a Staff Judge Advocate", 152 Mil. L. Rev. (1996), p. 197.

作上的一系列复杂现实需求。例如,美国空军拟担任军事法律顾问的人员,要接受为期约七周的军法官员培训(Judge Advocate Staff Officer Course, JASOC),该培训由设置于麦克斯维尔空军基地(阿拉巴马州)的空军军法署学校实施,课程包括美军《统一军法典》、空军相关法规和与之相关的联邦法律。在第一周,学员回顾部分民法内容,包括士兵和海员民事补偿法(Soldier's & Sailor's Civil Relief Act)、所得税法、法律援助制度、家庭法、房地产规划与消费者法等。后三周,课程转为军事法律制度,主要是对联邦《统一军法典》具体内容的学习。其他时间的学习,则覆盖了联邦《统一军法典》以外的事务,包括政府合同法、武装冲突法、信息自由和隐私法、责任追究法等。而在此类课程结束之后,学员会得到一个对其法律素养的综合评价,这一评价可能被人力资源部门参考,根据岗位需求进行分配。例如,一名辩护能力较强的法律顾问,就很可能被分配到区域辩护律师的岗位上去。① 显然,这些培训工作,除了提升实务技能,还有考察其技能,并据以分配岗位的需求。军事法律顾问的培训并非一劳永逸的。在越南战争之后,根据格林纳达的经验,军方决定,军法官应该接受专门培训,学习"与军事行动有关的广泛法律问题"。工作满7年之后,军法官还需要返回军法官学校参加培训。军法官学校的教官由资深军法官充任,教官任期一般为两年。军法官学校也会编订法律手册,并逐年进行更新,军法官会在战场上使用这些手册。以陆军军法学校为例,国际法和行动法系(International and Operational Law Department)编写的行动法手册(Operational Law Handbook),列举并分析了关键的法律规则。②

第四节 本章小结

关于军事法律顾问制度的研究,我国相关研究并不充分,具体而言,一个较为严峻的问题在于对法律顾问地位的认识——军事法律顾问必须服务于军事、服务于部队,而不同于单纯的军队中的律师。基于这种认识,军事法律顾问可以由

---

① Alan J. Rod, "Top Gun: The Making of a Military Lawyer", 15 Barrister 25(1988), p. 25.
② Laura A. Dickinson, "Military Lawyers on the Battlefield: An Empirical Account of International Law Compliance", The American Journal of International Law, 104(2010), p. 11.

军事法官、军事检察官、军队律师担任,也可以由军队的法律专家担任。在任务上,要将可以外包给地方律师的业务尽可能外包出去,使军事法律顾问的主要任务聚焦于提供领导机关的决策咨询、进行部队行动的伴随保障。而在进行这些活动的过程中,应当尽可能保证军事法律顾问的独立性,要认识到,军事法律顾问向指挥官提出专业意见和服从指挥官命令之间并不矛盾,军事法律顾问在提出法律意见之时,绝不能受他人(包括要求他提出意见的上级领导)意志的干扰,但如果意见不被采纳,军事法律顾问也必须坚决执行命令,不能以法律为由违抗命令。这也是军事法律顾问制度能否有效发挥作用的关键所在。

结　语

在本书历时近四年的撰写、修改过程中，笔者深刻认识到，军事法学研究的独特魅力，便在于军事与法律之间的对立统一关系，这种对立统一关系几乎无时无刻不发生于军事法的运用场景当中。在以往的研究中，我们经常忽略对立性，而过分凸显统一性，理想化地将军事与法律之间的冲突一笔带过。实际上，军事法领域中的对立性，才是我们理解军事法独特性的重要基础。我们化用马克思关于法官和检察官的论述，在军事的场域，除了上级没有法律；在法治的国度，除了法律没有上司。这种冲突的剧烈程度，远甚于其他部门法。正因如此，曾经担任美军越战总司令官的威廉·威斯特摩兰四星上将在1980年的一篇文章中指出："军事与法律天然存在差异：……一个是对权力进行限制的措施；另一个却强调权力的有效运行。一个极端考虑某个价值目标的实现；另一个却更加强调战斗任务的有效完成。一个致力于消除暴力；另一个却在更大的范围内使用暴力。一个致力于运用主权避免混乱与不稳定，另一个则以和平之名，将主权意志（sovereign's will）施加于敌人，在其他地方产生混乱与不稳定。"①

威斯特摩兰的表述，非常清晰地展现了在法律与军事之间冲突的存在。这种冲突发挥到极致，甚至可能使我们所习见的那些一般法律价值，在军事领域遭遇克减乃至废弃。在一些具体领域，包括军事行政、军事司法、军事法律顾问、军事立法等，都存在于其他领域部门法的显著差异。在具体领域，准确理解差异性的存在，并同时适应军事需求和法治价值，便成为军事法学研究过程当中相当复杂的问题。本书力图在化解这种对立性的过程中进一步拓展军事法的研究深度，这种探索必将贯穿整个军事法学研究过程当中。行文至此，关于军事法学原理的

---

① William C. Westmoreland, George S. Prugh, "Judges in Command: the Judicialized Uniform Code of Military Justice in Combat", 3 Harv. J. L. & Pub. Pol'y 1(1980), pp. 1-2.

论述便告一段落了。然而,与军事法学相关的理论阐述,却并未到达终点。而这本《军事法学原理》,也将是笔者在未来进一步研究具体制度时的重要理论工具,希望也能够为军事法学研究的同道提供一定参考和借鉴。

参 考 文 献

一、著作类

[1] 马克思恩格斯全集：第 7 卷[M]. 北京：人民出版社，1959.

[2] 马克思恩格斯全集：第 14 卷[M]. 北京：人民出版社，1964.

[3] 马克思恩格斯全集：第 20 卷[M]. 北京：人民出版社，1971.

[4] 马克思恩格斯全集：第 26 卷Ⅲ[M]. 北京：人民出版社，1974.

[5] 马克思恩格斯全集：第 35 卷[M]. 北京：人民出版社，2013.

[6] 马克思恩格斯全集：第 46 卷上册[M]. 北京：人民出版社，1979.

[7] 马克思恩格斯文集：第 9 卷[M]. 北京：人民出版社，2009.

[8] 列宁全集：第 55 卷[M]. 北京：人民出版社，2017.

[9] 毛泽东选集：第 1 卷[M]. 北京：人民出版社，1991.

[10] 毛泽东选集：第 2 卷[M]. 北京：人民出版社，1991.

[11] 毛泽东文集：第 3 卷[M]. 北京：人民出版社，1996.

[12] 毛泽东军事文集：第 1 卷[M]. 北京：军事科学出版社，中央文献出版社，1993.

[13] 周恩来选集：上卷[M]. 北京：人民出版社，1980.

[14] 周恩来军事文选：第 1 卷[M]. 北京：人民出版社，1997.

[15] 邓小平军事文集：第 3 卷[M]. 北京：军事科学出版社，2004.

[16] 陈毅军事文选[M]. 北京：解放军出版社，1996.

[17] 朱德军事文选[M]. 北京：解放军出版社，1997.

[18] 罗荣桓军事文选[M]. 北京：解放军出版社，1993.

[19] 习近平谈治国理政，第 1 卷[M]. 北京：外文出版社，2018.

[20] 中共中央文献研究室,中央档案馆. 建党以来重要文献选编:第 14 卷[M]. 北京:中央文献出版社,2011.

[21] 常永志. 我国周边国家军队政治工作研究[M]. 沈阳:白山出版社,2013.

[22] 陈明明. 中国模式建构与政治发展[M]. 上海:上海人民出版社,2012.

[23] 陈维振,吴世雄. 范畴与模糊语义研究[M]. 福州:福建人民出版社,2002.

[24] 陈学会. 军事法学[M]. 北京:解放军出版社,1995.

[25] 陈志让. 军绅政权——近代中国的军阀时期[M]. 北京:生活·读书·新知三联书店,1980.

[26] 丛文胜. 国防法治:国防和军队建设法治化[M]. 北京:解放军出版社,2016.

[27] 崔连仲. 世界通史:古代卷[M]. 北京:人民出版社,1997.

[28] 崔连仲. 世界军事后勤史·古代部分·公元前 3500~公元 476[M]. 北京:金盾出版社,1988.

[29] 董必武. 董必武法学文集[M]. 北京:法律出版社,2001.

[30] 董必武. 董必武政治法律文集[M]. 北京:法律出版社,1986.

[31] 方宁,许江瑞,姜秀元. 军事法制教程[M]. 北京:军事科学出版社,1999.

[32] 顾准. 希腊城邦制度[M]. 北京:中国社会科学出版社,1982.

[33] 管欧. 行政法各论[M]. 北京:商务印书馆,1936.

[34] 胡建淼. 公法研究:第 7 辑[M]. 杭州:浙江大学出版社,2009.

[35] 胡平仁主编. 法理学[M]. 长沙:湖南人民出版社,2008.

[36] 江必新. 中华人民共和国行政诉讼法理解适用与实务指南[M]. 北京:中国法制出版社 2015.

[37] 雷海宗. 中国的文化与中国的兵[M]. 北京:商务印书馆,2001.

[38] 李龙. 法理学[M]. 北京:人民法院出版社,中国社会科学出版社,2003.

[39] 李朋. 话说中国战争:第 1 卷[M]. 天津:天津古籍出版社,2010.

[40] 李卫海. 美国军事法源流论[M]. 北京:中国政法大学出版社,2015.

[41] 林纪东. "中华民国""宪法"逐条释义[M]. 台北:三民书局,1998.

[42] 陆海明,钱寿根. 军事法学[M]. 北京:解放军出版社,2001.

[43] 钱寿根. 军事法理学[M]. 北京:国防大学出版社,2004.

[44] 秦策，张镭. 司法方法与法学流派[M]. 北京：人民出版社，2011.

[45] 罗尔纲. 绿营兵志[M]. 北京：中华书局，1984.

[46] 马怀德. 行政法与行政诉讼法[M]. 北京：中国法制出版社，2015.

[47] 莫纪宏. 案例宪法研究：第1辑[M]. 北京：群众出版社，2008.

[48] 莫毅强，钱寿根，陈航. 军事法概论[M]. 北京：中国人民公安大学出版社，1990.

[49] 彭怀东. 战斗精神论[M]. 北京：长征出版社，2004.

[50] 祁希元. 规范性文件制定和备案理论与实务[M]. 昆明：云南人民出版社，2012.

[51] 申文勇. 二十世纪战争史[M]. 长春：吉林大学出版社，2008.

[52] 孙国华. 法理学教程[M]. 北京：中国人民大学出版社，1994.

[53] 孙谦，韩大元. 公民权利与义务：世界各国宪法的规定[M]. 北京：中国检察出版社，2013.

[54] 田胜利，丁汝坚. 军人权益论[M]. 西安：陕西科学技术出版社，2006.

[55] 田思源，王凌. 国防行政法与军事行政法[M]. 北京：清华大学出版社，2008.

[56] 田友方. 外国军事法评介[M]. 北京：海潮出版社，2007.

[57] 图们. 军事法学教程[M]. 北京：法律出版社，1992.

[58] 汪涌豪. 范畴论[M]. 上海：复旦大学出版社，1999.

[59] 王爱声. 立法过程：制度选择的进路[M]. 北京：中国人民大学出版社，2009.

[60] 王建吉. 古罗马共和国军事史[M]. 沈阳：辽宁人民出版社，1994.

[61] 王明勇. 中国军事法律顾问制度研究[M]. 北京：清华大学出版社，2016.

[62] 郭向军. 中国军队律师研究[M]. 北京：国防大学出版社，2014.

[63] 王少龙，罗相杰编著. 核武器原理与发展[M]. 北京：兵器工业出版社，2005.

[64] 王周户. 行政法学[M]. 北京：中国政法大学出版社，2015.

[65] 吴如嵩，黄朴民等. 中国军事通史：战国军事史[M]. 北京：军事科学出版社，1998.

[66] 夏勇. 中国军事法学基础理论研究[M]. 北京：中国财政经济出版社, 2005.

[67] 许江瑞, 赵晓冬. 军事法教程[M]. 北京：军事科学出版社, 2003.

[68] 选编组. 延安整风运动（资料选编）[M]. 北京：中共中央党校出版社, 1984.

[69] 薛刚凌, 周健. 军事法学[M]. 北京：法律出版社, 2006.

[70] 杨共乐. 罗马史纲要[M]. 北京：商务印书馆, 2015.

[71] 叶必丰. 行政法学[M]. 武汉：武汉大学出版社, 2003.

[72] 意大利军事刑法典[M]. 北京：中国政法大学出版社, 1998.

[73] 于江欣. 世界军事革命史：第3卷[M]. 北京：军事科学出版社, 2012.

[74] 曾志平等. 国防行政法要义[M]. 北京：人民出版社, 2013.

[75] 翟国强. 立法[M]. 南京：江苏人民出版社, 2016.

[76] 张光杰. 法理学导论[M]. 上海：复旦大学出版社, 2015.

[77] 杨磊, 吴斌. 法理学[M]. 杭州：浙江大学出版社, 2007.

[78] 张光杰. 法理学导论[M]. 上海：复旦大学出版社, 2015.

[79] 张建田, 仲伟钧, 钱寿根. 中国军事法学[M]. 北京：国防大学出版社, 1988.

[80] 张山新. 军事法理研究[M]. 北京：解放军出版社, 2008.

[81] 张山新. 军事法学[M]. 北京：军事科学出版社, 2003.

[82] 张文显. 法理学[M]. 北京：高等教育出版社, 北京大学出版社, 1999.

[83] 张文显. 法学基本范畴研究[M]. 北京：中国政法大学出版社, 1993.

[84] 张友渔. 关于社会主义法制的若干问题[M]. 北京：法律出版社, 1982.

[85] 赵琛. 行政法各论[M]. 上海：会文堂新记书局, 1937.

[86] 赵鼎新. 东周战争与儒法国家的诞生[M]. 上海：华东师范大学出版社, 2011.

[87] 中国人民革命军事博物馆. 中国战争发展史：上卷[M]. 北京：人民出版社, 2001.

[88] 周健, 唐天富, 朱雁新. 比较军事法：英国军事法[M]. 北京：海潮出版社, 2002.

[89] 周健, 于恩智. 比较军事法：美国军事法[M]. 北京：海潮出版社, 2002.

[90] 朱力宇，张曙光. 立法学[M]. 北京：中国人民大学出版社，2001.

[91] 卓泽渊. 法的价值论[M]. 北京：法律出版社，2006.

[92] 邹瑜，顾明. 法学大辞典[M]. 北京：中国政法大学出版社，1991.

[93] [德]黑格尔. 精神现象学[M]. 北京：商务印书馆，1979.

[94] [德]黑格尔. 逻辑学[M]. 北京：商务印书馆，1966.

[95] [德]克劳塞维茨. 战争论[M]. 北京：商务印书馆，1978.

[96] [法]孟德斯鸠. 罗马盛衰原因论[M]. 北京：商务印书馆，1962.

[97] [古罗马]查士丁尼. 法学总论：法学阶梯[M]. 北京：商务印书馆，1999.

[98] [古罗马]西塞罗. 国家篇 法律篇[M]. 北京：商务印书馆，1998.

[99] [古希腊]希罗多德. 历史[M]. 北京：商务印书馆，1959.

[100] [古希腊]亚里士多德. 尼各马可伦理学[M]. 北京：商务印书馆，2003.

[101] [古希腊]亚里士多德. 政治学[M]. 北京：商务印书馆，1965.

[102] [美]博登海默. 法理学：法律哲学与法律方法[M]. 北京：中国政法大学出版社，1999.

[103] [美]汉密尔顿，杰伊，麦迪逊. 联邦党人文集[M]. 北京：商务印书馆，1980.

[104] [美]杰弗里·帕克. 剑桥战争史[M]. 长春：吉林人民出版社，2001.

[105] [美]理查德·内德·勒博. 国际关系的文化理论[M]. 陈锴，译. 上海：上海社会科学院出版社，2015.

[106] [美]罗伯特·L. 奥康奈尔. 兵器史：由兵器科技促成的西方历史[M]. 海口：海南出版社，2009.

[107] [美]罗尔斯. 正义论[M]. 北京：中国社会科学出版社，2001.

[108] [美]庞德. 通过法律的社会控制·法律的任务[M]. 北京：商务印书馆，1984.

[109] [意]加埃塔诺·莫斯卡. 政治科学要义[M]. 上海：上海人民出版社，2005.

[110] [意]托马斯·阿奎那. 阿奎那政治著作选[M]. 北京：商务印书馆，1963.

[111] [英]保罗·卡特里奇. 剑桥插图古希腊史[M]. 济南：山东画报出版社，2005.

[112][英]霍布斯. 论公民[M]. 贵阳：贵州人民出版社，2003.

[113][英]洛克. 政府论，下篇[M]. 北京：商务印书馆，1964.

[114] Edward M. Coffman, The Old Army, A Portrait of the American Army in Peacetime, 1784-1898[M]. New York：Oxford University Press, 1986ed.

[115] Joop Voetelink. Status of Forces：Criminal Jurisdiction over Military Personnel Abroad[M]. Asser Press, 2015ed.

二、论文类

[1]曹会智，杨大鹏，李沛，谢军军，景晨迪. 美军战斗力要素理论发展及其启示[J]. 军事交通学院学报，2014(10).

[2]曾志平. 论军事法学的基本范畴与核心命题：研究方法重整的尝试[J]. 西安政治学院学报，2011(2).

[3]陈佳诠. 军人人权座谈会"'军事审判法'之修正与人权保障之展望：从正当法律程序原则谈起"会议记录[J]. 人权会讯，2013(10).

[4]陈新民. 军事审判制度回归司法院的宪政意义[J]. 日新司法年刊，2014.

[5]钱建荣. 仲丘虐死案最大的"被告"应该是"司法院"[J]. 司法改革杂志，2013(97).

[6]成义敏. 国家立法体系中的军事立法：基于军事立法体制历史演进与发展趋势的考察[J]. 西安政治学院学报，2011(2).

[7]程雁雷. 法的工具性价值与伦理性价值[N]. 光明日报，2000(4).

[8]范圣孟. 德国军事审判制度之研究[J]. 刑事法杂志，2011(3).

[9]方震攀. 养兵卫民：募兵制合理化论述在宋代的建构[J]. "中央研究院"历史语言研究所集刊，2011.

[10]胡世洪. 军事立法的几个问题[J]. 西安政治学院学报，2009(2).

[11]胡玉鸿. 法律原则适用的时机，中介及方式[J]. 苏州大学学报，2004(6).

[12]姬娜. 通向法律的军事抑或通向军事的法律：军事法学研究进路的回顾与展望[J]. 南京政治学院学报，2012(2).

[13]李大鹏. 论军事法的基本原则[J]. 西安政治学院学报，2004(3).

[14]李义伟，张三元. 论马克思主义的逻辑起点与终点[J]. 淮海工学院学报(社

会科学版·学术论坛),2011(1).

[15] 李佑标. 军事法基本原则的反思与重构[J]. 武警学院学报,2004(3).

[16] 李佑标. 试论军事刑事司法改革的路径[J]. 河北法学,2015(8).

[17] 林贤宗. 军事审判与军队的建立[J]. 军法专刊,2018(5).

[18] 刘昌松. 军队律师成长过程的历史[J]. 军事历史研究,1998(5).

[19] 毛国辉. 军事法:法学与军事学冲突之解决与建构——兼与杨韧、李剑同志商榷[J]. 南京政治学院学报,2004(5).

[20] 沈国明. 关于立法规划的断想[J]. 上海人大月刊,2008(5).

[21] 史尚宽. 司法权与法官的涵义之演进[J]. 法学丛刊,1968(3).

[22] 宋云霞,尹丹阳. 美军联合军事行动法律保障体系建设[J]. 军队政工理论研究,2015(3).

[23] 苏长和. 安全困境,安全机制与国际安全的未来[J]. 世界经济与政治,1998(5).

[24] 孙机. 中国古代车战没落的原因[J]. 中国国家博物馆馆刊,2014(11).

[25] 王晨. 司法公正的内涵及其实现路径选择[J]. 中国法学,2013(3).

[26] 王大中. 论侦查学的逻辑起点——兼论学科逻辑起点及其价值[J]. 中国人民公安大学学报(社会科学版),2006(1).

[27] 王清涛. 论马克思学说的逻辑起点、逻辑终点及其中介[J]. 前沿,2010(5).

[28] 王新生. 马克思正义理论的四重辩护[J]. 中国社会科学,2014(4).

[29] 王逸舟. 论综合安全[J]. 世界经济与政治,1998(4).

[30] 温健鸣,张卫敏. 我军执行非战争军事任务法律实施问题探讨[J]. 中国军法,2008(6).

[31] 夏勇. 地方国家机关有无军事立法权问题[J]. 法学杂志,1994(3).

[32] 夏勇. 论军地间的法制协调[J]. 法商研究,2000(3).

[33] 徐进. 19世纪欧洲强国的军队模式改革与公民军队的建立[J]. 史学集刊,2008(5).

[34] 徐禄申. 法国军事行政概论[J]. 黄埔月刊,1937(4).

[35] 许二斌. 14—17世纪欧洲的军事革命与社会转型[D]. 东北师范大学博士学

位论文, 2003.

[36] 杨韧, 李剑. 军事法研究进路的批判性建设[J]. 南京政治学院学报, 2004(1).

[37] 杨韧. 军事研究的价值取向与方法论[J]. 武警学院学报, 2003(5).

[38] 要文须. 一切为了国家的军事利益[J]. 中国律师, 2009(8).

[39] 叶必丰. 论规范性文件的效力[J]. 行政法学研究, 1994(4).

[40] 张建田. 地方法规不宜对驻军作出强制规范[N]. 检察日报, 2004/8/17.

[41] 张建田. 将军事规范性文件纳入审查范围[N]. 解放军报, 2014/12/16.

[42] 张建田. 军事立法体制与军事立法实践中的有关问题[J]. 西安政治学院学报, 2002(12).

[43] 张启军. 中美军队律师制度比较及启示[J]. 政工学刊, 2014(8).

[44] 张玮心. 加拿大军事司法的建构与防卫联盟的启发[J]. 军法专刊, 2018(1).

[45] 张玮心. 美国强大的后援力量——军事司法系统[J]. 军法专刊, 2017(5).

[46] 赵东斌, 张永强, 张山新等.《中央军委关于新形势下深入推进依法治军从严治军的决定》要点释义[J]. 解放军报, 2015/4/22.

[47] 赵会平. 军事法的价值构成及其对立统一：军事法学价值取向的基础分析[J]. 西安政治学院学报, 2002(6).

[48] 赵会平. 军事法学价值取向引论[J]. 西安政治学院学报, 2001(2).

[49] 周平. 民族国家与国族[J]. 政治学研究, 2010(3).

[50] 朱建业. 论中外联合军事演习中的法律问题[J]. 西安政治学院学报, 2010(1).

[51] 朱新力, 唐明良. 行政法总论与各论的"分"与"合"[J]. 当代法学, 2011(1).

[52] Alan J. Rod. Top Gun: The Making of a Military Lawyer[J]. 15 Barrister 25 (1988).

[53] Barksdale Hamlett. A Commander's View of the Army Judge Advocate[J]. 50 A. B. A. J. (1964).

[54] Cabell F. Cobbs. The Uniform Code of Military Justice in Wartime-Another View

[J]. 48 A. B. A. J. 1127(1962).

[55] Christopher M. Ford. The Practice of Law at the Brigade Combat Team (BCT): Boneyards, Hitting the Cycle, and All Aspects of a Full-Spectrum Practice[J]. Army Law., Dec. 2004.

[56] Darrell Baughn, Divorce & Deployment—Representing the Military Servicemember [J]. 28 Fam. Advoc. 8(2005).

[57] George G. Kundahl. What a Commander Looks for in a Staff Judge Advocate[J]. 152 Mil. L. Rev. (1996).

[58] H McCoubrey. Due Process and British Courts Martial: A Commentary Upon the Findlay Case[J]. 2J. Armed Conflict L. 83 (1997).

[59] John C. Johnson. The Air Force Judge Advocate: An Independent Legal Advisor [J]. 34 Reporter (2007).

[60] John H. Herz. Idealist Internationalism and the Security Dilemma [J]. World Politics 2 (January 1950).

[61] John T. Willis. The United States Court of Military Appeals: Its Origin, Operation and Future[J]. 55 Mil. L. Rev. 39 (1972).

[62] Laura A. Dickinson. Military Lawyers on the Battlefield: An Empirical Account of International Law Compliance[J]. The American Journal of International Law, 104(2010).

[63] Michael S. Bryant. American Military Justice from the Revolution to the UCMJ: the Hard Journey from Command Authority to Due Process[J]. 4 Creighton Int'l & Comp. L. J. 1(2013).

[64] Richard M. Whitaker. Legal Operations in Northern Iraq: The 101st Airborne Division, Office of the Staff Judge Advocate[J]. 13 Pub. Law. (2005).

[65] Robert Jervis. Cooperation under the Security Dilemma [J]. World Politics 30 (January 1978).

[66] Robert Powell. Crisis Stability in the Nuclear Age[J]. American Political Science Review 83(March 1989).

[67] Rodger A. Jr. Drew. An Introduction to the U. S. Military Justice System[J]. 45

Judges J. 7(2006).

[68] Simon P. Rowlinson. The British System of Military Justice[J]. 52 A. F. L. Rev. 19 (2002).

[69] V Hansen. Changes in Modern Military Codes and the Role of the Military Commander: What Should the United States Learn from this Revolution? [J]. 16 Tul. J. Int'l & Comp. L 419(2008).

[70] Walter T. Cox. The Army, the Courts, and the Constitution: The Evolution of Military Justice[J]. 118 Mil. L. Rev. 2 (1987).

[71] Wing Commander Simon P. Rowlinson. The British System of Military Justice[J]. 18 the Air Force Law Review 18.